인류학과 인류학자들

Anthropology and anthropologists:
The British School in the Twentieth Century

by Adam Kuper

Korean translation edition © Hangilsa Publishing Co., Ltd., 2005
Published by arrangement with Routledge Ltd.
through Bestun Korea Agency, Seoul.

인류학과 인류학자들

영국 사회인류학의 전통과 발전

애덤 쿠퍼 지음   박자영 박순영 옮김

한길사

인류학과 인류학자들

영국 사회인류학의 전통과 발전

지은이 애덤 쿠퍼
옮긴이 박자영 · 박순영
펴낸이 김언호

펴낸곳 (주)도서출판 한길사
등록 1976년 12월 24일 제74호
주소 10881 경기도 파주시 광인사길 37
홈페이지 www.hangilsa.co.kr
전자우편 hangilsa@hangilsa.co.kr
전화 031-955-2000~3 **팩스** 031-955-2005

부사장 박관순 **총괄이사** 김서영 **관리이사** 곽명호
영업이사 이경호 **경영이사** 김관영 **편집주간** 백은숙
편집 박희진 노유연 최현경 이한민 김영길
마케팅 정아린 **관리** 이주환 문주상 이희문 원선아 이진아
디자인 창포 031-955-2097 **CTP출력 및 인쇄** 예림 **제본** 예림바인딩

제1판 제1쇄 2005년 12월 30일
제2판 제1쇄 2016년 12월 20일
제2판 제2쇄 2023년 1월 10일

값 22,000원
ISBN 978-89-356-7016-1 03900

영국 사회인류학의 창시자 브로니슬라프 말리노프스키
그는 트로브리안드 제도민에 대한 연구를 통해 소규모 지역사회에서 이루어지는
참여관찰을 바탕으로 하는 집중적인 현지조사 방법을 개척함으로써 민족지적 연구를
새로운 학문의 차원으로 성립시켰다. 그는 1920년대와 1930년대에 걸쳐 15년 동안
런던 정경대학의 인류학 교수로 있으면서 영국 사회인류학을 지배했다.

A BROWN STUDY

말리노프스키로부터 영국 사회인류학의 지도적 지위를 물려받은 래드클리프 브라운(왼쪽 캐리커처)
그는 민족지적 연구에 프랑스 사회학을 도입했으며 옥스퍼드 대학을
중심으로 한 사회학적이고 구조주의적인 인류학 분석의 선구적 인물이다.
그는 사회현상을 각 요소들의 적응·융합·통합을 통해 지속하는 체계로 설명했다.
그리고 개인 간의 사회관계 체계가 사회구조를 형성한다고 보고 사회에 대한 구조적 분석을
주장했다. 오른쪽 사진은 그가 현지조사 연구를 한 안다만 도민의 모습.

말리노프스키에 의해 확립된 전통 안에서 가장 위대한 민족지학자 에번스 프리처드
그는 수단 남부의 아잔데족과 누에르족에 대한 현지조사에 기반한 연구인
『아잔데족의 마술, 신탁 그리고 주술』과 『누에르족』으로 명성을 얻었다.
1940년대 옥스퍼드 대학을 중심으로 하는 사회구조 분석을 주도한 인물 가운데
한 사람이며, 후에는 인류학을 인문과학, 특히 역사학과 유사한 것으로 보는
이론적 입장으로 논쟁을 불러일으켰다.

아프리카 원주민 부대를 사열하고 있는 영국군 사령관

영국의 식민지 정책이 인류학 발전에 일부 기여했다는 오해가 있다.
물론 인류학자가 비록 식민지 정부나 관계자들로부터 종종 자금을 조달받기는 했지만
그들의 미래는 학문연구에 있었다. 영국의 대학들은 전통적으로 기술자보다는
순수한 학자를 보상했고, 이론적 연구에 전념하고 싶어하는 인류학자의 태도는
정책수립에 기여하고 싶은 욕망을 항상 억눌렀다.

영국 사회인류학에 대한 훌륭한 입문서

■ 옮긴이의 말

『인류학과 인류학자들: 영국 사회인류학의 전통과 발전』은 애덤 쿠퍼(Adam Kuper)가 쓴 *Anthropology and Anthropologists: The Modern British School*(1996, Routledge) 제3판을 우리말로 옮긴 것이다. 이 책은 1973년에 『인류학자들과 인류학』(*Anthropologists and Anthropology: The British School*, 1922~1972)이라는 제목으로 처음 출판되었다. 1983년에 지금과 같은 제목으로 첫 번째 개정판이 나왔으며, 이후 나타난 새로운 흐름을 반영한 제3판 개정판이 1996년에 나왔다. 이 책은 내부인의 입장에서 쓴 현대 영국 사회인류학에 대한 비판적이고 역사적인 연구이다. 저자는 세계 인류학계에서 뚜렷이 구분되고 인정받는 하나의 독특한 지적 움직임으로서 영국 사회인류학이 1920년대 초부터 1970년대 초까지 50년 동안만 지속되었다고 보고, 그 기간의 영국 사회인류학 발달사를 중심 인류학자들의 경력, 아이디어, 기여, 주요 저작을 중심으로 대체적인 연대순에 따라 검토하고 그와 연관된 지성적·제도적 맥락을 분석하고 있다.

그리고 이러한 인물·저작 중심의 연대기적인 서술형식에서 잠시 벗어나서 영국 사회인류학 및 기능주의와 식민주의의 관계를 검토하고 그 관계에 대해 제기된 비난들을 비교적 균형잡힌 시선으로 논박한다. 마지막으로 1972년 이후 인류학에 제기된 쟁점들과 영국과 유럽 인류학계에서 일어나고 있는 중요한 발전을 미국 문화인류학에서 이루어진 발전과 대조하며 간략하게 논하고, 국가적 전통을 초월하는 유럽 사회인류학의 등장과 세계적인 사회인류학의 가능성을 언급하는 것으로 책을 마무리하고 있다.

이 책은 1973년에 처음 출판되었을 때 영국 사회인류학의 역사를 다룬 최초의 연구로서 환영을 받았다. 이 책의 장점은 영국 사회인류학의 방법, 이론, 논쟁에서 이루어진 주요 발전을 광범위하게 다루는 동시에 그 주역들에 관한 전기적인 정보도 제공하고 있다는 점이다. 그러나 기대가 컸던 만큼 기성 인류학자들 사이에서 상당히 부정적인 반응을 유발하기도 했다. 저자의 논쟁적인 스타일과 현대 영국 인류학의 제1세대 중심인물들에 대한 유머러스하면서도 '불손한' 취급이 부정적인 반응의 한 이유였지만, 무엇보다도 이 책은 저자가 사회과학자인데도 불구하고 위인 중심 역사관을 통해 영국 사회인류학의 역사를 보고 있다는 점에서 비판의 대상이 되었다. 인물 중심으로 서술하고 있기 때문에 인류학적 지식의 발달을 각 시기의 영국 문화와 사회라는 맥락과 보다 넓은 지성사의 맥락에 적절히 놓는 사회학적 시각이 결여되었다는 것이다.

그러나 영국 사회인류학에 대해 익숙하지 않은 이들에게는 중요 인물들을 영국 사회인류학의 전통 속에 위치시키는 데 큰 도움이 되는 것도 사실이다. 특히 말리노프스키와 래드클리프 브라운에 관한 첫 두 장은 곳곳에 위트와 유머가 넘치며, 현대 영국 사회인류학의 대조적인 두 창시자의 학문적 업적뿐만 아니라 개인적 면모를 알고 싶은 이들에게 유익하고 흥미로운 정보를 제공할 것이다.

이 책은 프랑스로부터 받은 영향 이외에는 영국 인류학이 마치 외부로부터 어떤 영향도 받지 않은 채 영국 특유의 전통을 고립적으로 발전시킨 것처럼 서술하고 있고 영국과 프랑스의 인류학자들 이외 다른 사회과학자들이 미친 영향을 간과했다는 점에 대해서도 비판을 받았다. 이외에도 여러 비판이 있었으나 옮긴이로서 가장 아쉬웠던 것은 저자가 자신의 논의에 대한 배경 설명을 제공하지 않거나 참고문헌과 인용출처를 제대로 밝히지 않은 경우가 종종 있다는 점이었다.

그러나 이러한 비판에도 불구하고 이 책은 1973년에 처음 출판된 이후 두 사례의 개정을 거치면서 꾸준히 재판되어 온 데서 알 수 있듯이 영국 사회인류학에 대한 훌륭한 입문서로서 자리매김을 하고 있다. 이 책은 인류학을 처음 접하는 이들보다는 기초적인 인류학 지식을 갖춘 인류학 전공학생이나 일반 독자로서 영국 사회인류학의 이론과 역사에 관심을 가진 이들에게 권하고 싶은 책이다. 또한 토의와 논쟁에 적합한 자료를 많이 제공해준다는 점에서 인류학 학부 수업에 도움이 되리라 여겨진다. 그리고 영국 인류학이 아프리카 연구에 큰 발자취를 남긴 만큼 아프리카에서의 영국 인류학의 뿌리를 이해하고자 하는 이들에게도 상당히 흥미로운 책이 될 것이다. 영국 사회인류학에 대해 더 공부하고자 하는 독자들은 이 책의 초판이 나온 이후 출판된 영국 사회인류학사에 관한 연구들을 소개한 부록을 참고하기 바란다. 이 책과 비슷한 시기에 출판되어 이 책에서 소개되지 못한 영국 인류학사에 관한 연구로는 스토킹(G. W. Stocking)의 *After Tylor: British Social Anthropology, 1888~1951*(Athlone 1996)이 있다.

옮긴이는 번역을 할 때 무엇보다도 원문에 최대한 충실하고 저자의 의도를 가능한 한 정확하게 옮겨내는 것을 목표로 삼았다. 직역을 원칙으로 했으나 영어와 우리말의 언어적 차이 때문에 표현이 많이 어색하거나 원문의 의미를 그대로 전달하기 어렵다고 판단되는 경우에는 의역을 했다. 독자들의 이해를 돕는 데 필요하다고 생각되는 곳에서는 간단한 옮긴이주를 달았다.

이 책이 나오기까지 여러모로 도와주신 한길사 여러분께 감사드린다. 그리고 옮기면서 옥스퍼드에서 사회인류학을 공부하신 서울대학교 인류학과의 황익주 교수님과 아프리카를 전공하시는 강원대학교 인류학과의 한건수 교수님께 많은 도움을 받았다. 이 자리를 빌려 감사의 뜻을 표한다.

2005년 11월
박자영, 박순영

영국 사회인류학에 대한 훌륭한 입문서 | 옮긴이의 말   9
사회인류학은 세계적인 학문이 되어갔다 | 제3판 서문   17

제1장 말리노프스키

새로운 학문의 창시자   25
사회인류학: 원시문화에 대한 '기능주의적' 민족지 연구   26
말리노프스키의 지적 배경   40
현대적 현지조사 방법의 창시자   46
카리스마를 가진 지도자   57
기능적 상호연관성   66
도구로서의 문화   77
민족지적 현실   80
말리노프스키의 유산   85

제2장 래드클리프 브라운

말리노프스키와 래드클리프 브라운   93
민족학적 관심으로부터 사회학적 관심으로   94
인간 래드클리프 브라운   98
안다만 연구와 맥락적 분석방법   101
오스트레일리아 원주민 사회조직 연구   105
영향력의 성장: 영국 사회인류학의 새로운 지도자   109
뒤르켐 사회학의 계승자   114
사회형태론   119
토테미즘 연구   127
친족체계 연구   132
비교사회학으로서의 사회인류학   140
생산적 분석틀의 제공자   145

제3장 1930년대와 1940년대: 기능에서 구조로

1930년대: 말리노프스키 시대   151
기능에서 구조로, 오세아니아에서 아프리카로   155
1930년대 기능주의 연구: 이론의 결여   156
추상화 실험: 베이트슨의 『네이븐』   160
추상화 실험: 『아잔데족의 마술, 신탁 그리고 주술』   165
1940년대: 신 래드클리프 브라운식의 사회구조 분석   176
『아프리카의 정치체계』   181
『누에르족』   184
『누에르족』에 쏟아지는 비판들   193
1940년대: 친족이론의 눈부신 발전기   198
영국 사회인류학의 혁신적 발전기   201

제4장 인류학과 식민주의

인류학은 식민지 행정에 유용한 학문이었는가   205
인류학에 대한 식민주의자들의 무관심   210
식민지 정책의 전환과 인류학의 성장   214
응용인류학   223
인류학자와 식민주의자들의 관계   227
식민지적 환경이 영국 사회인류학의 발전에 미친 영향   234

제5장 카리스마에서 일상사로

전후 영국 사회인류학의 급격한 팽창   245
영국 사회인류학의 중심지와 주역들   250
1950년대: 옥스퍼드 구조주의 정통설에 대한 도전   258
에번스 프리처드   260
나델, 퍼스, 포티스   265
외부인의 입장에서 본 영국 사회인류학의 한계   269
1950년대 영국 사회인류학의 주류: 옥스퍼드 정통파 연구   272

제6장 리치와 글럭먼

1950년대와 1960년대 비주류의 지도자들   283
'갈등'에 대한 글럭먼의 구조적 분석   286
글럭먼의 기여   293
맨체스터 학파의 농촌사회연구   297
맨체스터 학파의 도시연구   302
리치의 사회구조 변동연구   305
터너, 바스, 베일리   323

제7장 레비 스트로스와 영국 신구조주의

개관: 영국 신구조주의 인류학   327
레비 스트로스의 친족연구   331
니덤과 리치의 친족연구   339
출계론 대 결연론   342
레비 스트로스, 인간 사고의 보편적 구조 탐구   344
1960년대 영국 신구조주의자들   352

제8장 끝과 시작

학문적 정체성의 위기   361
제도적 기반의 위축   366
학문적 정당성에 대한 비판   369
이론적 위기   370
미국 문화인류학과 '문화' 개념   375
진화주의 인류학   385
세계적인 사회인류학의 가능성   388

부록: 영국 사회인류학사에 대한 저작들   393
주(註)   397
찾아보기   413

사회인류학은 세계적인 학문이 되어갔다
■ 제3판 서문

20여 년 전 아이작 샤페라는 내게 현대 영국 사회인류학에 대한 이야기를 써보라고 권유했다. 나는 한번도 그런 프로젝트에 대해 생각해본 적이 없었으나, 그가 훌륭한 세일즈맨인데다가 나 또한 젊고 경솔했기에 그 일을 떠맡았다. 나는 연구저서들과 학술지들을 다시 읽었고, 세미나 시리즈를 조직해서 거기서 여러 명의 옛 세대 학자들을 설득하여 회고담을 들었다. 나는 주역들 중 일부를 인터뷰할 수 있었다. 이것은 내가 개인 소유의 편지들이나 런던 성경대학에서 수집 중이던 말리노프스키 관련 문서에 접근할 수 없었다는 사실을 조금은 보상해주었다(인류학계의 일부 원로들은 자신의 이야기를 손수 쓸 계획이었음이 분명하다. 결국에는 아무것도 나오지 않았지만).

이 프로젝트에 대한 소식은 다양한 반응을 불러일으켰다. 일부 선배들은 조심스러웠고 심지어 은밀하기까지 해서 자신들에 대해 솔직하게 이야기하기보다는 동시대인들에 대한 신빙성 없는 일화들을 전할 태세였다. 두세 사람은 고의적으로 훼방을 놓았다. 그런데도 나는 출판이 불러일으킬 반응들을 예견하지 못했다. 물론 이 책은 한 젊은이가 쓴 것이고 어조에서도 공경심이 결여되어 있었다. 이 책은 아주 최근에 일어난 일들을 다루었기 때문에 여전히 논쟁의 소지가 남아 있는 문제들에 손댈 수밖에 없었다. 나는 이 책이 개인적인 문제를 너무 많이 다루었다고 일부 동료학자들이 느낄 만도 하다는 것을 이해했다. 그럼에도 불구하고 일부 옛 세대 학자들이 이 책을 읽고 격분한 것에 놀랐다(심지어 루시 메어는 읽지도 않고 자기가 이 책을 읽으면 너무 속상하게 될 것이라고 했다. 이는 그녀가 나에게 최고의 인터뷰를 해주었다는 점을 감안할 때 유감스러운 일이었다).

분란이 좀 가라앉은 다음, 로이 윌리스(Roy Willis)는 『맨』(Man)에서 이 책을 다음과 같이 논평했다.

"신과 같은 우리 학문의 시조들에게서 신성을 박탈하고 그들을 결점 있는 인간으로서 제시한 그의 대담성은 당연히 일부의 격노를 불러일으켰다. 그럼에도 불구하고 그것은 필요하고도 예찬할 만한 행동이었다."

사실을 말하자면 나는 내가 얼마나 대담했는지를 몰랐다. 1973년에 이 책이 나왔을 때, 다행히 나는 자메이카 현지에 있었다. 몇 개월이 지나 아내와 함께 돌아왔을 때도 여전히 긴장된 분위기였다. 제시카는 내가 새로운 모욕들을 담은 신판을 준비하고 있다는 소문을 퍼뜨려서 분위기를 바꾸려고 애썼지만, 런던의 직업상 모임에서 한동안 어색한 분위기를 감당해야 했다.

돌이켜볼 때 이러한 감정적인 반응은 이 책이 영국 사회인류학이 전환하던 순간에 나타났다는 사실과 관계가 있다. 지적인 전통으로서의 사회인류학은 1860년대까지 그 역사를 거슬러 올라갈 수 있다. 19세기 후반에 E. B. 타일러와 J. G. 프레이저의 손에서 사회인류학은 사회적·문화적 진화에 대한 특화된 담론이 되었다. 세기 전환기에 앨프리드 해든과 W. H. R. 리버스는 케임브리지 대학에서 함께 가르치면서 영국에서 최초의 민족지적 탐험을 조직했고 인류학의 전문직업화 과정을 시작했다. 리버스는 이론적 저술을 쓰면서 빅토리아기 진화론과 독일 지리학파의 전파주의적 저술들에 의존했지만, 다음 세대의 논쟁들 일부를 예상하고 모양을 갖추도록 도와주기도 했다. 래드클리프 브라운은 리버스의 첫 인류학 제자였는데, 스승이 세상을 뜬 지 20년 후 리버스에 대한 비판의 형식으로 자신의 주장을 펼쳐나갔다. 브로니슬라프 말리노프스키는 오세아니아에서 작업을 했는데, 이 지역에 대해서는 리버스가 말리노프스키 이전에 남긴 걸작이 있었다.

말리노프스기는 한 번은 리버스가 인류학의 라이더 해거드 (Rider Haggard, 영국의 소설가로 아프리카를 무대로 하는 대중적인 모험소설을 많이 썼다—옮긴이)라면 자신은 인류학의 콘래드(Joseph Conrad, 폴란드계 영국 소설가로 19세기와 20세기 초의 많은 소설가들과 마찬가지로 이국적인 소재를 다루었지만, 극한적인 상황에 처한 개인의 실존적인 문제를 깊이 있게 탐구했다는 점에서 당시 다른 소설가들과는 구별된다—옮긴이)일 것이라고 자랑했다.

그러나 연속성도 있었지만 불연속성은 더 현저했다. 말리노프스키는 새로운 현지연구 방법들을 개척했다. 특히 래드클리프 브라운의 영향하에 뒤르켐식 사회학과 기타 지적 모델들이 옛세대의 진화론적·전파주의적 관념들을 대체했다. 말리노프스키와 래드클리프 브라운은 자의식이 강한 혁명가들이었다. 그들은 느슨하게 말해서 '기능주의 인류학' 또는 단순히 '영국 사회인류학'이라고 불리는 지적 추구의 새로운 전통을 성립시켰다.

정확히 그 시점을 알 수 있을 만큼 단절이 갑작스럽거나 완전한 것은 아니다. 물론 당대 사람들은 단절이 실제로 있었다는 데 대해서는 의심이 없었지만 말이다. 어떠한 출발점도 임의적이다.

이 책은 1922년을 그 기점으로 택했다. 이해에 리버스가 죽었고 또 말리노프스키와 래드클리프 브라운이 모두 그들의 첫 번째 주요 현지연구 결과를 출판했기 때문이다. 처음에는 급진적이고 주변적인 경향이었던 것이 곧 자리를 잡은 전문분야, 즉 세계 인류학계에서 뚜렷이 구분되고 인정받는 분야가 되었다. 1920년대와 1930년대에 말리노프스키가 훈련시킨 세대는 제2차 세계대전 이후 이 새로운 전문분야의 지도권을 인수했다. 그들은 영국과 영연방 국가들에서 오래되었거나 새로 설립된 여러 학과들의 교수직에 임용되었고 20년 동안 인류학 분야를 장악했다. 1970년대 초 이 책이 나왔을 때 그들은 모두 은퇴하던 중이었다. 이때는 민감한 순간이었다. 특히 벨기에인 인류학자 뢱 드 외슈(Luc de Heusch)가 통찰력 있게 관찰했듯이 "영국의 사회인류학은 한 가지 현저한 특징 때문에 프랑스의 민족학과 심오하게 다르다. 영국의 사회인류학에는 가족정신이 있다".

　20년이 지나 이 제3판을 준비하면서 보니, 말리노프스키와 래드클리프 브라운이 시작한 프로젝트는 1970년대에 위기를 겪었고 내 책이 부고의 성격을 띠고 있었다는 것이 분명해진다. 식민시대 이후의 세계에서는 다른 사회인류학이 등장했다. 그것의 뿌리는 1960년대와 1970년대에 영국 사회인류학 내부에서 이루어진 발전에서 어느 정도 찾을 수 있다. 왜냐하면 내가 보여주려고 시도했듯이, 영국 사회인류학은 한 번도 확정적이거나 완전히 동질적인 담론인 적이 없었기 때문이다. 그보다는 새로운 조류들이 많았다. 1960년대에 연구생이나 젊은 교수로서 인류학에 들어온 세대는 구조주의와 당시의 마르크스주의 아이디어들의 영향을 받았다. 나중에 그들은 퀜틴 스키너(Quentin Skinner)가 사회과학에서 거대이론의 부활이라고 보았던 것에 감명을 받았다. 그들은 그 나름대로 변모하고 있던 미국 문화인류학에서 볼 수 있는 유행의 변화에 주목했다. 어떤 이들은 특히 페미니스트의 아이디어에서 영향을 받았다. 이런 이들은 새로운 전문분야를 채택했는데, 중요한 분야로는 의료인류학, 영상인류학, 인지인류학이 있다.

　사회인류학 특유의 담론도 계속 발전했으나 그 모습은 변화되었고 더 이상 영국만의 분야는 아니었다. 고전적 영국 사회인류학은 오스트레일리아, 뉴질랜드, 남아프리카에서 일찍이 성립되었고 미국의 일부 인류학과들, 특히 시카고 대학에서 하나의 전문분야로 자리를 잡았다. 제2차 세계대전 후에 사회인류학은 인도의 대학들과 아프리카 일부 대학들에서 발전하기 시작했다. 본질적으로 영국의 신뒤르켐류 인류학의 쌍둥이인 프랑스 사회인류학은 라틴아메리카와 서아프리카의 학자들에게 영향을 미쳤다. 그러나 특히 유럽에서 사회인류학에 대한 관심이 확산되고 새로운 학과들이 성립되었다. 사회인류학이 진정으로 세계적이 되어가면서 근본적인 변화가 일어났다. 나는 새로 첨가한 마지막 제8장에서 계속 진행되고 있는 이러한 변화과정에 대하여 서술했다. 나머지 부분에 대해서는 편집상의 수정을 많이 했으며, 부록에서 영국 인류학사를 다룬 근래의 주요 출판물들에 대하여 언급했다.

애덤 쿠퍼

제1장 말리노프스키

인류학의 기능주의 학파라는 거창한 이름은 어떤 면에서는 내가 나 자신에게 부여한 것으로서 상당 정도는 나의 무책임함에서 비롯되었다.
• 말리노프스키[1]

독특하고 역설적인 현상–광적인 이론적 경험주의자
• 리치[2]

새로운 학문의 창시자

말리노프스키는 영국 사회인류학 분야의 창시자라고 주장할 만한 확고한 자격을 갖추었다. 이는 그가 사회인류학의 독특한 훈련과정 ── 즉 이국적인 한 지역사회에서 이루어지는 집중적인 현지조사 ── 을 확립시켰기 때문이다. 트로브리안드 제도에서 돌아온 후 런던 정경대학에서 15년을 가르치는 동안 그는 영국에서 민족지학(ethnography)의 유일한 대가였다. 그리고 새로운 방식의 현지조사를 하고자 하는 사람이라면 거의 누구나 그의 지도를 받으러 갔다.

그러나 말리노프스키와 그의 제자들 중 상당수는 그가 단순히 현지조사 방법의 선구자에 그치지 않고 그것을 훨씬 뛰어넘는 업적을 이루었다고 생각했다. 가장 뛰어난 제자 중 한 사람이 언급했듯이, "그는 완전히 새로운 학문분야를 창조했다고 주장했다. 그를 따르는 한 세대 전체의 추종자들이 사회인류학은 1914년에 트로브리안드 제도에서 시작되었다고 믿게끔 교육받았다."[3] 말리노프스키가 명시적으로 이론을 형성하는 데에는 취약했음에도 불구하고, 이러한 거창한 명성은 지속되고 있다. 민족지학에서 그가 거둔 성공은 영국 사회인류학에서 아직도 빼놓을 수 없는 특징인 새로운 관점 ── 형식화하려는 그의 시도와 그가 끊임없이 제기한 논쟁에 가려 그것이 아무리 빛을 잃었을지라도 ── 에 기반했다. 기능주의 혁명은 분명히 있었고 말리노프스키는 그 혁명의 지도자였다. 그러나 그 혁명은 말리노프스키가 제의한 것과는 달리 기능주의 이론을 성립시키지는 못했다.

사회인류학: 원시문화에 대한 '기능주의적' 민족지 연구

인류학은 사회인류학, 문화인류학, 민족학, 민족지학, 사회학 등 다양한 명칭으로 불렸지만 그 연구주제는 20세기 초에 상당히 명료하게 정의되었다. 그 핵심은 원시, 미개 또는 초기 인간을 연구하는 것이었고, 1870년 무렵에는 문화──타일러의 의미에서 사회조직을 포함하는──연구는 인간에 대한 생물학적 연구와는 분명히 구별되었다. 즉 '원시문화'에 관심을 둔 별개의 연구가 이루어졌다. 전통적으로 이 분야는 물질문화·민속·종교·주술·'사회학'·언어·법·환경 등과 같은 다양한 표제 아래서 다루어졌다.

또한 20세기 초에 이르면, 이주, 문화전파 그리고 민족과 물건의 분류에 관심을 두는, 크게 보아 지리학적이라고 할 수 있는 접근방식과, 사회제도의 발달을 다루는 일반적으로 사회학적이라고 불리는 접근방식이 구별되었다. 지리학적인 접근방식을 옹호하는 사람들은 보다 서술적이었으며 개별적인 것에 중점을 두는 편이었던 데 반해, 사회학자들은 보다 비교적이고 이론적이었다. 이 둘 사이의 구분은 빨리는 1909년경에 형식화되었다. 래드클리프 브라운에 의하면 이때,

옥스퍼드, 케임브리지, 런던의 교수들이 우리의 주제를 다루

는 전문용어를 논의하기 위해 모였다. 우리는 '민족지학'을 문자 없는 민족들에 대한 서술적인 설명을 일컫는 용어로 쓰기로 의견을 모았다. 그런 민족들의 '역사'를 가설적으로 재구성하는 것은 민족학과 선사고고학의 과제로 여겨졌다. 원시사회 제도의 비교연구는 사회인류학의 과제로 받아들여졌고, 이 명칭은 이미 '사회학'이란 명칭보다 선호되었다. 이미 1906년에 프레이저(Frazer)는 사회인류학을 원시민족들을 다루는 사회학의 한 분야로 정의한 바 있다. 웨스터마크(Westermarck)는 사회인류학 분야를 연구했음에도 불구하고 사회학 교수직에 있었다.[4]

이와 비슷한 구분이 1906년에 옥스퍼드 대학에 새로 개설된 인류학 학위과정을 위해 채택된 강의계획서에서도 이루어졌다. 문화인류학은 체질인류학과 구별되었고 고고학·기술(technology)·민족학·사회학이라는 네 가지 표제를 가지고 있었다. 민족학과 사회학은 분명히 구분되었다. 민족학은 다음과 같은 것을 포함했다.

신체적 특성과는 무관한 물질문화의 상태, 언어, 종교적·사회적 제도들과 관념들에 의거한 민족의 분류와 비교연구. 환경이 문화에 미치는 영향.

사회학은 다음과 같은 부분에 관심이 있었다.

사회현상에 대한 비교연구(특히 다음과 같은 사항들의 초기 역사에 특별히 주목하면서):

(a) 사회조직(혼인풍습 포함)·정부·법

(b) 도덕적 관념과 도덕률

(c) 주술적·종교적 관습과 신앙(사자死者를 다루는 방식 포함)

(d) 신호, 정교한 언어, 그림문자, 문자 등을 통한 의사소통 양식[5]

'원시문화'에 대한 이러한 접근방식들은 각각 특정한 이론적 경향과도 연결되어 있었다. 민족학자들은 전파주의 쪽으로 기울어져 있었다. 개별 문화는 다른 문화로부터 차용된 잡다한 특질들(traits)이 모여 이루어진 것으로서, 우수한 특질들은 전파주의 저자들이 가장 좋아하는 유추를 되풀이하자면, 연못에 돌을 던지면 생기는 물결처럼 중심에서 바깥으로 퍼져나간다. 이 문화 특질들은 유형이나 그밖의 기준에 의거하여 분류될 수 있고, 특질들의 이동이나 특질 보유자들의 이동은 재구성될 수 있다. 전파주의는 영국에서 크게 발전했는데, 그것은 이집트에서 이루어진 극적인 고고학적 발견들과, '비옥한 초승달' 지역이 문명을 구성하는 대부분의 항목들이 나온 요람이라는 이론——1920년대에 런던 대학 유니버시티 칼리지(University College London)에서 엘리엇 스미스(Elliot Smith)가 보급한 이론——이 발전한 덕분이다. 한편 사회학자들은 내부적인 견해 차를 보이기는 했지만 대체로 진화론자였다. 그러나 누구도 더 이상 빅토리아기의 영국에서 크게 유행했던 단선 진화도식을 옹호하지는 않았다. 아주 일반적으로 말해서 그들은 개별 문화를 우연한 차용의 산물이라기보다는 내적 동력을 지닌 체계로 보는 경향이 있었다. 그러나 그들은 그 동력이 지적인 것이었는지, 경제적인 것이었는지, 종교적인 것이었는지, 아니면 또 다른 무엇이었는지에 대해서는 의견을 달리했다.

지금까지 당시 상황을 단순하게 정리해보았는데, 이것만으로도 기능주의가 몰고 온 영향이 무엇이었는지를 바로 알아차릴 수 있다. 기능주의자들은 '사회학'을 점거했지만, 진화론자들의 특징이었던 '……의 초기 역사에 특별히 주목'하는 습관을 버렸다. 그들은 또한 전파주의뿐만 아니라 민족학적 연구 자체를 거부했다. 이 때문에 한 세대 동안 영국 사회인류학자들은 개별 특수사를 포함한 민족학자들의 주요 관심사들을 무시했다.

말리노프스키는 트로브리안드에 관한 자신의 첫 번째 책인 『서태평양의 항해자들』(*Argonauts of the Western Pacific*, 1922)의 결론에서 이들 주요 학파의 주된 관심사들에 주의를 기울이면서 자신의 견해를 내보였다. 그는 다음과 같이 썼다.

새로운 유형의 이론이 발전할 여지는 있어 보인다. 영국 인류학의 고전학파 ── 타일러 · 프레이저 · 웨스터마크 · 하트랜드(Hartland) · 크롤리(Crawley) ── 가 했던 연구들처럼 시간의 흐름에 따라 일어나는 승계와, 이전 단계가 그 다음 단계에 끼치는 영향이 진화 연구의 주요 주제이다. 민족학 학파—라첼(Ratzel)·포이(Foy)·그레브너(Gräbner)·슈미트(W. Schmidt)·리버스, 엘리엇 스미스—는 접촉·침투·전달 등을 통해 문화들이 미치는 영향을 연구한다. 환경이 문화적 제도들과 인종에 미치는 영향은 인류지리학(anthropogeography)에서 다룬다(라첼 등). 한 가지 제도의 다양한 측면들이 서로에게 끼치는 영향, 그리고 이 제도가 기반하고 있는 사회적·심리적 기제에 대한 연구는 지금까지는 단지 시험적인 방식으로만 이루어진 이론적 연구들이지만 나는 이런 연구들이 조만간 독자적인 분야로 발전할 것이라고 과감히 예언한다. 이런 종류의 연구는 다른 연구들이 발전할 수 있는 길을 닦고 그러한 연구들의 소재를 제공할 것이다.[6)]

몇 년 후 래드클리프 브라운은 좀더 직접적으로 말했다.

　나는 이 시점에서 인류학적 연구에서 정말로 중요한 갈등은 '진화론자들'과 '전파론자들' 사이의 갈등이나, 다양한 학파의 '전파론자들' 사이의 갈등이 아니라 추측역사학(conjectural history)을 하는 편과 사회에 대한 기능적 연구를 하는 편 사이의 갈등이라고 믿고 있다.[7)]

　그렇다 하더라도 당시 기능주의가 진화주의나 전파주의 같은 정통설들을 물리치고 승리하고 있었다고 보는 것은 잘못이다.

20세기 들어 첫 20년 동안의 영국 인류학의 특징은 진화주의든 전파주의든 어떠한 거대이론도 조심스럽고 회의적으로 보는 태도였다. 프레이저의 연구는 20세기 초두에서조차 인류학 학술지에 발표된 글에서 조롱을 받았고, 웨스터마크나 매럿(Marett) 같은 사람들에게 진화론은 단지 하나의 궁극적인 판단기준일 뿐이었지 구성의 중심이 되는 개념은 아니었다. 엘리엇 스미스와 페리(Perry)의 극단적인 이집트 중심 전파주의가 1920년대에 하나의 세력을 이루고 있었고, 또 리버스조차 전파주의로 전향한 것이 사실이지만, 전파주의가 전문인들 사이에서 큰 신임을 얻은 것은 아니었다. 실제로 왕립인류학회(Royal Anthropological Institute)의 회장이었던 마이어스(Myers)는 1922년에 엘리엇 스미스가 자신의 생각이 검열되고 있다고 주장하면서 그에 항의하며 사임하려는 것을 막느라고 고생했다. 그는 이 대학자의 복음주의적 열성이 불합리하다며 지친 듯 불평했다. 말리노프스키는 1920년대에 엘리엇 스미스 및 페리와 논쟁하는 데 많은 시간을 보냈지만 그것은 전문가 청중보다는 일반 대중을 위한 것이었다. 이는 마치 현대 사회인류학자가 로버트 아드리(Robert Ardrey, 미국의 작가로 인간에게 선천적인 공격성이 있다고 주장한 『아프리카에서의 인류의 기원』*African Genesis*으로 화제가 되었다―옮긴이)나 데즈먼드 모리스(Desmond Morris, 영국의 동물학자로 『털없는 원숭이』에서 동물행태학·생태학을 인간에 적용하여 큰 반향을 불러일으켰다―옮긴이)와의 공개적인 논쟁에 많은 시간을 소요하는 것과 같은 것이었다. 기능주의자들의 구전(口傳)

은 이런 대결의 중요성을 크게 과장해왔다.

이 시기에는 또한 뒤르켐(Durkheim)과 파리의 그의 학파가 끼친 역영향도 있었다. 이는 제1차 세계대전 이전에 이미 래드클리프 브라운과 매럿의 관심을 끌었고 이후에도 영국 사회인류학자들에게 계속 영향을 미쳤다. 뒤르켐의 이론들은 특히 종교연구에 큰 영향을 미쳤는데 그것은 전파론자들의 관심사와 타일러나 프레이저 같은 주지적인 진화론자들의 관심사로부터 멀어지게 했다.

그러나 20세기 첫 10년 동안의 영국 인류학의 분위기를 특징짓는다면, 자료의 축적에 대한 압도적인 관심이라 할 수 있을 것이다. 이 시기 인류학의 궁극적인 목표는 여전히 문화사의 재구성 또는 진화주의적인 일반화였을 수도 있지만, 영국 경험주의의 강력한 재기는 이런 관심을 압도해버렸다. 점차 축적되는 사실들이 얄팍한 진화주의 도식이나 전파주의 도식들을 우스꽝스러워 보이게 하는 듯했다. 나아가 이 '사실들'은 모든 '원시인들'과 함께 곧 사라질지도 몰랐다. 따라서 이 사실들을 수집하는 것이 긴급한 문제였다. 1913년에 리버스는 "세상의 많은 지역에서 노인 한 사람 한 사람의 죽음이 다시는 대체할 수 없는 지식의 상실을 가져온다"고 말했다.[8] 이를 보면 진화주의나 전파주의를 떠나 일종의 기능주의를 지향한 움직임의 시초를 감지할 수도 있겠지만, 그보다는 이론에 대한 몰두에서 벗어나 현지연구 쪽으로 강조점이 옮겨갔음이 더 분명하다. 사회학자와 민족학자 간의 경쟁이 일반적으로 '민족지'에 대한 요구보다는 덜 절실해 보였던 것이다.

전문적인 현지조사에 대한 요구가 원동력이 되어, 해든이 조직하고 리버스, 셀리그먼(Seligman), 마이어스가 포함된 케임브리지 대학의 토러스 해협(Torres Straits) 탐험이 1898~99년에 이루어졌다. 리버스는 1901~2년에는 인도의 토다족(Toda)을 연구했고 1907년에는 멜라네시아에서 연구했다. 셀리그먼은 1904년에 멜라네시아에서 연구했고 1907~8년에는 베다족(Vedda)을 연구했으며 그 후에는 수단에서 연구했다. 래드클리프 브라운은 해든과 리버스의 지시로 케임브리지를 떠나 안다만 제도로 가서 1906~8년에 걸쳐 연구를 했다.

자금과 숙련된 조사자들이 심각하게 부족했으며, 하나의 이국지역에서 며칠 이상 걸려서 이루어지는 전문적인 연구는 드물었다. 분명한 위험요인들에도 불구하고 연구자들은 통역자들이나 양쪽 언어를 구사하는 정보제공자들에게 의존해야만 했다. 그럼에도 불구하고 이런 연구는 전통체계로부터의 결별을 의미했다. 매럿의 기술에 따르면 전통체계에서는 "서재에 있는 사람은 현지에 있는 사람만이 대답할 수 있는 의문점들을 바삐 제기했고, 현지에서 서재로 쏟아져 들어오는 대답에 비추어 또 바삐 질문사항들을 수정했다."[9] 그런데 이제는 현지에서 자료를 수집하는 사람이 전문 인류학자여야 하며, 열대지역에 거주하는 유럽인들이 일반적으로 신뢰할 만한 정보제공자가 아니라는 것을 깨닫게 되었다. 일부 유럽인들, 특히 일부 선교사들은 뛰어난 민족지들을 썼지만 그것은 아주 예외적인 경우였으며, 그중 가장 우수한 것들조차도 몇몇 정보제공자들에게 지나치게 의존하고 있었다. 쥬노(H. A. Junod, 스위스의 신교 전도사 겸 인류학자로서 남아프리카의 통가족에 대한 민족지를 썼다—옮긴이)조차도 자신의 정보를 단 세 사람에게서 거의 전적으로 얻었다고 말했다. 그 가운데 둘은 기독교인이었으며 나머지 한 명은 "반투(Bantu) 정신이라는 모호한 관념에 푹 파묻혀 있어서 이를 떨쳐버리지 못한 채 1908년 죽을 때까지 이교도로 남아 있었다."[10]

하틀랜드(Hartland)가『맨』의 독자들에게 1905년 남아프리카에서 열린 영국과학진흥협회(British Association for the Advancement of Science) 회의에 대해 보고하면서 어느 정도 열정적으로 다음과 같이 쓸 수 있었던 것은 당시 사람들이 정보에 얼마나 굶주렸는지를 보여주는 척도라 할 수 있다.

로디지아(Rhodesia, 오늘날의 짐바브웨와 잠비아—옮긴이) 정부가 주선하여 인류학 연구를 할 수 있게끔 몇몇 반투족 사람들을 빅토리아 폭포에 함께 모아주었다. 시간이 부족했기 때문에 단지 몇 가지 측정과 사진 촬영만이 가능했다.

그는 계속 쓰기를,

나는 며칠 후 스미스필드에서 온 의사 칸느메이어와 함께 여행하는 즐거움을 누렸다. 그는 케이프 콜로니(Cape Colony, 현재의 남아프리카 공화국 남단에 있었던 영국 식민지로서 후에 남아프리카 연방의 설립으로 희망봉 주州가 되었다—옮긴이)

에서 태어난 사람으로 부계로는 독일 혈통을, 모계로는 프랑스 혈통을 물려받았으며, 양가 모두 몇 세대 동안 식민지에서 산 사람들이었다. 그는 의사로 일하고 있었다. 그와의 대화를 적은 노트 일부가 아래에 나와 있다. 그는 부시먼을 잘 아는 한 명 이상의 사람들에게서 그들에 대한 지식을 얻었다…….[11]

전문 인류학자들의 민족지적 전문지식에 대한 믿음조차 다소 지나쳤는지도 모른다. 호커트(Hocart)는 1915년이 되어서도 리버스의 『멜라네시아 사회사』(*History of Melanesian Society*)를 격찬하며 이렇게 썼다.

신뢰할 만한 자료는 몇 시간 만에 수집될 수 없으며 미개인들 사이에서 오래 체류한 후에야 비로소 그들을 이해할 수 있다는 생각이 여전히 지속되고 있다. 이는 입증된 생각은 아니지만 앞으로도 어떤 증거에도 불구하고 지속될 것이다.[12]

리버스의 사흘에 비해 호커트는 피지에서 삼 년을 보냈다. 그런데도 그는 리버스의 자료가 정확하다고 증언할 수 있다고 했다. 그는 자신이 피지에 대한 리버스의 주요 정보제공자였음을 덧붙이지 않았다.

리버스 자신은 보다 통찰력 있는 입장을 취했다. 그는 '개괄조사'와 '집중조사'를 구분했다. 개괄조사는 광범한 지역에 걸쳐 있는 부족들을 방문하여 분포도들을 작성하고 연구를 요하는 문제들이 무엇인지 확인하는 작업이었다. 멜라네시아에서 실시한 리버스 자신의 조사연구가 그 좋은 예였다. 또 다른 예는 셀리그먼의 수단(Sudan) 조사였다. 집중조사는 성격이 달랐다. 리버스는 1913년에 다음과 같이 썼다.

집중조사의 본질은…… 좁은 범위에서 집중적이고 철저하게 조사하는 것이다. 전형적인 집중조사는 조사자가 대개 400명에서 500명 규모의 한 지역사회에서 일 년 이상 살면서 그들의 생활과 문화의 모든 면을 아주 상세하게 연구하는 것이다. 여기서 그는 또 그 지역사회의 성원들을 개인적으로 일일이 알게 되며, 일반화된 정보에 만족하지 않고 생활과 관습의 모든 면을 그 지역언어를 사용하여 구체적으로 상세히 연구한다.

이러한 작업을 통해서만 연구자는 지금 자신을 기다리고 있는 지식이 엄청나다는 사실을 깨달을 수 있는데, 이는 이미 많은 변화를 겪은 문화에서도 마찬가지이다. 이런 작업을 통해서만 현존하는 인류학 자료를 구성하는 방대한 개괄조사의 많은 부분이 불완전하고 때로 오도하기까지 한다는 것을 알아낼 수 있다.[13]

이런 종류의 집중연구를 수행하도록 전문적으로 훈련받은 최초의 영국 사회인류학자가 말리노프스키였기 때문에, 아마도 다음과 같은 저절로 제기되는 질문에 대답할 수 없을지도 모른다. "이런 종류의 현지조사는 필연적으로 공시적·기능주의적 접근방식을 요구하는가?" 리버스는 이를 의심할 정당한 근거를 제시할 수도 있었다. 그것은 미국의 보아스(Boas)가 집중조사의 이상(理想)에 근접하는 현지조사를 했으면서도 여전히 민족학자로 남아 있었기 때문이다. 그러나 그 자신의 민족학적이고 전파주의적인 성향에도 불구하고 리버스는 소규모 지역사회에서 혼자 집중조사를 수행하는 민족지학자는 문화의 여러 다른 영역들이 어떻게 서로 연결되어 있는지를 보여줄 수밖에 없다고 지적했다. "그러니까 예를 들어, 소박한 문화를 가진 민족들에게 유용한 예술이란 일련의 종교의식이자 심미적인 일이고 또 사회조직의 중요한 한 요소이다."[14] 최후의 안락의자 인류학자 중 한 명인 매럿조차 공시적인 분석을 강조하게 되었다. 아이러니하게도 그는 한 강연에서 엘리엇 스미스의 공격으로부터 프레이저의 명성을 지키려 하면서 다음과 같이 말했다.

진정으로 우리들 중 일부는──적어도 나 자신은──현대문명의 모든 오염적인 영향력 때문에 복잡해진 사회조건 아래에서 미개인들의 정신이 현재 이곳에서 어떻게 작동하고 있는지를 연구하는 데 몰두해 있습니다. 그래서 인류학이 다루는 영역이라는 면에서 순수하게 역사적인 학문이라는 점을 충분히 인정하면서도, 우리는 현존하는 경향들에 대한 분석을 과거를 열어주는 열쇠로 쓰기보다는 현존 경향분석 자체에 즉각적인 관심을 가지고 있습니다.[15]

여기서 뒤르켐의 영향을 찾아볼 수 있다. 물론 진화론자 중 가장 중요한 스펜서(Spencer)도 공시적인 연구의 위상을 인정한 바 있다. 어쨌든 소규모 지역사회에 대해 집중연구를 한다는 것은 나중에 기능주의적 분석이라고 불리게 된 공시적 분석의 한 유형에 전념하는 것이라고 인지된 듯하다. 이런 연구가 반드시 진화론적·전파론적 관심을 대신할 접근방식이라기보다는 그것들에 부가되어야 할 것으로 여겨졌다.

이것이 말리노프스키 자신의 견해였다. 그는 경력 내내 진화주의자로 남아 있었으며 정통파 동료학자들과 마찬가지로 현존하는 문화적 사실을 수집함으로써 궁극적으로 진화적 법칙들을 산출해낼 수 있다고 믿었다. 『미개인의 성생활』(*The Sexual Life of Savages*) 제3판 특별 서문에서 말리노프스키는 '진화주의로부터의 철회'를 발표했다. 그는 자신이 1927년까지도 기원에 관심이 있었고 지금도 진화주의를 버릴 준비가 되어 있지 않음을 시인하면서, 단지 자신은 "기원문제들에 점점 더 무관심해진" 것뿐이라고 했다. 그러나 그것조차도 제한된 무관심이었다.

그러므로 과거와 과거의 재구성에 대한 나의 무관심은 말하자면 시제의 문제가 아니다. 과거는 골동품 연구가에게는 언제라도 매력적인데, 모든 인류학자는 골동품 연구가이다. 나 자신은 분명히 그렇다. 특정 유형의 진화주의에 대한 나의 무관심은 방법의 문제이다.

인류학자들은 재구성의 확실한 토대를 마련하기 위해서 "현존하는 석기시대 사회에서 아직도 관찰할 수 있는" 과정들에 주의를 집중해야 한다. 일단 문화가 어떻게 인간의 욕구를 충족시키는지를 이해하고 나면 인류학자는 점점 복잡해지는 파생적인 욕구들에 반응하여 점진적으로 진화하는 제도들에 대해 뭔가를 말할 입장에 놓이게 될 것이다. 그러므로 말리노프스키는 다음과 같이 썼다.

나는 아직도 진화를 믿고 있고 기원과 발전과정에 관심이 있다. 단지 나는 모든 진화적 질문에 대한 대답은 우리가 과거 발달사를 재구성하고자 하는 사실과 제도들에 대한 현재의 경험적 연구로 직접 이어져야 한다는 점을 점점 더 명확히 볼 뿐이다.

그리고 1935년에 『산호정원과 그들의 주술』(*Coral Gardens and their Magic*)을 출간함으로써 일군의 트로브리안드 연구서들을 완결한 후, 그는 문화진화주의(cultural evolutionism)의 고전적인 문제들로 관심을 되돌렸다.

이상과 같은 간단한 상황 개관은 영국 인류학에서의 '기능주의 혁명'에 대한 하나의 초기 전망으로 유용할 수 있다. 1922년에 『서태평양의 항해자들』이 출판되었을 때, 이 책은 혁명을 부르짖는 책이라기보다는 기존 문헌에 유용한 보탬이 되는 책으로 환영받았다. 이것은 결코 아둔한 반응이 아니었으며 말리노프스키가 처음에 보인 신중함은 이 반응을 뒷받침하는 것이었다. 이 책은 셸리그먼에게 헌정되었으며 프레이저가 쓴 관대한 서문까지 싣고 있었다. 프레이저는 몇 년 후 말리노프스키의 런던 정경대학 교수취임 강연에서 사회를 볼 만큼 계속 우호적인 사이로 남았다. 지각 있는 평론가라면 지적했겠지만, 이 책은 절실한 요구에 대한 대답이었다. 그러나 동시에 말리노프스키가 수집한 자료의 유형과 그것이 제시된 방식은 '원시문화'에 대한 급진적으로 새로운 관점을 의미했다. 처음에 극소수의 사람이 그랬듯이 말리노프스키도 그 사실을 충분히 의식하고 있었다. 그리고 그는 곧 혁명을 위한 바탕이 거기에 있었음을 보여주었다.

말리노프스키의 지적 배경

새로운 행동양식에는 신화적인 헌장이 필요한 법이다. 말리노프스키는 자신의 전성기에 개인적 신화를 발전시켰고 그의 추종자들은 이것을 다음 세대들에게 전해주었다. 그 신화는 다음과 같이 전개된다.

"말리노프스키는 폴란드의 우수한 젊은 학생으로 전문과학자의 길로 들어서려는 순간 병에 걸리게 된다──『인명사전』(Who's Who)의 그의 항목에는 항상 그의 배경 중 두 요소가 강조되어 있다. 양친 모두 폴란드의 슐라흐타(szlachta, 토지를 가진 귀족이나 신사계급) 출신이라는 것과 1908년 오스트리아 제국에서 최우등으로 박사학위를 취득했다는 것이다. 그는 병이 심해서 연구를 계속할 수 없다는 통보를 받는다. 절망에 빠진 그는 영국의 고전작품을 읽고 기분전환을 하기로 결심하고 『황금가지』(*Golden Bough*)를 선택하는데, 그 즉시 프레이저류의 인류학에 빠지게 된다. 머지않아 그는 영국으로(독일을 우회한 후) 건너가 런던 정경대학의 학생이 된다. 그가 오스트레일리아 원주민의 가족조직 문제를 일찌감치 해결한 후 인류학적 임무를 띠고 오스트레일리아에 갔을 때 제1차 세계대전이 터진다. 적국인 오스트리아 시민이었던 그는 강제 억류될지도 모르는 상황에 처한다. 다행히 트로브리안드 제도에서 억류생활을 해도 좋다는 허락을 받는다. 그곳에서 그는 유럽인들과 전혀 접촉하지 않으면서 현지인의 한 사람으로 살며 현지어로 작업하고 참여관찰을 하는 집중적인 현지조사법을 처음으로 만들어 사용하면서 전시를 보낸다. 종전 후 영국으로 돌아와 반동적인 진화론자들과 광적인 전파론자들의 고집스런 반대에 직면해서도 일군의 헌신적인 제자들을 길러내고 이 제자들이 계속 나아가……"

이 신화의 어떤 이본(異本)도 고전적인 예언자 스토리를 부여준다는 점에서는 마찬가지이다. 즉 잘못된 출발, 그 후 질병과 개종, 그 다음은 이주, 세상을 뒤집는 재난——세계대전 정도는 되는——에 처한 결과 황야에서의 고립생활, 계시를 안고 귀환, 제자들의 투쟁과 승리 등. 나도 그의 경력을 우선 이런 식으로 개괄했는데 그것이 요즘의 그 어떤 설명보다도 깊이 있게 한 사람의 메시아적인 이미지를 잘 드러내주기 때문이다. 말리노프스키의 '기능주의 혁명'에 대한 구술 설명이라면 반드시 이 신화의 한 형태가 들어 있다. 이 신화는 말리노프스키와 그의 경력을 이해하는 데 중요하다. 그러나 보다 전통적인 전기적 고찰은 덜 계시적일지 모르지만 다른 중요한 점들을 드러낸다.

브로니슬라프 말리노프스키(Bronislaw Malinowski)는 1884년에 크라쿠프(Cracow)에서 야겔로니안 대학의 슬라브어학 교수였던 저명한 언어학자의 아들로 태어났다.[16] 부친은 폴란드어 연구와 폴란드어 민속방언 연구를 개척했고 민속연구도 했다. 브로니슬라프는 어린 시절을 크라쿠프와 자코파네(Zakopane)의 지식인들 사이에서 보냈다.

1902년에 말리노프스키는 야겔로니안 대학에 들어갔다. 그는 처음에는 물리학과 수학에 전념했지만 차츰 철학에 눈을 돌렸다. 그의 1908년 박사학위 논문 『사고의 경제 원칙에 대하여』(*On the Principle of the economy of thought*)는 아베나리우스(Avenarius)와 특히 마흐(Mach)의 실증주의적 인식론에 대한 비판적 논술이었다.[17] 그가 이 시기에 『황금가지』에 감동한 것은 분명하지만 곧바로 인류학을 선택하지는 않았다. 그가 취한 다음 행동은 라이프치히 대학(부친이 이전에 공부했던 곳)으로 가는 것이었는데, 크라쿠프에서 대학교수 자격취득 과정에 필요한 장학금을 받지 못했기 때문이었다.

라이프치히에서 말리노프스키는 분트(Wundt) 밑에서 실험심리학을, 뷔허(Bücher) 밑에서는 경제사를 공부했다. 분트는 이미 뒤르켐과 보아스에게 그랬듯이 말리노프스키에게도 분명히 큰 영향을 미쳤다. 분트의 '민속심리학'(folk-psychology)은 문화,

즉 "한 인간집단이 창조한 정신적 산물로서 다수인 의식의 상호 작용을 전제로 하기 때문에 단순히 개인의식만으로는 설명할 수 없는 것"에 관심을 두고 있었다.[18] 이 문화개념은 뒤르켐의 '집합의식' 개념과 관련 있다. 분트는 언어든 신화든 종교든 한 가지 문화현상의 발달만을 따로 떼어내 추적하는 것에 반대했는데, 다음과 같은 이유에서였다.

"다양한 정신적 표현들은 특히 초기 단계에서는 서로 너무 얽혀 있어서 좀처럼 분리되기 어렵다. 언어는 신화의 영향을 받고 예술은 신화발달의 한 요소이며 관습과 관례들은 어디서나 신화적 개념들에 의해 뒷받침된다."

그가 선호한 대안은 "세로면보다는 가로면으로 자르는 것, 즉 민속심리학이 관심을 두고 있는 주요 발달단계들을 순서대로 고려하되 각 단계를 그 현상들의 전체적인 상호 연관성 하에 고찰하는 것"이었다. 이것이 가능한 이유는 각 진화단계에는 "다양한 현상들을 조직하는 데 중심이 되는 특정 관념, 정서, 동기 등이 있기" 때문이다.

이처럼 분트(와 그의 제자들 다수)에게서 기능주의의 주요 요소들을 찾아볼 수 있다. 더욱 흥미로운 것은 말리노프스키의 첫 번째 인류학적 연구인 오스트레일리아 가족조직에 관한 연구가 그가 런던 정경대학에 가기 위해 1910년에 라이프치히를 떠나기 전에 이미 시작되었다는 점일 것이다. 이 점에 주목하는 것이 아마 훨씬 더 흥미로울 것이다.[19] 런던 정경대학에서 그는 웨스터마크 밑에서 연구했는데, 웨스터마크는 '원시난혼', '집단혼' 등과 같은 이전 이론들을 결연히 비판하고 진화적으로 단혼가족 (monogamous family)이 지배적이었음을 주장했던 사람이다. 그러나 이것은 분트의 주제이기도 했으며 분트와 그 계열의 학자들도 오스트레일리아 자료에 관심이 매우 많았다. 물론 당시 많은 사회과학자들이 그랬다. 1912년과 1913년에 말리노프스키와 래드클리프 브라운뿐만 아니라 뒤르켐과 프로이트도 오스트레일리아 원주민에 관한 주요 저작들을 출판했다. 하지만 모두 서로에 대해서 알지 못한 채 연구한 것으로 보인다.

런던 정경대학에서 말리노프스키는 영국이 민족지적 연구에 더 많이 지원하고 싶어한다는 것을 알게 되었다. 그의 후원자가 된 셀리그먼은 1912년에 말리노프스키가 수단의 아랍부족들 사이에서 4개월간 연구할 수 있도록 소액 연구비를 지원해달라고 런던 정경대학의 학장에게 요청했다. 이 요청은 거절당했지만 말리노프스키는 계속 저술활동을 하여 1913년에 『오스트레일리아 원주민의 가족』(*The Family among the Australian Aborigines*, 이 책으로 그는 런던 정경대학에서 이학박사학위를 받았다)과 폴란드어로 쓴 『원시종교와 사회구조의 형태』(*Primitive Religion and Forms of Social Structure*)를 출판했다. 오스트레일리아에 대한 책은 『맨』에서 "지금까지 영어로 씌어진 것 가운데 미개인 집단의 관습과 제도를 기술하는 데 과학적 방법을 사용한 가장 뛰어난 예"라는 래드클리프 브라운의 칭찬을 받았다.[20] 그는 '원시종교와 사회분화'에 관한 강의를 했는데, 이 강의는 폴란드어로 쓴 그의 저서들과 마찬가지로 뒤르켐적인 지향, 특히 오스트레일리아의 토테미즘에 관한 뒤르켐의 연구에 대한 긴밀한 관심을 반영했다.

그때 매럿의 개입으로 행운이 찾아왔다. 이에 대해 매럿은 나중에 다음과 같이 서술했다.

영국과학진흥협회 H분과(인류학이 속해 있던 분과─옮긴이)의 기록관으로서 1914년에 오스트레일리아를 방문하려던 나는 간사가 필요했다. 그때 나의 뛰어난 학생인 차플리카(M. A. Czaplicka) 양(폴란드 저명인사 전당에 그녀의 공적을 기리기 위한 특별한 자리가 마련되었으면 한다)이 자기 동포 하나(말리노프스키─옮긴이)가 여태까지 책을 통해서만 알고 있던 오스트레일리아와 뉴질랜드의 민족들을 직접 눈으로 볼 수 있도록 도와달라며 간곡히 부탁을 했다. 그렇게 해서 나로서는 전적으로 기쁜 일이었지만 그에게는 적어도 처음에는 불운이었던 우정이 시작되었다. 우리가 탄 배가 서부 오스트레일리아에서 남부 오스트레일리아로 가는 도중에 전쟁이 발발했고, 오스트리아 시민인 말리노프스키는 절차상 적국인이 되어 억류되어야만 하는 상황이 발생한 것이다. 그러나 오스트레일리아 당국이 이 젊은 학자에게 보여준 처우는 더할 나위 없이 관대했다. 그들은 그가 그 나라의 광대한 영토 내에서 자신이 선택한 지역을 탐구할 수 있도록 자유수감(형식상 억류자이나 실질적으로는 자유로운 생활을 했다는 뜻─옮긴이)을 허용했을 뿐만 아니라 자금까지 지원했다.[21]

실제로 유럽으로 돌아가기를 원한 모든 적국 학자들은 그럴 수 있었다. 말리노프스키는 기회를 최대한 이용하고 있었던 것이다. 그는 셀리그먼이 런던 대학 및 런던 정경대학과 교섭해 받아내준 장학금 두 가지를 가지고 왔기 때문에 어떤 경우라도 남아 있을 작정이었는지도 모른다. 그는 오스트레일리아 측 자금이 나오기까지 1년간 이 두 장학금에 의존했다.

현대적 현지조사 방법의 창시자

말리노프스키가 남부 뉴기니에서 수행한 6개월간의 현지조사를 통해 민족지학자로서 경력을 쌓기 시작한 것은 서른 살 때였다. 그는 뉴기니에서의 자신의 연구가 부족하다고 느끼면서 지방어로 부족인들과 보다 직접적인 접촉을 하는 연구가 지닌 장점들에 대해 확신하게 되었다. 그는 또 편리하게도 자신에게 지방어를 빨리 습득하는 능력이 있음을 깨달았다(트로브리안드에서 지낸 지 여섯 달 후에는 통역인을 쓰지 않아도 될 만큼 현지어에 능숙해졌다). 마일루(Mailu) 연구는 견습생의 시험적인 작업에 불과했고 그 방법이나 결과도 상당히 전통적이었다. 오스트레일리아에서 휴가를 가진 뒤 말리노프스키는 1915년 5월에 현지로 돌아갔는데, 어느 정도는 우연하게 뉴기니에서 좀 떨어진 트로브리안드 제도를 다음 연구지로 정했다. 셀리그먼은 말리노프스키가 로셀(Rossel) 섬을 조사하기를 원했지만, 그곳에서는 셀리그먼이 연결해 준 사람들과 일이 잘 풀리지 않았다. 트로브리안드 연구는 나중에 말리노프스키의 명성에 토대가 되었으며 이전의 마일루 연구와 비교하면 그 선구적인 자질이 두드러진다. 1915년에서 1916년 사이, 그리고 1917년에서 1918년 사이에 트로브리안드 제도에서 2년을 보내면서 그는 현대적 현지조사 방법을 진정으로 발명했다.

말리노프스키는 자신의 현지조사 방법에 대해 솔직하게 썼지만, 사후 출판된 그의 현지일기 일부가 현지조사 방법에 관한 그의 논문들보다 트로브리안드에서의 경험을 훨씬 더 면밀하게 보여준다. 이 일기는 현지조사의 개인적인 스트레스를 드러내면서도 그의 업적을 잘 이해할 수 있고 경탄할 만한 것으로 만들었다. 말리노프스키가 자신의 학생들에게 말했듯이, 그는 현지조사자의 개인 일기를 안전밸브, 즉 민족지 서술자의 사적인 걱정거리와 감정들을 과학적인 기록으로부터 분리하여 표출하는 방법으로 보았다. 현지조사자의 사생활을 다룬 이 일기는 권태, 건강에 대한 걱정, 성적 결핍, 외로움, 그리고 조지 마이크스(Georges Mikes)가 슬라브의 혼(the Slav Soul)이라고 부른 것과 싸우는 말리노프스키를 보여준다. 또 트로브리안드인들을 향한 노여움이 분출되어 있다. 일기를 보면 스스로 주장했던 바와는 달리 자기도 유럽인과의 접촉을 끊지 못했음을 알 수 있다. 그러나 무엇보다도 이 일기는 그가 얼마나 열심히, 창조적으로 일했는지를 증명한다. 다음은 어느 괜찮은 날 ─ 1917년 12월 20일 ─ 에 쓴 일기의 일부이다.

6시에 일어났다(5시 30분에 깨서). 별로 기분이 나지 않았다. 마을을 순회했다. 토마카푸가 그의 집 근처에 있는 신성한 작은 숲에 대해 설명해주었다. 밤새도록 비가 내려 진창이다. 모두 마을에 있었다. 경찰관이 9시에 와서 그와 함께 작업에 착수했다. 10시 30분에 그들은 포울로(poulo, 고기잡이 탐험)를 가기로 결정했고 나도 그들과 함께 출발했다. 요살라 가와의 집에서 멕와(Megwa, 주술의식)가 있었다. 진정한 자연인들과 함께 있는 즐거움을 다시 느꼈다. 보트를 타고 갔다. 많은 관찰. 많이 배운다. 일반적인 분위기, 스타일, 여기서 금기(禁忌)를 본다. 여러 주에 걸친 연구를 요했을 고기잡이 기술도 관찰했다. 확 열린 수평선에 내 마음은 기쁨으로 차올랐다. 우리는 그 석호 주위를 돌아다녔다. 키리비까지 갔다가 그 다음에는 보이마포우로 갔다. 공중을 휙 나르고 그물로 뛰어드는 물고기들이 보여주는 비범한 광경. 나는 그들과 함께 노를 저었다. 셔츠를 벗고 일광욕을 했다. 물이 나를 유혹했다. 몸을 담그고 싶었지만 어쩐지 그럴 수 없었다. 왜일까? 나에게는 에너지와 앞장서는 정신이 부족하다. 이 때문에 너무 어려움이 많았다. 그리고는 또 이것이 나를 지치게 하기 시작했다. 배고픔 말이다. 확 터진 공간의 매력이 속이 텅 빈 느낌에 밀려나 버렸다. 우리는 카이투비와 크와불로를 거쳐서 돌아왔다……

하인이 그의 신발과 캠핑용 주전자를 들고 배로 오고 그는 늦은 점심을 먹으러 돌아간다.

그러고는 5시쯤 투다가에 가서 인구조사를 했다. 돌아왔다. 일몰은 타오르는 벽돌빛이었다. 일부 원주민들이 투마다와 고기를 목격해서 열두세 척의 배가 그것을 잡으러 떠났다. 그들을 따라 잡으려고 했지만 좀 피곤했다.

그는 노를 놓고 오스트레일리아에서 있었던 연애사건에 대한 회상에 빠진다. 이날의 일기는 사적인 문제에 대한 서술로 끝난다.

돌아왔을 때 몸이 찌뿌드드했다. 차만 마셨다. 잠깐 잡담을 나누었으나 특정한 목적 없이 그랬다. 관장제…… 잘 잤다.[22]

우울하고 침체된 기간들도 있었다. 어느 날의 일기에 또 다음과 같이 썼다.

민족학에 관해 말하자면, 나는 원주민들의 삶이 전혀 흥미롭지도 중요하지도 않은 것으로, 개의 삶만큼이나 나와는 동떨어진 것으로 본다. 산책을 할 때마다 나는 여기에서 해야 할 임무를 잊지 않기로 스스로에게 다짐했다. 즉 많은 기록(즉 정보제공자의 말을 받아쓴 글, 활동도표, 지도 등)을 모아야만 하는 것이다. 나는 그들의 삶이 어떤지 대강은 알고 있고 그들의 언어도 좀 알고 있다. 내가 이 모든 것을 어떻게든 '기록'만 할 수 있다면 귀중한 자료를 얻게 될 것이다. 나의 대망에 정신을 집중하고 상당히 효과적으로 일해야만 한다. 언어 자료를 조직하고 기록을 모아야만 하고 여성의 생활, 구구아(gugu'a, 도구), '사회적 표상' 체계를 연구할 더 나은 방법을 찾아야만 한다.[23]

여기서 '기록'에 대한 강조는 중요하다. 말리노프스키는 자신의 관찰을 체계적인 증거물로 옮길 수 있는 방법에 매우 관심이 많았다. 리버스가 이미 계보의 수집과 기록에 유용한 기술을 개발했지만, 말리노프스키는 다른 종류의 자료도 처리할 수 있는 일련의 기술들을 개발해야만 했다.

연구과정에서 말리노프스키는 자료를 광범하게 세 가지 종류로 나누었다. 각각은 그 수집과 기록에 독특한 기술을 요구했다. 첫 번째는 제도와 관습을 개관하는 것인데, 그는 자신이 "구체적인 증거를 통한 통계적인 기록 방법"이라고 부른 것을 사용하여 이를 연구했다. 특정한 활동들과 연관된 관습들의 분포를 기록한 일련의 일람도를 구축하는 것이 목적이었다. 이 도표는 특정 활동을 구성하는 요소들을 개괄하는 동시에 여러 측면 간의 상호관계를 보여주었다. 여기에 포함되는 자료는 사람들에게서 이끌어낸 의견과 서술, 그리고 실제 사례들에 대한 관찰로부터 얻었다. 이렇게 체계적으로 활동들을 도표화하는 작업은 중요했다. 그는 "실로 과학적 훈련의 목표는 경험적 연구자에게 자신의 위치를 결정하고 진로를 잡는 지침이 되는 정신적 지도(mental chart)를 제공하는 것이다"라고 말했다.[24]

그러나 이런 도표들은 현실의 한 층을 반영할 뿐이었다. 현지 조사자는 사회적 행동의 실상, 즉 말리노프스키가 "잡다한 일상생활"이라고 부른 것도 관찰해야 하고 자신의 관찰을 특별한 민족지 일지에 세밀하게 기록해야 한다. 이에 대한 그의 주석은 매우 흥미롭다.

원주민 관습의 법칙과 규칙성을 찾아내고 이에 맞는 정확한 공식을 자료수집과 원주민의 진술을 통하여 얻으려고 하다 보면 현실의 삶은 바로 이런 정확성과는 거리가 멀다는 것을 깨닫게 된다. 왜냐하면 실제의 삶이 어떤 법칙도 엄격히 따르지 않기 때문이다. 이것은 특정한 관습이 실행되는 방식, 그리고 민족지 기술자가 딱 떨어지도록 공식화한 법칙들을 원주민들이 어떻게 지키는지, 또 사회학적 현상에서 거의 항상 일어나는 예외들을 관찰함으로써 보완되어야만 한다.

세 번째 종류의 자료도 반드시 수집되어야 한다.

민족지적 진술, 특징적인 이야기, 전형적인 구두표현, 민간전승 항목, 주술법 등을 모아서 **기록자료집**, 즉 원주민의 정신세계에 대한 기록으로서 제공해야 한다.

이러한 규정들은 자신들이 행하고 있다고 사람들이 말하는 것과 실제로 행하는 것, 그리고 그들이 생각하는 것 사이에 체계적인 괴리가 있다는 인식을 반영한다. 이러한 인식은 분명히 부분적으로는 그의 현지 경험에서 나온 듯한데, 바로 이 인식이 말리노프스키 연구작업의 특징이다. 관습은 활동을 중심으로 결집되어 있다. 그러나 개인들은 상황이 허락할 때는 자신들에게 유리하게끔 규칙을 조작한다. 그리고 마지막으로 이 규칙과 행동은 그 문화 특유의 사고방식의 맥락에서 이해되어야 한다. 이는 "민족지학자가 결코 잊어서는 안 될" 궁극적인 목표가 바로 "원주민의 관점, 그가 삶과 맺는 관계를 파악하는 것, 즉 그의 세계에 대한 그의 비전을 깨닫는 것"이기 때문이다.

민족지적 현실의 여러 층에 대한 이러한 인식은 트로브리안드에 대한 말리노프스키의 첫 논문인 조그만 걸작 「발로마」(Baloma)에 가득 차 있다. 이 논문은 두 번의 현지탐험 사이의 휴식기간에 집필되어 1916년에 출판되었다. 이 논문에서 그는 사자의 영혼(dead spirits)에 바치는 경건한 작별에 대한 정보제공자들의 서술과 관찰된 현실 사이에는 괴리가 있음을 생생하게 묘사한다.

사카우(saka'u)를 듣자 짝을 지은 젊은이들이 모두 조용히 떠났으며 북을 든 대여섯 명의 아이들과 나, 그리고 내 정보제공자만이 발로마에게 작별인사를 하려고 남았다. ……조상의 영혼이 대상인 것을 감안할 때 이보다 더 위엄 없는 행사는 상상할 수 없다! 나는 이오바(ioba)에 영향을 주지 않으려고 멀찌감치 떨어져 있었지만 민족지학자의 존재 때문에 영향을 받는다거나 손상을 받을 것이라곤 거의 없었다! 여섯 살에서 열두 살의 소년들이 북을 치자, 더 어린 소년들이 정보제공자들이 전에 나에게 가르쳐 준 용어를 사용하여 정령들에게 말하기 시작했다. 이 아이들은 담배를 구걸하거나 익살을 떨면서 나에게 접근할 때 보이던 오만과 수줍음이 뒤섞인 그들 특유의 태도로 말했는데, 이것은 실제 거리의 소년들이 가이폭스 절과 같은 날에 그러는 것처럼 관습적으로 허용되는 성가신 짓을 저지를 때 취하는 전형적인 태도였다(Guy Fawkes' day, 가이폭스 절은 영국의 화약음모사건Gunpowder Plot 기념일이다. 화약음모사건은 1605년 11월 5일 의회의 지하에 화약을 장치하고 이를 폭파하려던 구교도의 음모를 일컫는다—옮긴이).

이 논문은 인류학자들이 종교적인 행사에 대한 심리적인 태도를 공식적인 서술로부터 추론하려는 데서 생기는 위험을 멋지게 보여준 데서 그치지 않았다. 그것은 민족지적 현실의 다층적 성격을 생생하게 그려냈다. 현지조사 방법에 대한 말리노프스키의 관심 이면에는 사회적 현실의 복삽성에 대한 거의 이론 수준에 달하는 이해가 있었던 것이다.

민족지적 현상의 본질에 대한 이러한 이해는 과연 어느 정도까지 현지 경험에서 나온 것이고 어느 정도까지 이론적 성향에서 나온 것일까? 나는 앞에서 오스트레일리아로 출발하기 전 말리노프스키의 사상에 큰 영향을 준 뒤르켐은 말할 것도 없고 리버스와 분트의 연구에서도 말리노프스키가 틀림없이 탐지해냈을 원기능주의적(proto-functionalist) 의식에 대해 언급한 바 있다.

많은 자료를 훑지 않더라도, 전혀 기대치 못했던 곳에서 말리노프스키의 접근방식을 훨씬 더 잘 예견해주는 경우들을 찾아볼 수 있다. 연구실에서만 지낸 학자인 매럿은 1912년에 이렇게 썼다.

그러므로 내가 생각하기에 현 시점에서 중요한 것은 인류학자 누군가는 관습이라는 체제가 절대적으로 군림하는 곳에서조차도 개인이 어떻게 의식적이고 영리한 판별력을 가지고 그 사회의 규제에 끊임없이 적응하는지, 또는 보다 정확히 말하자면, 이런 규제들을 자신의 목적에 맞게 적응시키는지를 보여주는 보완적인 연구를 수행해야 한다는 것이다. 나는 관습의 부동성은 대체로 거리의 효과라고 생각한다. 보다 자세히 들여다보면 끊임없이 수정이 일어나고 있음을 볼 수 있을 것이다. 그리고 그 저변에 깔린 동력이 부분적으로는 기후의 변화와 그 결과 생기는 식량공급의 변동에 따른 사람들의 이동 등과 같은 물리적이거나 준물리적인 원인들이라 할지라도, 근본적인 조건으로서 살려는 의지, 즉 개인들이 서로 부분적으로는 경쟁하고 부분적으로는 협동하는 과정에서 나타나는 이 의지도 마찬가지로 시종 작용하고 있다.[25]

이것을 트로브리안드에 관한 말리노프스키의 모든 저술의 표어로 삼을 만하다. 그러나 말리노프스키는 현지에서 이 규정을 잘 따랐기 때문에 이 규정이 함축하는 의미를 특별히 잘 이해할 수 있었다. 이것은 또한 말리노프스키가 전례 없이 풍부하고 복잡한 자료를 모을 수 있게 해주었고, 그 결과 다음과 같은 매럿의 예견이 실현되었다.

우리는 숲은 이럭저럭 그려낸다. 침침한 색의 덩어리로 숲을 표현하는 것은 우리가 쓰는 개략적인 방법들에 충분히 잘 들어맞는다. 그러나 우리는 지금까지 개별 나무들의 미세한 가치들을 표현하려 한 적은 없다. 그러나 그렇게 함으로써만 우리는 숲의 혼, 즉 생명과 생장의 정신이 가지는 진가를 제대로 알 수 있으리라 기대할 수 있다.

프레이저가 말한 신성한 작은 숲이 있을 만한 곳이 숲은 아니었던 것이다.

물론 말리노프스키의 현지조사가 가진 혁명적인 성격이 그의 찬미자들이 제안했던 것보다는 더 복잡한 문제이지만 동시대 그어떤 연구와도 질적으로 달랐다는 것은 의심할 여지가 없다. 말리노프스키의 트로브리안드 현지조사에 관한 글에서[26] 마이클 영(Michael Young)은 트로브리안드에서 30년을 보낸 가톨릭 선교사 볼드윈(Baldwin) 신부의 증언을 인용했다.

내 생각에 말리노프스키의 연구는 트로브리안드어를 완전히 삼킨 것에 가까울 정도로 더할 나위 없이 철저했다. 나는 그를 참고할 때마다 순전히 나만의 발견이라고 여겼던 것을 그가 이미 다루었음을 보고 끊임없이 놀랐다. 분석 또한 아주 훌륭했다. 그가 설명하지 않은 것은 없는 듯 보였고 그의 설명은 그 곳에 사는 사람들에게까지도 가르쳐주는 점이 많았다.

동시에 말리노프스키는 정착민들과 관리들은 물론이고 트로 브리안드인들의 눈에도 영웅적인 인물은 아니었다.

　말리노프스키가 원주민들에게 대체로 종자 채취용 덩이줄 기를 심을 때 뿌리 쪽을 아래로 심는지 싹 쪽을 아래로 심는지 와 같은 멍청한 질문이나 해대는 바보 챔피언으로 기억되고 있 음을 깨닫고는 놀랐다. 아기나 관을 머리를 아래로 세우는지 발 쪽을 아래로 세우는지를 묻는 것처럼 말이다. 나는 그를 알 았던 백인들과는 그에 대해 말하지 않기로 했다. 그는 그들을 불편하게 했으며, 그들은 그를 바보인류학자(anthrofoologist) 라고 부르고 그의 전공분야를 바보인류학(anthrofoology)이라 고 일컬음으로써 그에게 보복했다. 나는 또 이것이 부분적으로 는 원래 있을 수밖에 없는 거북함을 반영한다고 느꼈다. 즉 그 곳 백인들은 그가 무엇을 하려는지 몰랐던 것이다. 또 부분적 으로는 말리노프스키가 그의 직업을 성우(聖牛)로 생각했기 때문이기도 했다. 즉 이유는 알 수 없지만 경의를 표해야 하는 존재였던 것이다. 그리고 정부관리나 선교사의 입장에서는 자 신들보다 잘 안다는 보장도 없는 사람에게 받는 비판을 좋아할 수 없었다.

카리스마를 가진 지도자

현지조사도 완수했고 전쟁도 끝났음에도 불구하고 말리노프스키는 런던 정경대학으로 돌아가는 것을 늦추었다. 처음에는 어느 오스트레일리아인 교수의 딸과 결혼하느라 그랬고 다음에는 건강이 나빠서였다. 1920년과 1922년에 그는 여름학기 동안 런던 정경대학에서 강의를 했고, 1923년에는 런던 대학에서 사회인류학 교수로 승인받았다. 그는 크라쿠프의 민족학 교수직을 사양했고 1924년에 런던 정경대학의 교수로 취임했다. 그 직전에 런던 대학 유니버시티 칼리지의 '문화인류학' 부문에 비슷한 임용이 있었는데, 말리노프스키는 자신의 직위에 적당한 명칭을 묻는 질문에 답하여 런던 정경대학의 학장인 베버리지(Beveridge)에게 다음과 같이 썼다.

저는 문화가 자신들의 모토이므로 문화로 하겠다고 틀림없이 주장할 유니버시티 칼리지 사람들과 우리를 구별할 수 있는 사회인류학이란 이름을 제안합니다. 사회라는 말은 또한 우리 학교가 사회학과 그와 관련된 모든 것의 중심인 이상 우리의 관심이 주로 사회학적인 것임을 보여줄 것입니다. 사회인류학은 또한 이제 훌륭한 영국적 전통을 가지고 있습니다. 제 생각에는 이것이 에드워드 타일러가 옥스퍼드에서, 프레이저가 리버풀에서 강의할 때 쓴 이름이었고 원시문화과학(science of primitive culture)과 체질인류학을 구별짓는 통상의 방식입니다. 문화라는 말은 사실 독일어에서 빌려왔는데 독일어에서 문화(Kultur)라는 말은 문명을 뜻하는 것으로 영어의 문화라는 말에는 함의되어 있지 않은 미묘한 의미를 가지고 있습니다. 우리 학교에는 사회과학 일반 교육에 적합하도록 인류학이나 민족학이 필요합니다. 또한 그것을 더 확장시켜서 현대 인문학의 적당한 비교학적 근거를 제공하기 위해서라도 인류학이나 민족학이 필요합니다. 제가 제대로 이해하고 있다면, 바로 이것이 이론적인 역할에서 우리 학교가 담당해야 할 몫입니다.

1927년에 그는 런던 대학의 첫 번째 인류학 교수로 임명되었다(셀리그먼은 민족학 교수였다). 그는 1938년까지 런던 정경대학에 있다가 안식 휴가를 받아 미국으로 떠났는데 그곳에서 제2차 세계대전의 발발로 발이 묶여버렸다. 그는 예일 대학에서 가르쳤고 멕시코의 농민시장에 관한 현지조사를 했다. 그 결과 저명한 멕시코인 학자 훌리오 드 라 푸엔테(Julio de la Fuente)와 흥미로운 공저를 내었다. 스페인어로 출판된 이 책은 1982년에 와서야 처음으로 영어판으로 출간되었지만 멕시코의 인류학과 공공정책에 큰 영향을 미쳤다. 그는 1942년 뉴헤이번에서 58세의 나이로 세상을 떠났다.

트로브리안드 제도에 관한 말리노프스키의 저서 일곱 권은 1922년과 1935년 사이에 나왔다. 이 저서들이 그가 런던에서 가르치는 동안 출판한 글의 대다수를 차지한다. 트로브리안드 자료는 또한 그의 강의와 강좌의 핵심이었다. 바로 이때 그는 학생들을 매혹적인 트로브리안드인에게 소개했고 새로운 학문의 예언자로서 말리노프스키 자신의 역할에 대한 신앙심을 불러일으켰으며 학생들을 전 세계로 현지연구를 하러 내보냄으로써 그를 따르는 무리를 키웠다. 그의 트로브리안드 저술을 이 시기에 그가 교사로서 거둔 성공과 쉽게 분리할 수는 없지만 나는 트로브리안드 연구서들의 메시지를 검토하기 전에 교수로서의 그의 역할에 대해 먼저 간단히 평가하고자 한다.

런던 정경대학 내에서 말리노프스키는 민족학자인 셀리그먼과 사회학자인 웨스터마크, 홉하우스(Hobhouse), 긴즈버그(Ginsberg) 사이에 위치하고 있었다. 1925년부터 셀리그먼은 '일반 민족학' 강의를 하면서 선사(先史)와 인종분포를 다루었다. 말리노프스키는 '사회인류학'을 가르쳤는데 다양한 주제를 다루면서도 항상 트로브리안드 자료에 일차적으로 의거했다. 사회학자들은 제도의 진화에 관심이 있었다. 상당한 정도의 학제적 교수가 이루어졌고 말리노프스키는 다른 이들과 합동 세미나를 열기도 했지만 그에게는 사실상 그 자신의 관심사를 추구할 전용 분야가 주어졌다. 그는 곧 그것을 이용하여 세미나를 발전시켰고 머지않아 동료들과의 우호적인 개인적 교제를 중단했다.

그의 제자 몇 명이 이러한 세미나들을 묘사한 바 있다. 하지만 애슐리 몬터규(M. F. Ashley Montagu)에게는 다음과 같이 나름대로의 우선 순위가 있었다.

시간적으로는 실제로 내가 말리노프스키의 학생 중 첫 번째였다고 믿는다. 에번스 프리처드(Evans-Pritchard)는 나보다 몇 주 후에 옥스퍼드에서 왔고, 레이먼드 퍼스(Raymond Firth)는 몇 개월 후에 뉴질랜드에서 왔다. 나는 내가 W. J. 페리의 두 학생 중 첫 번째라는 미심쩍은 영예를 누리고 있었던 (런던 대학) 유니버시티 칼리지에서 런던 정경대학으로 그들보다 먼저 왔다. 태(胎) 중의 태양의 아이로서(아마도 태양과 같은 존재인 말리노프스키의 학생이 곧 될 것이라는 뜻―옮긴이) 1923년 10월 말 나는 런던 정경대학에 있는 말리노프스키의 연구실에 모습을 나타냈다. 그 연구실은 당시 말리노프스키가 셀리그먼과 함께 사용하고 있던 멋진 방이었다. 말리노프스키는 나를 친절하게 접대해주었고 나는 당장 매혹되었다. 그에게는 명사라고 젠체하는 모습이 전혀 없었다. 상대를 금방 편하게 해주었고 그와 함께 인간 본성을 탐구하면서 흥미로운 시간을 보낼 수 있을 것 같았다.

기본적인 몇 가지 질문을 한 후 말리노프스키는 나에게 첫 세미나를 위해 레비 브륄(Lévi-Bruhl)을 읽고 '원시심성' (Primitive Mentality)에 대한 비평적인 보고서를 써보라고 제안했다. 나는 그렇게 했고 말리노프스키는 내가 보고서를 발표한 후 너무나 그다운 태도로 나에게 감사를 표시하고는 덧붙였다.

"나라도 그만큼 잘하지는 못했을 걸세⋯⋯."

나는 강의실에서 말리노프스키보다 더 흥미롭고 자극적인 스승은 경험해보지 못했다. 그는 손에 한 묶음의 종이를 들고 강의실에 들어와서는 타이프라이터로 친 자신의 원고를 별 격식 없이 읽기 시작하곤 했다. 몇 분 동안 읽어내려 가다가 흥미로운 구절이 나오면 읽기를 멈추고는 학생들을 둘러보며 갑자기 질문을 던지곤 했다. "자, 어떻게 생각하시오?" 만약 아무도 대답하지 않으면 그는 학생이나 동료 한 사람의 이름을 불렀다. 그렇게 종종 토론이 시작되어 나머지 시간 동안 계속되곤 했다. 말리노프스키의 거의 모든 수업에는 대개 몇 명의 교수들이 참석했고 영국과 외국의 다른 대학에서 온 방문객들도 자주 참석했다.[27]

말리노프스키는 이러한 세미나에 참석하게 하고 또 아마도 자기 편으로 전향시키려고 도처에서 사람들을 끌어모았는데, 실제 그를 따르게 된 학생들은 곧 그의 세계에 필수적인 부분이 되었다. 한 번은 중국 학생 한 명이 이렇게 말했다. "말리노프스키는 마치 동양의 스승 같다. 그는 자기 학생들에게 아버지처럼 대한다. 우리를 자기 집으로 초대한다. 우리에게 자기의 메시지를 전달하게 한다. 때로는 우리가 그를 위해 요리도 한다. 그리고 우리는 그를 위해 그런 일들을 하고 싶어한다."[28] 그가 여름에 티롤(Tyrol, 오스트리아 서부와 이탈리아 북부에 걸쳐 있는 알프스의 한 지방—옮긴이)의 별장으로 갈 때면 학생 몇몇이 동행하여 여관에서 공부하고 함께 산책하고, 저녁에는 비공식 세미나에 참여하면서 방학을 보내곤 했다. 그러나 그는 자신의 애제자들을 가족처럼 대한 대신 그들로부터 완전한 충성을 요구했다. 그는 점점 더 자신이 진실을 수호하기 위해 암흑의 세력들에 대항하여 투쟁하고 있다고 여기게 되었다. 그리고 그의 영향력이 커짐에 따라 심지어는 그의 절친한 동료학자들인 셀리그먼과 웨스터마크와의 해묵은 차이점들도 견딜 수 없어 했다.

리치는 말리노프스키가 만들어낸 분위기를 아주 잘 살려낸다.

제한된 지식인 사회에서 기능주의가 불러일으킨 열정은 논리적인 분석에 기반한 것이 아니었다. 말리노프스키는 예언자의 자질을 가진 '카리스마적인' 지도자였는데 그런 사람들은 언제나 자신의 신조를 슬로건으로 표현한다. ……예언자들은 자신의 능력을 의식하고 있다. 말리노프스키는 자신의 위대함을 믿어 의심치 않았다. 자신을 인류학적 방법과 사상이라는 분야의 선교사이자 혁명적인 혁신가로 생각했다. 모든 혁명가들처럼 그는 좀더 보수적인 동시대인들과 바로 앞선 시대 인물들의 중요성을 경시하는 경향이 있었다. 그는 동료 인류학자들을 칭찬하는 논평을 좀처럼 쓴 적이 없었으며, 말로는 훨씬 더 노골적이었다. 그는 자신이 완전히 새로운 학문의 창시자라고 주장했다.[29]

실제로 말리노프스키가 출판물을 통해 내놓은 논평을 보면 영국 인류학의 진정한 기반인 매럿, 프레이저, 해든, 마이어스, 셀리그먼을 그냥 건너뛰는 경향이 있었다. 그의 비판은 1922년에 사망한 리버스와 해부학 교수인 엘리엇 스미스, 그리고 프로이트나 뒤르켐을 겨냥했다. 그러나 토론에서는 영향력 있는 동시대 학자들에 대해서도 똑같이 가차 없는 비판을 가했다. 사실상 그가 내놓은 모든 아이디어는 ― 포티스(Fortes)가 지적했듯이 ― "구체제(ancien régime)에 대한 공격의 형태로" 표현되었다.[30] 이런 공격들은 종종 터무니없을 정도로 무책임했다. 예를 들어 『서태평양의 항해자들』의 처음 몇 페이지에서 그는 다음과 같이 쓰고 있다.

오래전에 원주민들의 예절과 풍습이 어떠하냐는 질문에 한 대표적인 대가가 한 유명한 대답, 즉 "풍습이라고는 전무하고 예절은 짐승 같다"는 대답과 오늘날의 민족지학자의 입장은 아주 다르다.

도대체 이 '대표적인 대가'는 누구였을까? 이 구절에 대한 주에는 "원주민들은 짐승 같을 뿐이고 풍습이라고는 없다고 본 전설적인 '초기의 대가'는 현대의 작가에 의해 도태당한다……"라고 쓰여 있고, 그는 이어서 뉴기니 런던선교사협회의 C. W. 에이블(Abel) 목사라는 사람을 풍자한다.[31]

그래도 이것은 학생들에게는 아주 인상적인 것이었다. 그들 중 하나가 표현했듯이, "말리노프스키가 지닌 카리스마의 비밀은 혜택받은 소수에게만 알려져 있는, 그리고 모든 문제들을 해결하는 ― 다른 모든 분야의 전문가들을 바로잡는 ― 전적으로 새로운 계시가 당신에게 전수되고 있다는 생각이 들게 한다는 점이었다."[32] 그 메시지에는 정치적인 차원도 있었다. 왜냐하면 만약 개별 문화가 인간의 필요를 만족시키기 위해 섬세하게 조율된 기제라면 각 문화는 나름의 가치가 있고 따라서 큰 위험을 감수하지 않고는 그것을 함부로 고치려 들 수 없기 때문이다. 이 사실을 식민지 행정관리와 선교사에게 가르쳐야만 했다. 그리고 보다 일반적으로 이 이론은 상대주의적인 접근, 즉 넉넉한 부르주아 속물들과는 달리 다른 사람들의 문화에 대하여 자문화중심적인 판단을 보류하는 것을 의미했다. 말리노프스키는 진실을 알고 있었고 그것은 긴급하게 전파되어야 했다.

많은 사람들이 그를 매력적이라고 여긴 반면, 그의 무례함과 편협함을 참을 수 없었고 강렬한 개성을 압제적이라고 생각한 사람들도 있었다. 그에 대한 단일하고 객관적인 묘사를 찾기는 어렵다. 어쩌면 이 개략적인 초상을 마무리하기 위해서는 버트런드 러셀과의 농담 섞인 교신에 나타난 말리노프스키 자신의 목소리를 듣는 것이 최상일 듯하다. 1930년에 러셀이 실험적인 학교 하나를 운영하고 있을 때, 말리노프스키는 그에게 편지를 썼다.

친애하는 러셀

제가 당신 학교를 방문했을 때, 당신 대기실에 제가 가진 모자 중 유일하게 쓸 만한 갈색 모자를 두고 왔습니다. 그 이후 그 모자가 제가 영국에서 제 두뇌보다 유일하게 뛰어나다고 기꺼이 인정하는 두뇌를 감싸는 영광을 누리고 있는지, 아니면 물리학, 공학, 극예술, 또는 선사의 상징주의 등의 수업에서 학생 실험 일부에 쓰이고 있는지, 아니면 대기실에서 자연스럽게 사라졌는지 궁금하군요.

만일 이 사건들, 아니면 가설들이라고 불러야 할까요, 이중 하나도 맞는 것이 없거나 일어나지 않았다면, 모자를 갈색 포장지에 싸거나 다른 은폐적인 운송방법을 써서 런던에 가지고 오신 다음, 제가 어디서 그것을 찾을 수 있을지 엽서로 알려 주시겠습니까? 높은 지능의 특징인 저의 무심함 때문에, 당신이 이 일에 따르는 모든 불편을 겪게 되어서 매우 죄송합니다.

곧 뵙기를 진심으로 바랍니다.

진정한 당신의,

B. 말리노프스키

러셀의 답신은 좋은 대조를 이룬다.

제 비서가 당신 것으로 추측되는 쓸 만한 갈색 모자를 제 대기실에서 발견했는데 정말로 보기만 해도 당신이 생각나는군요.

강의차 런던 정경대학에 갈 예정인데…… 제가 당신만큼 기억력이 나쁘지 않은 한, 또 당신만큼 지능이 좋지 않은 한, 당신 모자를 런던 정경대학의 수위에게 맡기고 당신이 찾으면 주라고 하겠습니다.[33]

이런 사람에게 적이 있었다는 점은 놀라운 일이 아니다. 그의 교제범위 바깥에 있는 이들은 그의 건방진 태도를 특히 싫어했다. 미국인 학자인 클룩혼(Kluckhohn)은 "잘 속아 넘어가는 자들의 우쭐거리는 메시아"라고 무시해버렸고,[34] 그의 동료인 로위(Lowie)는 "말리노프스키는 그가 특히 즐기는 오락 두 가지로 끝없이 바쁘다. 그는 활짝 열린 문을 때려부수지 않으면, 개인적으로 그를 매혹시키지 못한 연구를 토라져서 조롱하고 있다"고 했다. 그러나 그는 다음과 같이 덧붙였다.

다른 접근방식들에 대한 그의 편협함과 민족학적 부르주아들 ─그가 상상해낸 허구로서 단순한 기술자들이거나 진기한 것을 파는 사람들─을 깜짝 놀라게 하고 싶어하는 그의 사춘기적 열망을 보고 눈이 멀어 사회조직의 문제들에 대한 그의 견실함과 원시법과 경제에 대한 그의 생명력 넘치는 생각들을 놓쳐서는 안 된다.[35]

기능적 상호연관성

말리노프스키의 트로브리안드에 대한 연구저서는 주로 단일한 제도─교역, 가족생활과 출산, 신화, 규범의 집행, 원예농─에 초점을 두고 있다. 그는 각 연구서에서 단일한 제도적 중심에서 출발하여 다양한 가닥을 따라 바깥으로 옮겨나감으로써 각 활동이 가지는 효과를 보여주었음에도 불구하고, 트로브리안드

'문화'를 총괄한 일관성 있는 진술은 한 마디도 한 적이 없다. 어쩌면 그럴 수 없었는지도 모른다. 왜냐하면 상호연관성을 주장하면서도 그에게는 체계라는 개념이 없었기 때문이다. 그의 저서들은 영가(靈歌)를 상기시킨다. "발가락뼈는 발뼈에 연결되어 있고 발뼈는 발목뼈에 연결되어 있네" 등 매우 정확하기는 하지만 해부학 이론은 아닌 영가 말이다.

하지만 그는 이러한 실패에 대해 꽤 조리 있게 해명했다. 1929년에 현지에서 막 돌아온 제자 퍼스에게 보낸 편지에서 말리노프스키는 다음과 같이 말했다.

자네는 지금쯤은 필시 미래의 작업에 대해 대체적인 계획을 세워두었겠지. 나는 자네가 티코피아 문화 전체에 대한 직선적인 설명으로 곧장 나아갈 것인지, 아니면 내가 썼던 방식을 따를 것인지, 즉 단편적으로 한 부분씩 써나갈 것인지 궁금하네. 자네가 전자의 방식을 택하기를 바라네. 10년 전으로 돌아갈 수 있다면 나노 그럴 걸세. 물론 그때는 내 방식을 쓴 나름의 이유가 있었네. 첫째로, 자네도 알다시피 당시 나는 병마와 싸워야만 했기 때문에 자료 전체를 다루는 힘든 과제를 떠맡을 수 없었네. 또 내가 연구를 시작했을 당시에는 우리가 지금 '기능적'이라고 부르는 이론적 관점을 제시하는 것이 다소 시급했고, 내 자료의 부분부분을 광범위한 이론적 배경 위에 잘 위치시켜 제시함으로써만 그것이 가능했다는 이유도 있었네.[36]

이를 조금 달리 표현하자면, 그는 항상 그가 생각하기에 '원시인'에 대한 일반적인 혹은 어쩌면 대중적일 뿐이지만 그래도 위험하기는 마찬가지인 오해를 비판하는 데에 자신의 민족지를 사용하고 싶어했다. 그는 '트로브리안드인'을 특정의 복잡한 제도의 맥락에 놓여 있는 사람으로 표현하기도 했으나, 대개는 그들을 하나의 생생한 사례로 제시해 어떤 학문적 이론을 반박하는 경우가 더 많았다.

그의 모든 연구저서에는 세 가지 중심 주제가 있다. 첫째, 문화의 측면들은 분리해서 연구될 수 없다. 그것들은 사용목적이라는 맥락에서 이해되어야 한다. 둘째, 사회적 현실을 알기 위해서는 규칙이나 정보제공자 한 사람의 서술에 의존해서는 안 된다. 사람들의 말과 행동은 일치하지 않기 때문이다.

마지막으로 무엇이 실제로 행해지고 있는지를 이해하고 그것을 적절한 맥락에 놓는다면, '미개인'이 우리보다 더 이성적이지는 않더라도 적어도 우리만큼은 합리적임을 인정할 수밖에 없을 것이다. 게다가 합리적인 인간으로서 미개인은 상황을 자신에게 유리하도록 조작한다. 트로브리안드인은 그 산 증거였다. 그러나 어떤 사회를 연구하더라도 현대적인 민족지적 방법을 따른다면 유사한 결론이 틀림없이 도출될 것이다. 그가 『미개사회의 범죄와 풍습』(*Crime and Custom in Savage Society*)의 서문에서 다음과 같이 썼듯이 말이다.

현대적인 인류학적 탐구자는…… 원시인의 심성이 우리와

다른지 아니면 본질적으로 유사한지, 미개인이 끊임없이 초자연적인 힘과 위험이 존재하는 세계에서 살고 있는지 아니면 반대로 우리처럼 때때로 정신이 멀쩡한 시기도 있는지, 씨족 연대가 그렇게 압도적이고 보편적인 힘인지 아니면 이교도들도 기독교인들만큼이나 자기 본위적이고 이기적일 수 있는지에 대한 모종의 결론에 도달하게…… 되어 있다.

합리성, 규칙의 강제력, 자기이익의 추구 등과 같은 광범한 문제들에 대한 해답은 사회적 인간에 대한 보편적인 이론의 기초가 될 것이었다. 그 해답은 실제 인간의 사고방식과 감정을 그가 규범이라고 진술한 것과 구별하고 이 모두를 다시 그가 실제로 한 행동과 구별함으로써 그를 총체적으로 파악하는 데에 달려 있었다.

각 문화는 통합된 전체를 이루고 있으므로 비교연구를 위해 해체되어서는 안 된다는 개념은 문화나 사회에 대한 이전의 모든 유기적 견해들과 유사한 만큼 그 자체가 특별히 새로운 관점은 아니었다. 그것은 당시의 일부 전파주의 이론에 대한 도전이었지 온건한 전파주의에 대한 도전은 아니었다. 말리노프스키가 엘리엇 스미스와의 지면상 대결에서 지적했듯이, 그는 차용된 항목들은 한 문화의 살아 있는 조직에 통합되므로 적응하는 과정에서 변형된다고 말했을 뿐이다. 그러나 말리노프스키의 논점은 각 문화는 작동하는 단위이기 때문에 하나의 전체를 이룬다는 것이었다. 모든 관습은 어떤 목적을 달성하기 위해 존재한다. 그러므로 한 사회의 구성원들에게 살아 있는, 통용되는 의미를 갖는다. 요컨대 사람들이 자신들의 필요를 만족시키기 위해 사용하는 수단이고, 따라서 반드시 '같이 붙어' 있어야 한다. 이런 종류의 응집성은 말리노프스키가 트로브리안드 연구서들에서 특히 강조했던 것이다. 예를 들어 『미개인의 성생활』의 제3판의 특별 서문에서 그는 대부분의 서평가들이 자신의 논점을 놓쳤다고 불평했다.

이 책의 출판 목적은 기능적 방법의 주요 원칙들을 예증하는 것이었다. 나는 성(性)에 관한 사실을 종합함으로써만 성생활이 한 문화의 사람들에게 의미하는 바를 제대로 알 수 있다는 것을 보여주고 싶었다.

이것은 동어반복만은 아니다. 왜냐하면 말리노프스키가 저서들에서 되풀이하여 보여주었듯이 문화의 여러 측면 사이의 연관이 반드시 분명히 드러나는 것은 아니기 때문이다. 이를테면 보트 제작을 경제적 측면뿐만 아니라 주술에 관련해서도 고려하는 것이 설명력이 있을지도 모른다. 그리고 말리노프스키에 관한 한, 누구라도 보트 건조에 연관된 모든 활동들을 검토하지 않고는 보트 건조를 이해한다고 주장할 수 없을 것이다.

이렇게 문화가 한 세트의 도구들로 이루어진다고 보는 것이 근본적인 개념이었다. 신앙은 아무리 주술적이라 하더라도 실용적인 핵심을 포함하고 있어야만 했고, 그 나머지 부분은 심리적 기능을 수행했다. 규칙들과 몇몇 주술적·종교적 의례들은 필요한 최소한의 협동을 보장하고 어떤 과제의 실현을 위한 계획을 제공하는 역할을 했다. 그러나 협동 그 자체가 목적은 아니었다. 사람들은 자기 본위적이었으며 계몽된 이기주의의 형태로서만 협동했다. 말리노프스키는 "원주민은 위신이나 장래 이득의 손실 없이도 자신의 의무를 회피할 수만 있다면 문명화된 사업가가 그렇듯이 언제라도 그렇게 한다"고 썼다.[37] 호혜성의 원칙이 함의하는 계몽된 이기주의만이 어느 정도의 상호적인 편의도모를 보장했다. 규칙이 자기 만족의 달성에 방해가 될 때는, 가능하다면 편리할 대로 그 규칙을 지키지 않을 것이다.

요약하자면 말리노프스키의 시각은 (모든 사회학적 이론들과 마찬가지로) 하나의 인간관에 의거하고 있다고 할 수도 있을 것이다. 여기서 트로브리안드인은 하나의 보편적인 유형이 이국적으로 재현된 것이었다. 그 또한 우리처럼 현실적이고 합리적이며 다소 상상력이 부족할지는 몰라도 자신의 진정한 장기적 이해관계를 분별할 능력이 있었다. 요컨대 그는 안락의자 인류학자들이 상상해낸 허구와는 아주 달랐다. 살아서 행동하고 계산하는 개인에 대한 이러한 주장이 바로 말리노프스키의 저서에 생명력을 불어넣었으며 다른 인류학자들의 연구와 대조되는 놀라운 신선함을 부여했던 것이다.

이러한 대조는 당시의 두 가지 주요 주제, 즉 프레이저/타일러의 주술·과학·종교의 문제와 웨스터마크/프로이트의 가족의 중추적 중요성의 문제를 말리노프스키가 어떻게 다루는지에서 분명히 드러난다. 타일러와 프레이저는 미개인의 신앙이 나름대로 이치에 맞는지에 대해서는 논쟁하지 않았지만 그 나름의 이치가 어떤 종류의 것인지에는 관심이 있었다. 미개인들은 타일러가 믿었던 것처럼 철저하게 논리적인 종류의 사고를 했을까? 이에 대해 앤드루 랭(Andrew Lang)은 "우리는 어떤 생각을 논리적 결론으로까지 몰고가는 미개인들의 습관, 즉 우리의 영국인적 특성 때문에 우리로서는 이해하기 어려운 습관을 항상 참작해야만 한다"고 빈정댔다.[38] 아니면 미개인들은 외적인 유사성에 근거하여 다른 사물들을 연관시키는 방식, 즉 후에 구체의 논리(logic of the concrete)라고 불린 방식으로 사고했을까? 이것이 프레이저와 레비 브륄의 기본적인 견해였다. 말리노프스키의 대답은 언뜻 보기에는 비합리적인 신앙과 의례라도 그것들이 어떻게 **사용되**는지를 이해하고 나면 나름대로 합리적이라는 것이었다. 그는 쓰기를,

그러므로 원시인은 자연 및 운명과 가지는 관계에서, 전자를 착취하려고 하든 후자를 피하려고 하든 간에, 자연적인 그리고 초자연적인 세력과 힘들을 모두 인정하고 두 가지 모두를 자신을 위해 사용하려고 한다.[39]

주술은 미래의 통제 불가능한 요소들에 대한 불안을 덜어주었기 때문에 효험이 있었다. 종교와 더불어 주술은 정서적인 스트레스가 있는 상황에서 나타나고 작용했다. 주술의 기능은 "인간의 낙관주의를 의례화하는 것, 희망이 공포를 이길 것이라는 그

의 신념을 증진시키는 것"이었다. 이것이 주술 활동의 구성요소들을 프레이저식으로 분석할 수 있는 여지를 남겼고, 마찬가지로 실용적인 지식에 대한 타일러적 견해를 위한 여지도 남겼다. 이것은 말리노프스키가 다소 주변적이라고 생각했던 문제들이었다. 그는 한 번은 다음과 같이 썼다.

> 미개인들의 현존 신화에 대한 나 자신의 연구에 비추어 볼 때, 원시인은 아주 제한된 정도로만 자연에 대한 순수하게 예술적인 또는 과학적인 관심을 가진다고 말해야 할 것이다. 원시인의 생각과 이야기에는 상징의 여지가 거의 없다.[40]

말리노프스키에게는 가족 역시 기본적으로는 수단이었다. 즉 가족은 성(性)을 길들였으며 자녀들을 보살피고 교육하는 일을 맡았다. 가족은 또한 인성을 형성하는 틀이자 일차적인 정서적 애착이 일어나는 장소였고, 일차적인 사회적 정서가 형성되는 유대관계였다. 이처럼 그는 계통발생적인 용어로 주장하는 경향이 있어서, 친족제도들을 한 가족 내에서 성장하는 데서 나오는 경험으로부터 도출해냈다. 또한 그는 가족과 개인의 이해관계를 동일시하는 경향도 있었다. 따라서 가족적 정서와 충성심이 이기주의의 주요 원천이며, 보다 큰 사회의 요구들이 개인이나 가족 수준의 보다 자연적인 권리주장과 종종 충돌한다고 보았다. 이것은 그가 정신분석으로부터는 이탈했음에도 불구하고, 프로이트로부터 그리 멀리 떨어져 있지 않음을 보여준다.

비록 조악하나마 이를 명백히 하자면(하고 그는 쓰기를), 가족은 항상 가내제도(domestic institution)의 정수라고 해야 할 것이다. 가족은 개인의 초기 삶을 지배하고 가내 협동을 감독하며, 가장 이른 시기에 부모의 보살핌과 교육이 일어나는 무대이다. 한편 씨족은 가내제도가 아니다. 씨족적 유대는 훨씬 뒤에 발달한다. 이것은 가족의 일차적인 친족으로부터 발달하나, 모계 또는 부계를 법적으로 강조하여 편향적으로 왜곡된 형태로 발달한다. 그리고 씨족제도는 완전히 다른 관심 영역에서 작용한다. 즉 법적, 경제적, 그리고 무엇보다도 의식(儀式)적인 기능을 한다.[41]

트로브리안드 제도는 모계사회였다. 남성은 외삼촌으로부터 상속을 받았으며 누이의 아들에게 법적 통제력을 행사했다. 비록 부자지간에는 이런 중요한 권위관계와 재산 상속관계는 없었으나 서로에 대한 애정과 관심을 토대로 강한 유대를 키웠다. 이것은 말리노프스키에게 주요한 주제를 제공했다. 즉 아버지의 이해관계와 외삼촌의 법적 권한 사이의 갈등이 그것이다. 그는 이 문제를 통해 프로이트의 오이디푸스 콤플렉스 이론의 한계점까지 보여줄 수 있었다. 왜냐하면 트로브리안드 제도의 소년들은 어머니를 성적으로 즐긴다는 이유로 아버지를 미워한 것이 아니라, 외삼촌을 그의 권위 때문에 미워했기 때문이다. 그러나 이런 통찰력은 트로브리안드 친족에 대한 체계적인 고찰의 일부가 되지 못한 채, 그보다는 감정이 어떻게 규칙을 거스르도록 작용할 수도 있는지, 그리고 사람들이 어떻게 규칙을 굽히기 위한 책략을 쓰는지를 보여주는 예로서 기능하는 데 그쳤다. 모계사회에서 이런 다른 이해관계들이 어떻게 한 단일체계의 두 극을 형성하며, 또 가족이나 모계종족(matrilineage)의 강도에 따라 시간적·공간적 변이를 보이는 가구(household)의 형태에서 어떻게 구체적으로 표현되는지를 보여주는 작업은 제자인 오드리 리처즈와 메이어 포티스(Meyer Fortes)의 몫으로 남았다.[42]

주술·과학·종교에 대한 저술과 가족에 대한 저술 모두에서 말리노프스키는 개인과 개인의 목표를 강조했다. 개인에 대한 강조는 장점이 아주 많았지만, 대신 신앙이나 친족 자체를 하나의 체계로서 다룰 수 없었다. 다른 학자들이 보여주었듯이 신앙체계와 의례활동은 통합된 전체를 형성하고 있을 수 있으며, 따라서 (말리노프스키 자신의 표현을 그에게 적용한다면) 그 구성요소들을 떼어내어 그것들이 어떤 기능을 한다는 것을 보여주는 것만으로는 전체 체계를 이해할 수 없다. 친족연구에서 말리노프스키는 '조기 상황', 즉 보편적이라고 추정되는 핵가족에서 아이가 성장하면서 부모에게 향한 감정을 친족에게로 점차 일반화해 하나의 친족·씨족체계 전부를 새롭게 만들어내기까지의 과정에 초점을 두었다. 여기에는 그 체계를 아이가 만들어낸다기보다는 배워가는 기존 구조로서 고려할 여지가 전혀 없었다.

포티스는 말리노프스키가 트로브리안드 친족에 관한 책을 쓰겠다고 늘 약속했다는 점을 지적하면서, 그 책이 씌어지지 않은 이유는 바로 말리노프스키가 '친족체계'라는 것을 생각할 수 없었기 때문이라고 시사했다.[43] 그러나 말리노프스키로서는 『미개인의 성생활』이 트로브리안드 친족에 관한 책이었다. 그 책에서 그는 사랑과 성이 구애과정과 함께 고려되어야 한다는 점과 구애가 결혼으로 이어져 가족이 생기고, 가족에서 친족과 씨족 관계의 기초가 되는 감정이 발생하며, "그리고 이 모든 것들이 서로 긴밀하게 연결되어 진정으로 하나의 큰 친족체계를 구성한다"는 것을 보여주었다. 말리노프스키에게는 어떤 세트의 연결이라도 하나의 체계를 구성했던 것이다. 그는 물론 리버스가 많은 저술에서 중요하게 여겼던 문제들을 자기가 다루지 않았음을 인정했다. 관련된 쟁점에 대한 그의 인식은 다음과 같다.

……성의 문제에서 출발하여 나는 친족체계와 트로브리안드 문화에서 친족이 수행하는 기능까지 전부 설명하게 되었다. 나는 그 문제의 언어적인 측면 — 즉 불길한 친족명명법 — 은 빼버리거나 간단히 언급만 하고 넘어갔다. 이것은 현지조사 기록에서 지나치게 많이 토론되고 너무 자주 과장된 주제여서 그것이 인류학적 광기로 통하는 길에 불과한 것이 아닌가 가끔 의심하게 된다. 친족의 이런 측면은 별개의 책으로 출판할 예정인데, 용어 기록과 언어학적 세부사항을 넘칠 정도로 다루어서 사회인류학에 카타르시스적인 치료를 할 수 있으리라는 희망에서이다.[44]

친족에 대한 사회학적 연구가 1920년대까지도 친족용어에 대한 관심에 너무 많이 매여 있었던 것이 사실인지도 모른다. 그렇다 하더라도 말리노프스키가 용어의 문제만 무시한 것은 아니었다. 오스트레일리아 가족에 대한 초기 연구를 검토하면서 래드클리프 브라운은 다음과 같은 비평으로 칭찬을 누그러뜨렸다. "친족에 관련된 오스트레일리아인의 관념은 저자가 '집단관계'라고 부른 것, 즉 관계체계, 계급, 그리고 씨족을 참고하지 않고서는 연구될 수 없다."[45] 그러나 말리노프스키는 좀처럼 구조적인 분석을 시도하지 않았으며 개인 행위자들의 전략에 초점을 맞추는 것을 선호했다.

도구로서의 문화

트로브리안드 저서에서 모든 것이 "혼연일체를 이루는" 이유는 어떤 과업을 수행하든지 간에 트로브리안드인은 실용적인 지식과 기술, 주술과 의례, 사회관계와 호혜성의 기제를 동원하기 때문이다. 말리노프스키는 런던에서의 전성기와 그 이후에 출판된 보다 이론적인 연구들에서 다른 종류의 통합을 강조했는데, 이것은 욕구와 제도에 대한 이론으로 표현되었다. 그의 트로브리안드 연구가 신앙과 활동의 수평적인 통합을 서술하고 있다면, 이 이론은 일종의 수직적인 통합에 중점을 두고 있다. 문화는 욕구를 만족시키기 위해 존재했는데, 이 욕구는 생물학적 욕구이거나 문화 자체의 획득에서 생겨나는 이차적이고 파생된 욕구였다. 각각의 욕구는 하나의 제도를 발생시켰고, 이 제도는 다양한 층으로 이루어져 있었다. 즉 욕구를 충족시키는 데 필수적인 활동을 수행하기 위해서는 물질적인 장비가 필요하다. 이것은 조직과 절차에 관한 적절한 규칙을 가진 어떤 사회적 단위에 의해 전개된다. 그리고 이 전체 복합체는 마지막으로 어떤 신화적 헌장을 통해 합법화된다. 이것이 주술·과학·종교에 대한 프레이저식 문제를 특히 참고하여 만든 말리노프스키 자신의 공식이다.

인간의 문화는 일차적으로 생물학적 욕구에 기초를 두고 있다. 이 단서를 따르면 인간은 문화라는 수단을 통하여 자신의 일차적인 생물학적 욕구를 만족시키는 과정에서 자신의 행동을 결정하는 새로운 인자들을 부과한다고, 즉 새로운 욕구들을 발전시킨다고 덧붙일 수 있다. 인간은 먼저 자신의 도구, 자신이 만든 물건, 그리고 식량생산 활동을 지식의 안내를 받아서 조직해야만 한다. 그래서 원시적인 과학의 필요성이…… 성공에 대한 확신이 인간의 행동을 인도해야 한다. ……그래서 주술…… 마지막으로 일단 인간이 지식체계와 예견체계를 쌓아올리려는 욕구를 발전시키고 나면 인간의 기원과 운명 그리고 삶, 죽음, 우주의 문제에 대한 질문을 던지게 된다. 그래서 체계를 쌓고 지식을 조직하려는 인간 욕구의 직접적인 결과로서 종교에 대한 욕구 역시 나타난다.[46]

논리는 간단하다. 즉 어떤 관습 복합체를 보여주면 그것이 어떤 욕구——근원적인 욕구나 파생적인 욕구(그가 의미한 바로는 대체로 생물학적이거나 추정상 심리적인 욕구) 중에서——를 만족시키기 위한 것인지 직관적으로 결정하겠다는 것이다. 이 생각의 저변에 깔려 있는 심리학적 이론은 맥두걸(McDougall)의 '본능'과 샨드(Shand)의 '정서'(sentiments)를 잘못 섞어놓은 것으로, 두 가지 모두 적절한 표현을 찾아헤매고 있다. 이 이론은 유물론적 토대, 사회구조, 그리고 이데올로기적 정당화를 포함하고 있다는 점에서 마치 양철통에 울리는 마르크스의 메아리처럼 들린다. 그리고 사실 이 이론을 마르크스주의를 반격하려는 시도로 보아도 부당하지는 않다. 말리노프스키 이론의 조악함을 마르크스주의 이론에 대한 그의 논평보다 더 잘 증명하는 것은 별로 없을 것이다.

경제적 형이상학을 다루는 학파 전체가 물질적 이해관계(궁극적으로는 항상 식량을 둘러썬 이헤관계)의 중요성을 모든 역사적 과정의 유물론적 결정이라는 도그마로 내세운 반면, 인류학이나 그 어떤 다른 중요한 사회과학 분야도 식량에는 아무런 진지한 관심도 기울이지 않았다는 것은 사회과학의 놀라운 역설 가운데 하나이다. 마르크스주의나 반마르크스주의의 인류학적 기초는 아직도 만들어져야 할 과제이다.[47]

말리노프스키의 환원주의적 충동이 거둔 모든 승리 가운데서 이것이야말로, 즉 마르크스주의를 일종의 섭식학으로 환원한 것이야말로 진정으로 가장 위대한 승리일 것이다.

민족지적 현실

모든 기능주의자들과 마찬가지로 말리노프스키는 한편으로는 사회의 역사적 발전에, 다른 한편으로는 20세기에 모든 부족 문화를 침범한 급격한 변화에 무관심하다는 비난을 받아왔다. 이론적인 면에서 그것은 사실이다. 그는 전파주의나 진화주의의 모습으로서말고는 역사의 문제에 관심이 없었다. 그러나 그는 후일 런던 시절에는 식민지 국가들의 사회문제들에 점점 더 관심을 기울였고, 1920년대 말과 1930년대 초에 나온 대부분의 저술에서는 '문화변동'(culture change)이라고 부른 것을 다루었다. 이것은 부분적으로는 그의 전도사적 열의에서, 그리고 기능주의 복음을 식민지 관리들(이들 일부는 휴가 중 그의 세미나에 이끌려 들어왔다)에게 전파하려는 결의에 기인했다. 또 부분적으로는 1920년대 말 국제아프리카어문연구소(International Institute of African Languages and Cultures)의 설립과 함께 그에게 새로운 관심이 생겨났다. 응용연구를 전담한 이 연구소가 아프리카의 식민지에서 이루어진 그의 학생들의 연구를 지원했기 때문이다. 그러나 그의 경우에는 직접적인 관찰을 통해 불가피하게 새로운 관심이 구체화되었다. 1934년에 그는 남아프리카에서 열린 회의에 참석했다. 그 다음 몇 달간은 스와질란드(Swaziland)의 힐다 비머(힐다 쿠퍼의 결혼 전 이름)와 벰바족(Bemba)을 연구하는 오드리 리처즈 등 남·동아프리카 현지에 있는 학생들을 방문했다. 1938년에 그는 다음과 같이 썼다.

비행기가 나일강 유역민들과 반투인들 사이의 경계지역을 건너자마자 우리가 변모된 아프리카 상공을 날고 있음이 분명해진다. 바간다족(Baganda)의 집은 유럽의 모형을 본떠 사각형으로 새로 지은 것들이다. 위에서 보기에도 원주민들의 의상과 장비는 맨체스터와 버밍엄을 연상시킨다. 도로와 교회, 모터가 달린 차와 트럭은 두 요소가 함께 작용하여 유럽과 아프리카 모두와 연관이 있지만 어느 한쪽의 단순 모방도 아닌 새로운 유형의 문화를 만들어 내고 있는 변화의 세계에 우리가 있음을 증명한다.[48]

그리고 그는 요하네스버그의 빈민가에서 이 새로운 상황의 상징이라고 여긴 것을 발견했다. 그것은 스코키아안(skokiaan)이라는 밀주로서 변성 알코올과 탄화칼슘을 포함한 갖은 독한 성분을 섞어 만든 강력하고 숙성이 빠른, 그리고 쉽게 숨길 수 있는 독주였다. 그가 썼듯이, "토종맥주(그 자체는 완전히 무해한 음료였다)에 반대하는 일반적인 청교도적 운동과 이를 집행하려는 경찰의 통제 때문에 원주민들은 스코키아안 및 그와 유사한 술들을 발명할 수밖에 없었다."[49]

말리노프스키는 아프리카의 민족지학자는 뚜렷이 구분되는

세 가지의 문화적 현실을 고려해야 한다고 주장했다. 즉 움츠려들고 있는 영역인 현존 '전통문화'와 이를 침범하고 있는 유럽문화, 그리고 무엇보다도 점점 팽창 중인 중간지역, 즉 제3지대가 그것이다. 이 중간지역에서 등장하고 있는 새로운 혼합제설문화(syncretic culture)는 밀주 스코키아안으로 상징되는 탄광촌과 도시 빈민가의 문화였다. 이것은 완전한 전파주의적인 견해는 아니었다. 전통문화와 식민문화에서 취한 요소들이 서로 섞여 숙성됨으로써 변형되었기 때문이다. 그러나 전파주의와 마찬가지로 이것은 본질적으로 비사회학적인 관점이었다. 지금까지 내가 인용한 말리노프스키의 글은 이 문제를 다룬 논문집에 기고한 그의 총론 서문에서 나왔는데, 이 논문집에서 메이어 포티스와 아이작 샤페라는 모두 사회적 장(場)을 하나의 단일체로 고려해야 하며 마을주민, 이주노동자, 식민행정관, 선교사를 포괄하는 사회관계 체계에 초점을 맞추어야 한다고 주장했다. 래드클리프 브라운은 1940년에 다음과 같은 관찰을 했다.

혼합사회에 대한 연구, 그 사회에서 일어나는 변화과정들을 기술하고 분석하는 작업은 복잡하고 어려운 과제이다. 그 과정을 말리노프스키가 제의한 방법대로 둘 이상의 '문화들'이 상호작용하는 과정으로 생각함으로써 단순화하려는 시도는……현실을 회피하는 방식일 뿐이다. 왜냐하면, 예를 들어 남아프리카에서 일어나고 있는 것은 영국 문화, 남아프리카의 네덜란드계 백인(즉 보어) 문화, 호텐토트 문화, 다양한 반투 문화,

그리고 인도 문화 사이에 일어나는 상호작용이 아니고, 그 자체가 변화과정에 처한 기존 사회구조 내에서 일어나는 개인들과 집단들의 상호작용이기 때문이다. 예를 들어 트란스케이(Transkei, 남아프리카에 있었던 작은 공화국―옮긴이)의 한 부족에게 일어나고 있는 일은 이 부족이 광범한 정치적·경제적 구조체계에 통합되어 있다는 점을 인정함으로써만 서술될 수 있다.[50]

그의 동시대인들이 식민사회에 대한 말리노프스키의 '문화적' 접근의 적절성을 어떻게 생각했건 간에, 현실을 관찰한 대로 받아들이고 그 결과를 수용하려는 그의 특징적인 결의는 주목할 만하다. 그것이 함의하는 바는 분명히 급진적이었다.

인류학자는(말리노프스키가 쓰기를) 지금 이 필자마저도 강의실과 글에서 종종 개탄한 바 있는 비극적인 상황에 처해 있다. 우리가 일정한 학문적 위상에 도달하고 우리의 방법과 이론을 발전시키자 우리의 주제는 사라질 징후를 보이고 있다. 세계의 일부 지역에서는 벌써 사라져 버렸다──태즈메이니아, 아메리카 동부의 주들, 태평양의 일부 섬들에서처럼 말이다. 그러나 불가피한 것을 한탄하는 대신 우리는 역사가 우리 앞에 놓아 둔 새롭고 더 복잡하고 어려운 과제를 직면해야 한다. 이 과제는 "인류학적 무인지대"(anthropological no-man's-land)를 되찾고 "새로운 인류학 분과…… 변화하는 원주민을 연구

하는 인류학"을 시작하기 위해 새로운 연구방법과 연구원칙을 세우는 것이다.[51]

그는 심지어 트로브리안드 제도에서 일어나고 있는 변화의 현실을 보여주지 못했다고 자책하기에 이르렀다. 트로브리안드인에 대한 마지막 저서로서 1935년에 나온 『산호정원과 그들의 주술』의 부록에서 그는 이렇게 썼다. "오늘날 트로브리안드에서 민족지학자 앞에 놓인 경험적 사실들은 유럽인의 영향을 받지 않은 원주민들이 아니고 그 영향 때문에 상당한 정도로 변화된 원주민들이다." 이제 그는 이런 인식이 현지조사자를 안내해야 한다고 믿었다. 그러나 그는 자신이 트로브리안드 제도에 있을 때는 그것을 간과했음을 시인하고 다음과 같이 결론을 내렸다. "이것이 아마도 멜라네시아에서 한 나의 인류학적 연구 전반의 가장 큰 결점일 것이다."[52]

이것은 놀랄 만한 시인이었다. 말리노프스키는 민족지적 현실을 '미개 문화들'로 보지 않고 급격한 변화과정에 처해 있는 식민지 문화들로 보게 되었다. 그러나 그의 민족지 걸작들은 이런 통찰을 구현하지 못했고, 어떻게 부족문화들을 마치 '본래대로'인 것처럼 묘사할 수 있는지를 보여주는 유력한 예가 되었다. 더구나 문화변동에 대한 그의 이론이 너무 만족스럽지 못했기 때문에, 그가 식민지 현실 연구에 준 자극은 크게 약화되었다. 말리노프스키는 인류학의 고유한 연구주제가 무엇인가에 대해 영국 사회인류학자들이 가지고 있던 관념에 혁명을 일으킬 수도 있었지만, 이러한 급진적인 패러다임의 변화를 달성하지는 못했다.

말리노프스키의 유산

말리노프스키와 그 추종자들의 혁명은 민족지학자와 이론가 사이의 관계를 변형시켰다. 조잡하고 도식적이기는 하나 완전히 틀리지는 않는 그림을 그리자면, 제1차 세계대전 이전에는 이론과 민족지 사이(그리고 이론가와 민족지학자 사이)의 관계가 주인과 하인의 관계와 같았다. 1927년에 매럿이 한 설명에 따르면, "서재에 있는 사람은 현지에 있는 사람만이 대답할 수 있는 의문점들을 바삐 제기했고, 현지에서 서재로 쏟아져 들어오는 대답에 비추어 또 바삐 질문사항들을 수정했다."[53] 매럿은 열대지방의 선교사나 탐험가 또는 지역 행정관과 서신왕래를 하는, 수도에 있는 학자의 이미지를 보여주었다. 이론에 대해서는 세련되지 않았지만 지역의 방식에는 정통한 아프리카의 늙은 일꾼이 수도의 박물관에 전시할 표본들을 수집했고 학자들의 질문에 답변을 제출했다.

대학과 박물관에 기지를 둔 소수의 민족지학자들조차도 근본적으로는 이론가들에게 봉사하고 있었다. 1890년대부터 전문적인 인류학자들이 직접 현지조사를 하기 시작했지만 여전히 기본적인 분업을 존중했다. 현지조사자는 사실을 생산했고 사회학자나 민족학자는 이 사실들을 비교의 틀 속에 끼워 넣고 설명을 생산했다. 이런 상황에서 민족지학자가 자신의 노동의 잉여가치를 전유하여 사회적 지위를 변화시키기 위해서는 새로운 이론이 필요했다.

이론을 현지에 투입한 사람이 바로 말리노프스키였다. 어니스트 겔너(Ernest Gellner)는 다음과 같이 지적했다. 말리노프스키 추종자들은 "인류학에는 이론도 있기 때문에 '단순한' 민족지와는 다르다고 주장한다. 기능주의로 불리는 이 이론을 조사해보면, 그것이 대체로 인류학은 민족지, 보다 정확히 말하자면 훌륭한 민족지 그 이상도 이하도 아니어야 한다는 교의라는 것이 드러난다."[54] 기능주의자들은 이해와 설명에는 문화에 대한 내부인의 시각이 필요한데, 이것은 제대로 준비된 현지조사자만이 전달할 수 있다고 주장했다. 따라서 민족지학자만이 이론가—아마도 자신이 연구한 사회에 대해서만—가 될 수 있었다. 메타이론이란 아주 일반적이고 대체로 진부한 진술에 불과하므로 아마도 각 사회에 적합한 이론이 필요했을 것이다.

기능주의자들이 그들의 선행자들이 전체적으로 내놓았던 것보다 내용이 더 풍부한 민족지와 신뢰도가 더 높은 자료를 자주 내놓은 것은 사실이다. 그러나 그들의 바로 이런 성공이 새로운 문제를 야기했다. 민족지가 훌륭할수록 비교가 더 어렵게 된 것이다. 민족지학자들이 한 문화의 내적 특성, 즉 그 문화의 제도들과 철학이 뒤얽혀 있음을 강조하면 할수록, 비교와 일반화로 나아가기가 더 어려웠다. 기능주의적 현지연구들이 과학적 인류학의 성립에 필요했는지는 모르나, 동시에 그들은 비교를 불가능하게 만듦으로써 그런 인류학이 성공할 수 있는 가능성을 훼손시켰다.

말리노프스키 자신은 비교와 일반화의 문제에 대해 두 가지 해결책을 제안했다. 그가 '기능주의'라고 명명한 이론이 일반화를 위한 틀을 제공했다. 이 이론에 따르면 제도는 생물학적 근거를 가지고 있다. 각 제도는 인간의 기본적 욕구를 만족시키는 데 기여하거나, 이런 일차적인 욕구를 만족시키는 제도들이 작동하도록 하는 수단을 제공한다. 그러므로 동일한 기능을 수행하는 여러 사회의 제도들을 비교할 수 있다는 것이다. 그러나 이런 조잡한 효용주의 이론을 취하는 사람은 별로 없었다. 이 이론은 문화적 변이를 설명할 수 없었고, '인간의 욕구'에 미치는 문화의 영향을 고려할 수도 없었다. 일찍이 1930년에 래글런 경(Lord Raglan)이 비꼬며 질문한 적이 있다. "말리노프스키 교수는 정말로 하부절개(남성 할례술의 한 방법―옮긴이)가 어머니의 앞치마 끈으로부터 사내아이들을 떼어내기 위해 발명되었다고 믿는가?"[55]

말리노프스키의 다른 전략은 트로브리안드인을 사실 모든 인류의 대표는 아니더라도 '미개인들'(그의 용어)의 원형으로서 제시하는 것이었다. 에드먼드 리치가 이 전략의 취약점을 지적한 바 있는데, 그는 말리노프스키가 트로브리안드인들을 다음과 같이 취급했다고 논평했다.

독특하면서도 동시에 보편적인 것으로. 한편으로는 그는 트로브리안드 정치경제가 이웃 섬들에 사는 민족들의 문화적 관행에 대해 아무런 언급을 하지 않고도 완전히 이해될 수 있는 완벽한 폐쇄체계인 것처럼 주장한다. 다른 한편으로, 그의 보다 유명한 연구들에서는 트로브리안드인들이 마치 원시사회의 원형인 것처럼 쓰고 있어서, 그가 오마라카나(Omarakana)에서 관찰한 결과 얻은 결론은 원시민이 살고 있는 곳이라면 어디서나 마찬가지로 틀림없이 적용될 수 있었다.[56]

하나의 고립되고 통합된 사회를 분석함으로써 그외 다른 곳에서도 적용되는 일반적 결론을 제시할 수도 있다. 예를 들어 트로브리안드의 교환에 대한 말리노프스키의 설명은 후에 모스(Mauss)와 폴라니(Polanyi)의 손에서 교환에 대한 일반이론의 기초가 되었다. 그러나 그들이 트로브리안드의 관행을 다른 곳의 교환체계와 비교한 후에야 그렇게 되었다. 이와 달리 말리노프스키는 대체로 일반화를 시도하지 않았으며 그보다는 자신의 트로브리안드 민족지를 비판적인 목적에 즐겨 사용했다. 그는 프로이트, 맥두걸, 뒤르켐 등의 대이론을 무효화하기 위해 트로브리안드 제도인들의 실제 행위를 제시했다. 어니스트 겔너는 초기의 기능주의적 연구들이 일반이론을 비판할 의도로 이루어졌던 바로 그때 때로 가장 흥미로웠다고 언급한 바 있다.[57] 그러나 이러한 평가는 민족지의 역할을 축소시켜 받아들이는 것이었다. 민족지학자는 잘해봐야 어떤 일반화의 예외적 사례들을 찾아내기를 바랄 수 있을 뿐이라는 것이다. 트로브리안드인들은 변방에 사는 이상한 사람들, 즉 서구의 현재 관행들이 세계적이라는 일반이론의 예외에 불과한 것이었다. 그러나 그들이 자체로 무엇인가의 전형이기도 했는가? 보다 유망한 기능주의적 민족지의 이론적 파트너를 찾아서 젊은 학자들은 이제 래드클리프 브라운의 비교사회학으로 돌아서기 시작했다.

1957년에 런던 정경대학에서 말리노프스키의 후계자가 된 레이먼드 퍼스는 말리노프스키의 예전 학생들이 그가 한 작업의 여러 측면에 대해 쓴 일련의 논문들을 수집했다.[58] 이 단계에 이르면 더 이상 그의 이론을 옹호할 사람이 거의 없었다. 분명히 말리노프스키의 위대한 공헌은 민족지적 방법의 모범을 세운 것이었다. 그러나 그의 연구방법은 이론적인 그리고 심지어 도덕적인 책임도 지고 있었다. 민족지학자는 행위자의 관점을 파악해야 했다. 만약 여기에 성공한다면 트로브리안드인들과 유럽인들의 공통적인 인간성이 드러날 것이다. 그는 자기 학생들에게 사람들의 말과 행동 사이에, 또 개인적 이해관계와 사회질서 사이에 항존하는 긴장에 대한 매우 값신 인식을 전해주었다. 그리고 그들이 관심을 역할보다는 행위자에게, 즉 오마라카나, 바르샤바, 또는 런던에서 똑같이 찾아볼 수 있는 우쭐대고 위선적이며 세속적이고 합리적인 인간에게로 돌렸다. 즉 피부색 아래에서는 모두 형제자매인 인간에 대한 관심이었던 것이다.

"내 연구의 가장 근원적인 본질은 무엇인가?"라고 그는 1917년에 트로브리안드에서 일기에 썼다. "그의 주된 열정이 무엇인지, 행동의 동기가 무엇인지, 목표가 무엇인지…… 그의 본질적인, 최심층의 사고방식이 무엇인지를 발견하는 것이다. 이때 우리는 우리 자신의 문제에 직면하게 된다. 우리 자신의 본질은 무엇인가?"[59]

제2장 래드클리프 브라운

내가 '사회인류학의 기능주의 학파'라는 것에 속한다고 하고, 심지어는 선도자나 그 선도자 가운데 하나라고까지 기술되는 경우가 수차례나 있었다. 기능주의 학파라는 것은 사실상 존재하지 않는다. 그것은 말리노 프스키 교수가 발명한 신화이다……. 자연과학에서 이런 의미의 학파는 들어설 자리가 없으며, 나는 사회인류학을 자연과학의 한 분야로 본다. ……나는 사회인류학을 인간 사회에 대한 이론적 자연과학으로, 즉 근본적으로 물리학이나 생물학에서 사용하는 것과 유사한 방법으로 사회현상을 연구하는 학문으로 생각한다. 원한다면 나는 이 분야를 기꺼이 '비교사회학'으로 부를 용의가 있다.

• 래드클리프 브라운[1]

말리노프스키와 래드클리프 브라운

말리노프스키는 관습 배후에 있는 인간의 현실적인 이해관계를 생생하게 인식했고 아주 새로운 관찰 방식을 도입했다는 점에서 사회인류학에 하나의 새로운 사실주의를 가져왔다. 래드클리프 브라운은 프랑스 사회학이라는 지식분야를 도입했고, 민족지 자료를 조직하기 위해 보다 엄밀한 일련의 개념들을 정립했다. 그는 또한 다수의 인류학 연구센터를 설립했다. 말리노프스키보다 세 살 위인 그는 11년 더 오래 살았으며, 1930년대 말 말리노프스키로부터 영국 사회인류학의 지도적 지위를 물려받았다.

어떤 이들은 말리노프스키의 낭만주의와 비교해 래드클리프 브라운을 고전주의자로 보기도 했지만, 래드클리프 브라운 또한 자신의 메시지에 사로잡혀 있던 극단적인 인물이었다. 즉 그도 말리노프스키처럼 자기중심적이고 독단적인 사람이었다. 두 사람은 모두 귀족적인 지위, 심지어 슈퍼맨 같은 지위를 자처했다 (그리고 나는 두 사람 모두가 병약했다는 사실이 사소한 것이라고 생각지 않는다). 둘 다 자신을 새로운 학문의 예언자, 즉 기존 자연과학의 유망한 한 분야를 예견하는 예언자로 보았다. 말리노프스키는 고도의 과학적 훈련을 받았으며 진보적인 빈 실증주의에 관심을 두기도 했다. 래드클리프 브라운은 초창기에 리버스 때문에 자연과학에서 다른 곳으로 관심을 돌리기는 했지만 끝까지 세기 전환기(19세기 말에서 20세기 초에 걸치는 기간―옮긴이)의 자연과학적 규범에 충실했다.

또한 두 사람은 모두 초기에 뒤르켐의 영향을 받았으나, 래드클리프 브라운만이 『연보』학파(Année school)를 충실하게 계속 따랐다. 제1차 세계대전 이전에 이미 뒤르켐의 영향을 받은 래드클리프 브라운은 그의 경력에서 생산적인 시기 전부를 뒤르켐 사회학 이론을 민족지학자들이 발견해낸 것에 적용하는 데 바쳤다. 뒤르켐의 조카인 모스도 래드클리프 브라운이 활동했던 시기에 유사한 작업을 했다.

민족학적 관심으로부터 사회학적 관심으로

앨프리드 레지널드 브라운(Alfred Reginald Brown)은 1881년 버밍엄의 스파크브룩에서 태어났다. 그가 다섯 살이었을 때 그의 아버지는 어머니에게 재산 한푼 남기지 않고 세상을 떴다. 어머니가 '동무'(companion, 보수를 받고 귀부인과 시간을 보내며 친구 노릇을 하도록 고용된 여자―옮긴이)로 일하는 동안 외할머니가 아이들을 돌보았다. '렉스'는 버밍엄의 킹 에드워드 학교의 장학생이었지만 18세가 되기 전에 버밍엄 도서관에 일자리를 얻어서 학교를 떠났다. 형인 허버트(Herbert)는 그에게 공부를 계속하라고 권했고, 그가 버밍엄 대학에서 의예학을 공부하는 1년 동안 그를 부양했다. 그리고 나서 그는 케임브리지 대학 트리니티 칼리지에서 장학금을 받게 되었고, 1902년에는 윤리과학(Moral Sciences) 우등졸업시험 공부를 시작했다. 이즈음에 남아프리카에 자리를 잡은 형이 그에게 금전적인 지원을 계속 해주었

는데 그 일부는 보어 전쟁 전상자 보상금에서 나온 것이었다.[2]

브라운은 케임브리지 대학에서 자연과학 우등졸업시험을 치고 싶어했지만 지도교수는 그가 정신윤리과학(Mental and Moral Sciences)을 공부하는 편이 낫겠다고 우겼다. 이곳에서 그를 가르친 스승 중에는 마이어스와 리버스도 있었는데, 두 사람은 모두 임상심리학자이자 케임브리지 대학의 선구적인 인류학 현지연구사업인 토러스 해협 탐험에 참가한 노장들이었다. 심리학과 철학을 망라한 이 학위과정에는 화이트헤드(A. N. Whitehead)가 일부 가르친 과학철학도 포함되어 있었다. 1904년에 그는 수석으로 졸업했고 인류학에서 리버스의 첫 학생이 되었다.

케임브리지는 세기 전환기에 전성기를 누리고 있었다. 브라운은 무어(G. E. Moore), 러셀, 화이트헤드, 다르시 톰슨(D'Arcy Thompson), 세지윅(Sedgwick), 케인스(Keynes)가 있던 대학에 있었던 것이다. 이때 그곳에서는 자연과학 분야에서 큰 진전이 이루어지고 있었고, 동시에 새롭지만 아주 사적인 문화 하나가 꿈틀거리고 있었다. 친프랑스적이고 개인적이며 엘리트적이기는 하나 사회적 양심을 결여하지는 않았던 이 문화는 매력적인 청년기를 거쳐 '블룸즈버리'(Bloomsbury, 20세기 런던의 블룸즈버리 구역을 중심으로 교류하던 영국의 작가, 철학자, 예술가들. 버지니아 울프도 이 집단의 일원이었다―옮긴이)의 신경증적인 성숙기로 성장하게 된다. 버트런드 러셀도 윤리과학을 공부했는데, 그는 트리니티 칼리지의 펠로우로서 무어가 있었던 빅토리아기의 케임브리지와, 케인스와 리튼 스트레이치(Lytton Strachey)

가 있었던 에드워드기의 케임브리지에 걸쳐서 그곳에 있었다. 그는 당시 케임브리지의 본질적인 정신을 지적인 정직성으로 보았다.

이 미덕은 내 친구들뿐만 아니라 스승들에게도 분명히 존재했다. 나는 학생이 스승의 잘못을 지적했을 때 그에 분개하는 스승을 본 기억이 없다. 학생이 그런 적이 상당히 많았음에도 불구하고 말이다.[3]

리버스도 당시의 케임브리지의 미덕을 지니고 있었고, 브라운은 스승운이 좋았다. 당시의 케임브리지 사람답게 그는 후에 리버스가 근본적으로 오류를 범했다는 결론을 내렸다.[4]

리버스와 해든의 지도 아래 브라운은 1906년에서 1908년에 걸쳐 안다만 제도(Andaman islands)를 연구했다. 그 보고서 덕분에 트리니티 칼리지의 펠로우 직을 얻게 되어 1908년부터 1914년까지 그 지위를 유지했다. 또한 이 시기에 그는 간간이 런던 정경대학에서 가르치기도 했다.

그의 첫 번째 안다만 보고서는 민족학 문제들에 관심을 두었고 리버스의 전파주의적 성향을 반영하고 있었다. 그러나 그는 곧 뒤르켐의 사회학적인 견해로 전향했다. 당시 영국에서는 나중에 『종교생활의 기초형태』(*The Elementary Forms of the Religious Life*)에서 전개될 주장이 이미 나타나 있는 뒤르켐의 논문 한 편이 상당한 영향을 미치고 있었다. 케임브리지에서는 고전학자 제인 해리슨(Jane Harrison)이 이 새로운 시각을 당장 채택했고, 옥스퍼드의 매럿은 이 시각이 자신의 입장과 근본적으로 유사하다고 (잘못) 생각했다.[5] 1909년에서 1910년에 브라운은 런던 정경대학과 케임브리지에서 강의를 하면서 근본적으로 뒤르켐적인 관점을 발전시켰고, 이를 평생 견지했다.[6] 1913년에 그가 고향 버밍엄에서 유사한 일련의 강의를 하자 이것이 지역언론에 보도되었다. 이 강의 프로그램을 읽은 뒤르켐은 그에게 다음과 같은 편지를 썼다.

"그것은 우리의 학문이 어떤 것인가에 대해 일반적으로 우리가 이해를 공유하고 있다는 것을 보여주는 새로운 증거였습니다."[7]

자신의 전향에 대한 기록을 발표하지는 않았지만 래드클리프 브라운은 자신이 리버스와 해든의 민족학적 관심사로부터 급작스럽게 돌아섰다고 말하기는 했다. 새로운 패러다임으로의 전환은 보통 급격히 일어나고 자세하고 논리적으로 분석할 수 있는 문제가 아니다. 또한 뒤르켐에게로 돌아선 점에서 그의 전향은 당시 영국에 상당히 확신된 움직임의 일부였다. 이 에피소드는 1960년대에 레비 스트로스의 구조주의가 영국에 받아들여질 때와 상황이 비슷하다. 동시에 우리는 이러한 전환이 제공한 것, 즉 과학적 방법, 사회생활은 질서정연하고 엄격히 분석될 수 있다는 확신, 개인적 열정으로부터 어느 정도 초연한 자세, 유행하는 프랑스풍 태도 등을 음미할 수 있다. 브라운이 학생 시절 매혹되었던 크로포트킨(Kropotkin)의 무정부주의와 마찬가지로 뒤르켐 사회학도 적어도 암묵적으로는 급진적이었다. 요컨대 자연과학을 향한 브라운의 헌신과 그의 유토피아적인 무정부주의, 두 가지 모두에 자양분을 준 것이 바로 과학적이면서도 인문학적이며, 또 아주 중요한 특징으로서 프랑스적이기도 했던 새로운 강령이었던 것이다.

인간 래드클리프 브라운

다행히도 케임브리지 시절의 브라운을 통찰력 있게 그린 묘사가 하나 있다. 브라운은 자기보다 약간 아래였던 그랜트 왓슨(E. L. Grant Watson)이라는 학생과 사귀었는데 자연과학을 전공했지만 후에 소설가이면서 일종의 신비주의자가 된 사람이었다. 왓슨은 브라운의 첫 번째 오스트레일리아 현지탐험에 동반했고, 자서전 『그러나 무슨 목적을 위하여』(*But To What Purpose*)에서 브라운에 대해 이렇게 회상하고 있다.

4학년 1학기 말쯤 나는 안다만 제도에서 섬주민들의 사회조직을 연구하고 돌아온 지 얼마되지 않은 A. R. 브라운을 만났다. 그는 그때 북서부 오스트레일리아로 탐험할 계획을 세우고 있었는데, 내가 그 탐험에 동물학자로서 함께 갈 수도 있다는 논의가 오갔다. 공공연한 무정부주의자였다는 이유로 당시 아나키 브라운(Anarchy Brown, 즉 '무정부 브라운'이라는 이 이름의 머리글자인 A. B.는 그의 진짜 이름의 머리글자와 동일하다―옮긴이)이라고 불렸던 그는 트리니티 칼리지에서 독특한 명성을 누리고 있었다. 모든 시험을 우수한 성적으로 통과했고 칼리지의 장학생이자 펠로우였음에도 불구하고 그를 의심스러운 눈으로 보는 식자들이 많았다. 그는 대학의 보수적인 생활과 쉽게 조화를 이루기에는 너무 극적인 사람이었다. 종종 황당한 성명들을 내놓았고 모든 주제에 대해 해박한 지식을 가지고 있었다. 그것은 물론 그에게 불리하게 작용했는데, 사실 그는 그의 고고한 제스처를 비판할 처지에 있지 않았던 순진한 안다만 사람들에게 인정스럽지만 권위주의적인 영향력을 휘두르는 원시적인 독재자로 살았던 사람이다. 사실 그는 약간 슈퍼맨 같았는데, 내가 만난 그 누구보다도 더 꾸준히 의식적으로 살려고 노력하고 또 이성과 의지가 지시하는 정해진 계획에 따라서 살려고 노력한 사람이었다. 그가 때때로 자신의 높은 기준에서 벗어나서 창조적인 천재성에 이끌려 이야기를 날조한 것은 사실이다. 그리고 이런 창조가 진행되는 과정을 종종 어렵지 않게 볼 수 있었다. 이 때문에 학문적이고 양심적인 사람들이 그를 불신했으나, 대화에서는 그가 자신에게 허용했던 이런 무절제한 행동들이 그의 출판된 글에서는 결코 단 한 번도 나타나지 않았다고 굳게 믿을 만한 이유가 내게는 있다.[8]

왓슨은 브라운이 속을 털어놓은 몇 안 되는 사람들 가운데 하나였던 것 같다.

그는 나에게 자신의 철학 하나에 대해 자세히 설명해주었다. 사람은 독자적인 스타일을 가꾸어야 한다는 것이었다. 그는 완벽하게 파리의 지식인처럼 차려입었다. 그리고 자신의 모든 제스처를 의식하려고 애썼다. 심지어 최상의 수면 자세까지 생각해 놓았다. 등을 대고 누워서는 안 되고, 완전히 옆으로 누워서도 안 되며, 태아 같은 자세로 누워서도 안 된다. 그는 잠자고 있는 자신의 모습까지도 생각해 보았던 것이다.

왓슨의 묘사에 의하면 "그는 사실 불필요하다고 여긴 사람들에 대해서는 최소한의 노력도 기울이지 않았다. 사람들이 대답을 기대하면서 말을 걸어와도 그는 먼 곳에 눈길을 고정한 채 아무런 대답도 하지 않았다." 이에 대해 왓슨은 자기 의견을 말했다. "내가 생각하기에 이것은 시간을 가장 효과적으로 사용하기 위해 그가 고안한 방식의 일부였다." 왓슨은 또 이렇게도 썼다. "나는 그보다 더 무자비한 사람은 본 적이 없다. 그를 싫어할 이유를 찾아냈던 격분한 여인들, 그에 대해 '신사가 아니다'라고 자주 단언했던 여인들을 나는 잘 이해할 수 있다." 그의 잘생긴 용모와 우아한 옷차림에도 불구하고 말이다.

그러나 왓슨의 다음과 같은 결론은 의심스럽다. "모든 것을 자신이 만든 합리적인 근거에서 판단하고 행동에 옮겨야 한다고 주장하는 사람이라면 누구라도 그러하겠지만 그는 전통의 영향을 받지 않았다." 이와는 반대로 그의 스타일과 이후의 행동에는 다소 낭만화된 영국 귀족의 매너를 따르려는 의지가 엿보인다.

1926년에 그는 어머니의 이름을 붙여서 래드클리프 브라운으로 개명했으며, 남아프리카와 오스트레일리아, 그리고 미국에서 보낸 긴 해외생활 동안 외국에 사는 괴짜 영국 귀족이라는 좀 케케묵은 역할을 했다. 심지어는 1920년대 시드니의 평등주의적인 분위기 속에서 때와 장소를 가리지 않고 망토와 오페라 모자를 즐겨 착용했다.

후에 나타난 이런 태도의 뿌리를 유년기에 경험한 가난에서, 또 어쩌면 다소 경외심을 불러일으키던 당시 케임브리지에서 젊은이로서 가진 자신감 결여에서 찾고 싶은 유혹이 생기지만, 그런 추측에는 확실한 근거가 없다. 그럼에도 불구하고 그가 남에게 자신을 내보이는 방식, 또 스스로를 보는 방식, 그리고 저술에서 채택한 이론적 입장 사이에는 연관이 있음을 감지할 수 있다. 그의 연구는 얼음같이 명료했고, 그는 항상 공식적인 상황·규칙·의례에 관심을 가졌다. 그에게는 개인의 동기와 전략에 대한 말리노프스키의 관심이 전혀 없었다. 그의 이러한 초연함은 한편으로는 강점이기도 했다. 그것이 그의 사회체게 분석에 통제력을 부여했기 때문이다. 이는 말리노프스키가 이루지 못했던 것이었다.

안다만 연구와 맥락적 분석방법

안다만 제도에서 이루어진 래드클리프 브라운의 첫 번째 현지연구는 그가 보기에는 유별난 방법론적 엄밀함을 특정으로 하나 확실히 말리노프스키 이전 시대의 현지조사에 속한다. 이는 1910~12년에 그가 오스트레일리아 원주민 사이에서 수행한 연구에도 해당되는데, 리버스나 셀리그먼이 했던 것과 같은 종류의 개괄연구였다. 그러나 그의 연구결과 나온 초창기 출판물들은 그의 분석력을 보여주었고 인류학에 중요한 기여를 했다.

안다만 제도에 관한 래드클리프 브라운의 연구 대부분은 언어적 어려움 때문에 대 안다만(Grand Andaman)에서 이루어졌다. 그는 소 안다만(Little Andaman)에서 3개월 동안 캠프를 치고 언어를 배우려고 무척 노력했으나 마침내 절망하여 포기하고 말았다. 그는 대 안다만에서 처음에는 이 지방의 청년층이라면 완벽하게는 아니더라도 대체로 이해하고 있던 힌두스탄어로 작업을 했고, 얼마간의 시간이 흐른 후에는 어느 정도 그 지방의 언어로 작업을 했다. 그러나 그는 체류 후반기에 영어를 쓰는 똑똑한 정보제공자를 발견하고 나서야 비로소 실질적인 진전을 이루었음을 깨달았다. 그의 연구는 말리노프스키의 트로브리안드 연구와 현저한 대조를 보인다. 그의 자료수집 방법조차도 부적절했다. 스승인 리버스가 계보적 방법을 개발했으나 래드클리프 브라운은 이렇게 고백했다. "원주민에게서 많은 계보를 수집했지만, 불행히도 계보적 방법에 미숙했고, 그 결과 부딪히는 어려움을 극복할 수 없었기 때문에 이 분야의 내 연구를 망치고 말았다."[9]

인구가 1,300명 미만이었던 안다만은 안타깝게도 래드클리프 브라운의 연구가 이루어질 당시에 이미 유형지와 유럽인 정착지가 들어서 있어 홍역과 매독이 퍼져 있는 상태였다. 래드클리프 브라운의 의견으로는 "민족학자에게 정말로 흥미로운 것은 유럽인이 점령하기 이전에 존재했던 안다만 제도 부족들의 사회조직이다."[10) 그러므로 직접적인 관찰은 거의 쓸모가 없었으며, 정보제공자들의 기억에 의존해야만 했다. 그는 그들이 "섬들의 예전 구조가 어떠했는지"를 보고할 수 있었다고 시사했으나, 후에 친족체계를 기술하면서 이렇게 고백했다. "그러나 위에서 서술한 안다만의 관계체계만을 근거로 하여 사회학적으로 중요한 주장을 하는 것은 안전하지 않을 것이다." 그가 설명했듯이,

이런 문제들에 대해 정말로 확신하기 어려운 이유는 (1)오랜 지방조직의 붕괴로 그들의 관습에 많은 변화가 일어났고 (2) 그들의 언어에 가장 단순한 관계들 이외에는 표현할 말이 없을 때, 관계와 연관된 문제들에 대해 원주민들에게 질문하기 어렵기 때문이다.[11)

그의 안다만 연구서는 1922년 출판 당시에는 분석방법의 한 예로서 래드클리프 브라운에게 중요했다. 현지조사에 관한 한, 그는 그것을 실습연구라고 평가하는 데 만족했고, 예전에 안다만 제도에 살았던 만(E. H. Man)의 민족지적 보고에 크게 의존했다. 비록 만의 추측인 해석에 대해서는 의견을 달리했지만 말이다. 그는 현지에 민족학자로 갔었는데, 첫 보고서에 반영되어 있듯이 애초의 목적은 안다만인들의 역사와 네그리토(Negritos)

일반의 역사를 재구성하는 것이었다. 나중에 그는 관습들의 의미와 목적은 현재의 맥락에서 분석되어야 한다는 뒤르켐적인 견해로 돌아섰고, 이것이 이 책에서 그가 보여주려고 한 것이었다.

래드클리프 브라운은 '관습'을 세 가지 유형—기술, 행위규칙, 그리고 그가 의식관습(ceremonial customs)이라고 칭하고 관심을 집중했던 것—으로 나누었다. 의식관습은 사회생활 과정에서 변화가 일어나는 경우에 관습적으로 수행하는 집단행동들을 포함하고 있었다. 그는 이런 집단행동의 목적이 변화에 관련된 집단 정서를 표현하는 것이라고 생각했다. 책의 첫 부분에서 그는 일련의 그런 관습들에 대해 기술했는데 주로 의식(儀式)과 신화였다. 연구의 뒷부분은 그것들에 대한 해석으로 이루어져 있다.

해석은 의미와 목적에 관한 것이어야 했다. 그 이유는 "생명체의 모든 기관이 그 유기체 전반의 생명에 어떤 역할을 수행하는 것과 마찬가지로, 원시사회의 모든 관습과 신앙은 그 지역사회의 사회생활에서 어떤 정해진 역할을 한다"는 것이었다.[12] 의식의 목적은 사회의 요구에 적합하도록 개인의 행동을 규제하는 정서들을 표현하고, 그를 통해 그것들을 유지하고 전승하는 것이었다.[13] 이것이 어떻게 가능한지를 제대로 평가하기 위해서는 그 관습의 의미를 충분히 이해해야만 한다. 그러기 위해서는 그 사회의 성원들의 설명을 참작해야 하며, 그 다음으로는 어떤 관습이 나타나는 여러 다른 맥락들을 비교하여 그 관습의 본질적인 의미를 추출해야 한다.[14]

이러한 맥락적 방법의 한 가지 좋은 예는 다양한 안다만 의식에서 '공식적인 울기'(formal weeping)가 차지하는 위치에 대한 그의 분석이다. 안다만인들은 다음과 같은 때에 운다. 친구나 친척을 오랜만에 만났을 때, 화해 의식에서, 거상기간이 끝난후 친구들에게로 돌아올 때, 사망 후에, 시신 발굴 후에, 결혼식에서, 성인식의 여러 단계에서. 그는 이런 여러 '의식적인 울기'(ceremonial weeping) 사이의 연관성은, 이들이 모두 "중지되었던 사회관계가 재개되려 할 때 의례가 집단성 의식(ceremony of aggregation)의 역할을 하는" 상황을 표시한다는 사실에서 찾을 수 있다고 주장했다.[15] 이런 의식관습의 기능에 대한 그의 이론은 뒤르켐에게서 그대로 따와서 다소 기계적으로 적용한 것이었다. 여기서는 말리노프스키가 「발로마」에서 주장했던 현실, 그리고 미래의 현지조사자들이 성스런 의식들이 무심하게, 외관상 불경스럽게 수행되는 데서 어김없이 발견할 현실이라곤 찾아볼 수 없다.

오스트레일리아 원주민 사회조직 연구

래드클리프 브라운은 1910년에 그랜트 왓슨을 데리고 오스트레일리아에 갔다. 그래서 그 탐험에 대한 생생한 기록이 남아 있다. 이 기록은 래드클리프 브라운의 성격과 연구방법을 잘 드러내주며, 또한 당시의 현지 상태를 이해하는 데 대체로 도움이 된다. 이 탐험에는 두 사람의 대원이 더 있었다. 그중 한 명은 아마추어 민족지학자이며 자선가인 데이지 베이츠(Daisy Bates) 부인이었다. 래드클리프 브라운은 성 평등주의를 과시하려는 목적에서 그녀를 데리고 갔으나 곧 그녀와 다투고 말았다. 나머지 한 명은 하인인 스웨덴 선원 올슨(Olsen)이었다. 이 탐험의 목적에 대한 래드클리프 브라운의 강연을 들은 어느 양목업자의 기부로 탐험대는 튼튼한 재정적 기반을 가지고 있었다.

탐험의 첫 목적지는 샌드스톤(Sandstone)의 동쪽에 있는 코로보리(corroboree, 제사나 전투 같은 중요한 사건이 일어나기 전날 밤에 행해지는 오스트레일리아 원주민의 춤과 노래—옮긴이) 거행지였다. 탐험대가 막 "주요 과업인 네 계급 혼인체계(4분족分族 혼인체계라고도 한다. 반족체계에서 분화한 것으로서, 반족체계를 이루고 있는 두 개의 반족이 각기 두 개의 분족으로 나뉨으로써 총 네 분족으로 되고, 이 네 분족들 사이에서 반족외혼의 원리에 따라 혼인이 이루어지는 체계를 일컫는다—옮긴이)에 관련된 사실들의 일람표 작성"에[16] 본격적으로 착수하려고 했을 때 경찰의 습격이 있었다. 래드클리프 브라운은 냉정을 지키면서, 고삐 풀린 것 같은 행동을 한다며 민병대를 꾸짖었다. 심지어는 경찰이 찾고 있던 악한들을 숨겨주기까지 한 것으로 밝혀졌다. 그러나 이 사건 이후 원주민들은 자신들의 의식을 계속하기를 꺼렸다. 래드클리프 브라운은 이곳을 떠나기로 결심했고, 한바탕 말다툼 끝에 불쌍한 베이츠 부인을 그곳에 홀로 내버려두고 떠났다. 그는 나머지 대원들을 베르니에(Bernier) 섬으로 데리고 갔는데 그곳에는 성병에 감염된 원주민들을 수감한 병원이 있었다. 수감자들은 대개 납치를 당했거나 강제로 이주 당한 사람들이었다. 그러나 탐험대는 이 섬에 수개월간 머물며 이 불운한 정보제공자들과 함께 전통적인 원주민 혼인체계들에 대해 연구했다. 왓슨은 현지에서 1년을 보낸 후 떠났고, 래드클리프 브라운은 계속하여 올슨과 함께 가스코인(Gascoyne) 강을 따라 세워진 선교사기지 주변에 정착해 살고 있던 다른 원주민 지역사회들을 연구하기 시작했다.

오스트레일리아에서 그가 행한 '개괄조사와 구제'(Survery and Salvage) 식의 민족지 작업은 말리노프스키가 트로브리안드에서 곧 수행할 현지연구 유형과 비교할 때 부족한 점이 많았다. 그의 오스트레일리아인 제자 중 한 명이 지적했듯이, 오스트레일리아 연구에 유용한 아직 기능하는 부족들이 있었는데도 래드클리프 브라운은 그들에게 가지 않았기 때문에 형식적인 구조들을 연구하는 데 그치고 말았다. 즉 "그는 이런 이상적이고 논리적인 구조들이 어떻게 작동하는지를 관찰할 수 없었다. 그것은 내용이 없는 형식이었다."[17] 그러나 한편으로는, 1912년부터 발표되기 시작해서, 1930~31년에 출판된 유명한 논문인 「오스트레일리아 부족들의 사회조직」(The social organization of Australian tribes)에서 절정을 이룬 일련의 보고서들에서, 그는 복잡한 오스트레일리아 자료에 일종의 질서를 부여했다.

오스트레일리아 연구에서 래드클리프 브라운의 주된 관심사는 친족과 혼인체계였다. 이는 안다만 연구에서는 자신있게 다루지 않았던 주제였다. 당시의 정설에 따르면, 오스트레일리아 부족들이 2, 4 또는 8개의 '계급'으로 나누어지는 것이 그들의 극도로 복잡한 혼인체계를 규제하는 기초였다. 래드클리프 브라운은 사실은 그렇지 않으며, 그보다는 '계급' 구분과 무관하게 움직이는 친족체계가 혼인을 규제한다는 결론을 내렸다. 그는 오스트레일리아 체계의 두 가지 주요 유형을 밝혔다. 카리에라(Kariera) 유형의 체계에서, 혼인은 '외삼촌의 딸'이라는 범주에 속하는 여자와 이루어진다. 아란다(Aranda) 유형의 체계에서는 '어머니의 외삼촌의 외손녀'라는 범주에 속하는 여자와 혼인이 이루어진다. 래드클리프 브라운은 이것이, 아란다 체계에서는 네 개의 '출계(出系) 계통'이 존재하는 데 반해 카리에라 체계에서는 두 개의 출계 계통이 존재한다는 것을 반영한다고 주장했다.

현대의 한 권위자가 지적했듯이, 혼인체계와 계급체계가 서로 독립적으로 움직이는 변수라는 래드클리프 브라운의 가정은 "잘못된 것으로 보이는데, 그것은 그가 한편으로는 어느 한쪽도 다른 쪽을 고유하게 결정하지 못한다는 것을 보여주지만, 그 자신의 증거는 양립할 수 없는 혼인체계와 계급체계는 동일 사회에서 절대로 공존하지 않는다는 것을 시사하기 때문이다."[18] 반세기 동안의 새로운 현지 연구들로 그의 연구가 가진 약점들이 더 많이 드러났다. 그러나 그의 모델들은 계속 수정되었음에도 불구하고 그의 오스트레일리아 연구들은 하나의 놀라운 종합으로서 우뚝 서 있으며 오스트레일리아 사회조직에서 다루기 힘든 문제들에 대한 우리의 이해를 상당히 진전시켰다.

영향력의 성장 : 영국 사회인류학의 새로운 지도자

래드클리프 브라운은 1913년에 잠시 영국에 (그리고 그의 신부에게) 돌아왔는데 이때 그는 뒤르켐을 열광시킨 버밍엄 연설을 했다. 1914년에 그는 오스트레일리아에 다시 가서 말리노프스키가 간사로 일했던 영국과학진흥협회(British Association for the Advancement of Science) H분과의 운명적인 모임에 참석했다. 전쟁이 발발하자 말리노프스키는 현지조사에 착수할 기회를 잡았고, 래드클리프 브라운은 시드니에서 학교 선생이 되었다. 후에 그는 통가 왕국의 교육감독관으로 임명되었는데 1916년에서 1919년까지 별다른 즐거움이나 이득도 없이 이 직책을 맡았던 것 같다.

종전 직후 래드클리프 브라운은 통가를 휩쓴 대독감에 걸렸다. 의사의 권고에 따라 그는 요하네스버그에 있는 형에게로 갔다. 여기서 박물관과 학교에서 몇몇 작은 직책을 맡았다. 그러다가 돌파구가 나타났다. 해든은 케임브리지에서 남아프리카에 인류학 연구소를 설립하기 위한 운동을 해왔는데, 1921년에 케이프타운 대학에 그 연구소를 설립하는 직책에 래드클리프 브라운이 임명된 것이다. 거의 마흔 살이 다 된 그는 이제 경력에서 새로운 국면을 맞이하게 되었다. 이때부터 그는 현지조사는 뒤에 접어두고 교수, 저술, 이론 개발에 관심을 쏟았다. 실제로 그의 모든 주요 출판물은 교수직에 처음 임명된 이 시기 이후에 나왔다.

케이프타운에서 래드클리프 브라운은 새로운 인류학과를 중심으로 조직된 아프리카학 학교 하나를 설립했다. 그는 수업과 행정 임무 외에도 부족 지역의 행정관리들을 위한 '응용인류학' 특별 과정을 준비했고, 언론에 종종 보도되기도 한 성공적인 공개강연 등으로 정부의 생각에도 어느 정도 영향을 미쳤다. 그러나 그는 개혁을 위해 구체적인 추천을 하지는 않았으며, 대체로 그의 메시지는 논쟁적이지도 않았다.

남아프리카의 장래 복지가 걸려 있는 한 가지 중대한 문제는 원주민들과 백인들이 갈등 없이 함께 살 수 있는 모종의 사회·정치체계를 찾아내는 것이다. 그리고 이 문제를 성공적으로 해결하기 위해서는 우리 문명과 모종의 조화로운 관계를 이루어야 할 원주민 문명에 대한 철저한 지식을 갖출 필요가 있다.[19]

그는 이때부터 줄곧 인류학자의 일은 행정가가 직면하는 상황에 대한 학문적 평가를 제공하는 것일 뿐이며 어떠한 특정 정책도 옹호하려 들어서는 안 된다고 주장했다.

1926년에 그는 오스트레일리아로 돌아가서 시드니에서 오스트레일리아에서 처음 생긴 인류학 교수직을 맡았다(이 직책은 래드클리프 브라운이 너무나 멍청하다고 생각한 극단적인 전파주의 이론들을 내놓은 저명한 시드니 동문인, 해부학자 엘리엇 스미스가 그를 위해 확보해 준 것이었다). 다시 한 번 그는 학부 프로그램을 만들었고, 식민지 관리들과 선교사들을 위한 특별 강좌도 마련했다(그러나 수강생들은 대체로 이 강좌를 너무 이론적이라고 생각했고 또 래드클리프 브라운 자신도 파푸아와 뉴기니에는 가본 적이 없고 관심도 전혀 없었기 때문에 강좌를 꾸리기에 어려움이 많았다). 정부의 상당한 연구지원금 덕분에 그는 원주민에 대한 연구 프로젝트들을 세웠고, 새 학술잡지인 『오세아니아』(*Oceania*)를 창간했다.

이런 모든 활동에도 불구하고 시드니에서 래드클리프 브라운이 수행한 교수직무는 결국 거의 재난에 가까운 것으로 끝났다. 그는 가장 유망한 후원을 받으며 출발했지만 오만한 방식과 정치적인 서투름 때문에 지지자들이 등을 돌리게 만들었다. 재정적 압박이 커지던 시기에 그는 주(州) 정부들로 하여금 자신의 사업에 반대하게 만들었다. 그가 시작했던 인류학과와 모든 부설 활동들은 그가 1931년에 시드니를 떠날 때 바야흐로 붕괴 직전이었다. 퍼스가 학과의 해체를 감독하기 위해 인계 받았으나, 후계자인 엘킨(Elkin)과 함께 학과와 학과의 프로그램 대부분을 가까스로 되살려냈다. 공적을 보면 래드클리프 브라운은 수수의 학생들을 훈련시켰고, 약간의 ── 놀랄 만큼 약간의 ── 연구활동을 조직했다. 아마도 가장 영구적으로 남을 공헌은 「오스트레일리아 부족들의 사회조직」이라는 논문일 것이다. 이 연구는 다음 세대의 연구를 위한 도약점이 되었다.

래드클리프 브라운은 다시 영국을 잠시 방문한 후 1931년에 시카고로 갔다. 여기서 그는 행정업무로부터 해방되었고, 재능 있는 일군의 제자들로부터 각별한 예우를 받았다. 그러나 그는 이 무리 바깥에서는 그의 아이디어보다는 태도 때문에 상당한 반감을 샀다. 물론 일반화를 추구하는 그의 '자연과학'적 접근방식에 동조하지 않는 사람들도 많았다. 당시 미국 인류학은 창조적이고 전환적인 국면에 놓여 있었다. 그 주요 경향을 보면, 한편으로는 보아스의 역사적·전파주의적 접근이 발전했고, 다른 한편으로는 심리학, 특히 정신분석학과 게슈탈트(gestalt) 이론에서 거둔 발전의 영향으로 '문화와 인성' 연구 쪽으로 움직이고 있었다. 래드클리프 브라운의 영향을 받은 사람들의 연구는 그의 사회학적 시각이 미친 영향을 보여주었는데 이것은 미국 인류학 전통에서 새로운 것이었다. 에건(Eggan), 택스(Tax), 그리고 워너(Warner)가 시카고를 중심으로 한 래드클리프 브라운 이론 학파의 대표자였다. 이것은 미국 인류학계 내에서는 항상 하나의 이상현상과도 같은 것이었으나, 이 학파의 독특한 공헌은 널리 인정되었다.

1937년에 래드클리프 브라운은 옥스퍼드 대학에서 처음으로 만들어진 사회인류학 교수직에 임명되었다. 그래서 그는 말리노프스키가 드디어 영국을 떠나기 얼마 전에 귀국했다. 그는 취임 강연에서 역사적 연구와 사회학적 연구를 구별하고 인류학에서는 후자가 우월하다는 낯익은 견해를 되풀이했다. 이 강연에 대한 반응은 시들했고, 그는 옥스퍼드 대학사회 전체에 아무런 영향도 미치지 못했다. 그러나 영국 인류학이라는 작은 세계 안에서는 극히 중요한 존재였다. 그는 인류학계의 정상에 있었던 말리노프스키의 자리를 차지하고 있었고, 다음 세대를 이끌어갈 인물 몇

몇이 (교직원으로서 또는 학생으로서) 그의 학과를 거쳐갔다.

당시에 그와 함께 일했던 사람들에게는 래드클리프 브라운이 말리노프스키에 대한 아주 때늦은 도전을 이끄는 지도자였으나, 보다 충실한 말리노프스키 추종자들 일부는 래드클리프 브라운을 반항적인 젊은이들인 E. E. 에번스 프리처드와 메이어 포티스의 이름뿐인 우두머리에 불과하다고 보았다. 새로운 세대의 현지조사자들 가운데 일부는 래드클리프 브라운이 영국으로 돌아오기 전인 1930년대에 보다 구조적인 사회학으로 돌아서고 있었던 것이 사실이다. 그러나 비록 부분적으로는 이것이 그들의 현지 자료의 복잡성과 말리노프스키 이론의 분석적 취약성에 대한 직접적인 반응이었지만, 여기에는 래드클리프 브라운의 영향도 있었다. 우선 그는 나중에 현지조사 때문에 말리노프스키에게로 간 일군의 학생들, 예를 들어 샤페라, 호그빈(Hogbin), 스태너(Stanner) 등을 가르쳤다. 더구나 1931년에 잠시 영국에 돌아왔을 때 그의 연구는 일부 젊은 인류학자들의 주의를 끌었다. 에번스 프리저드는 그를 흰대했고 그의 명성을 널리 알렸다. 물론 에번스 프리처드와 포티스 정도의 인물이 되는 젊은이들과 래드클리프 브라운 사이의 거래가 일방적인 것은 결코 아니었다. 그럼에도 불구하고 래드클리프 브라운이 특히 1937년 이후 영국 인류학에 아주 직접적이고 개인적인 영향을 끼쳤다는 점은 인정해야 한다. 이는 후에 에번스 프리처드가 래드클리프 브라운의 주요 도그마를 맹렬히 거부했고 포티스가 그에 못지않게 열렬히 변호했다는 데서 알 수 있다.

전쟁기간 동안 래드클리프 브라운은 왕립인류학회의 회장으로 재임했으며 영국문화원 상파울로 지부에서 2년을 보냈다. 종전 직후인 1946년에 그는 옥스퍼드의 교수직에서 마지못해 은퇴했다. 그는 공식적인 은퇴 후에도 인류학계에서 영향력 있는 인물로 남아 있었으며, 케임브리지, 런던, 맨체스터, 그래엄즈타운(Grahamstown), 알렉산드리아 등지에서 직책을 맡으며 몇 년 동안 계속 가르쳤다. 그는 1955년에 런던에서 세상을 떠났다. 레이먼드 퍼스는 래드클리프 브라운이 세상을 뜨기 1년 전에 병원에 있던 그를 방문하고 읽을거리가 필요한지 물어보았다고 회상했다. 래드클리프 브라운은 자기는 오로지 사회인류학에서 일어나는 이론적 발전에 관한 글을 읽는 데만 관심이 있다고 대답했다고 한다.[20]

뒤르켐 사회학의 계승자

래드클리프 브라운의 성숙기 사고에 가장 중요한 영향을 미친 것은 뒤르켐 사회학이지만, 래드클리프 브라운은 여전히 스펜서의 전통에 서 있는 진화론자이기도 했다. 그는 문화들(나중에는 사회들)은 유기체와 같아서 자연과학적 방법으로 연구해야 한다고 주장했다. 유기체와 마찬가지로 문화들은 점점 더 다양하고 복잡해지는 쪽으로 진화했다. 이런 의미에서 진화는 진보와 뚜렷이 구별되었다. 왜냐하면 진화는 자연적인 과정인 반면, 진보는 도덕적인 과정에 대한 평가를 함의했기 때문이다. 모건(Morgan)

과 프레이저를 포함하여 많은 소위 진화론자들이 사실은 생각이 뚜렷하지 못했던 진보의 사도들이었다.

물론 이러한 유기체 유추를 너무 문자 그대로 받아들여서는 안 된다. 래드클리프 브라운이 언급했듯이, "사회들은 유기체가 아니다. 즉 그들은 출산도 죽음도 겪지 않는다."[21] 실제로 그가 한 주장의 요점은 '자연과학', 특히 생물학과 동물학에서 사용되는 것과 유사한 방법을 사용하자는 것이었다.

처음에는 '문화'와 '심리학적' 설명에 대해 언급했음에도 불구하고, 1910년경 이후의 그의 학문적 지향은 분명히 사회학적이었다. 그에게 사회학은 뒤르켐 그리고 때로는 스타인메츠(Steinmetz)와 웨스터마크가 수행한 종류의 연구를 의미했지, 미국에서 사회학으로 통용된 사회조사와 르포르타주 같은 종류는 분명히 아니었다. 그는 베버(Weber)와 지멜(Simmel)의 연구에 대해서는 알지 못했던 것 같다. 하기는 이들의 이론은 1940년대에 와서야 영국에서 널리 알려지게 되었다.

뒤르켐은 사회적 사실들을 객관적인 현상으로 다루어야 한다는 주장으로 시작했다. 그에 의하면 사회적 사실들은 다른 사회적 사실들을 통하여 설명될 수 있었다. 하나의 사회적 사실(예를 들어 어떤 문법용례나 금기, 의식, 공손한 동작)은 외재적이고 강제적인 본질을 특징으로 했다. 그것은 어떤 개인보다 우선하며 개인의 행동에 제한을 가했다. 개인의 심리학적 특징을 통해서는 희생제의의 양식이나 식이습관을 이해할 수 없었다. 그런 관습은 그 개인이 태어나기 전에도 존재했고, 죽은 후에도 계속될 것이었다. 그에게는 동료들과 의사소통을 하는 데 쓰겠다고 새로운 언어를 만들 자유가 없었듯이 그 관습을 받아들일지 여부를 선택할 자유도 없었다. 어떤 의미에서는 개인들 바깥에 존재하여 그들에게 강제력을 행사하는 이러한 '사회적 사실들'을 말리노프스키가 즐겨 그랬듯이 다른 종류의 현실로 환원시켜서도 안 되었다. 분석가는 관심 있는 일련의 사회적 사실들을 하나의 체계를 이루는 것으로 다루어야 했으며, 어떤 관습의 의미와 목적을 이해하려면 그 관습을 관련된 사회적 사실들의 전체 세트에 두고 살펴보아야만 했다. 마지막으로, 추정적인 '기원'을 찾아나서는 것은 포기해야 했다. '현재의 기원', 즉 어떤 제도의 기능은 그 제도가 현재 어떻게 사용되는지에서 찾아야 했다.

뒤르켐의 견해로는 사회는 본질적으로 도덕적 질서였다. 그는 후기 연구에서 그가 '집합의식'이라고 부른 것, 즉 한 사회의 가치와 규범들에 점점 더 관심을 집중했다. 이것들은 사회화 과정을 통해 개인의 의식에 깊이 새겨져 있었다. '원시사회'에서는 이러한 사회적으로 조건지어진 영역이 개인의식에서 지배적이었던 반면, 복잡한 노동분화체계를 가진 사회에서는 개성의 영역이 더 컸다.

사회질서의 존속은 연대감의 유지에 달려 있었다. '원시사회'에는 일련의 유사한 지역 집단들이 있었는데, 이런 집단들과 그 성원들은 서로 대체 가능한 존재들이었다. 집단은 지역 단위들의 형태와 기능을 변화시키지 않으면서 분절(分節)할 수 있었고, 개인은 사회질서를 바꾸지 않으면서 태어나거나 죽을 수 있었다.

이런 종류의 사회 — 분절적 사회 — 에서 사회적 연대는 상호 유사성의 인지에 기초를 두고 있었다. 복잡한 노동분화 덕분에 규모가 크고 보다 고도로 중앙집권화된 사회에서는 성원들의 연대가 그들의 상호 의존감에서 나왔다. 모든 사회에서 집단의 형태는 성원들의 사회적 의식의 형태를 결정했고, 이 의식은 상징적 의례에서 재연됨으로써 유지되고 활성화되었다. 통상적인 의미의 의례만이 이러한 효과를 내는 것은 아니었다. 범죄마저 사회에 필요했다. 왜냐하면 범죄는 일탈과 처벌을 극화함으로써 도덕질서를 지탱하는 정서를 강화하기 때문이다.

이상과 같은 간단한 개요는 왜곡을 피하기 어렵다. 특정 주제들을 다룬 일련의 설득력 있는 연구서들을 통하여 발전해온 뒤르켐 사상의 전모를 쉽게 전달할 수는 없다. 게다가 뒤르켐은 혼자서 연구한 것도 아니다. 그가 『사회학연보』(*L'Année Sociologique*)를 중심으로 만든 집단에는 모스, 그라네(Granet), 위베르(Hubert), 알바슈(Halbwachs), 헤르츠(Hertz) 등과 같은 거장들이 있었으며, 그들은 자신들의 정기간행물에서 협동적인 방식으로 생각을 형성해나갔다. 레비 브륄이나 등한시된 대가인 반 헤네프(Van Gennep)를 포함하는, 이 집단 바깥의 프랑스 학자들까지도 동일한 광범한 작업에 기여했다.

제1차 세계대전은 이런 훌륭한 사회학 양성소를 파괴해버렸다. 뒤르켐의 아들을 포함해 그의 수제자 일부가 전사했다. 뒤르켐도 1917년에 세상을 떴다. 그의 조카인 모스만이 오래 살아서 전통을 이어갔다. 전쟁으로 『연보』 집단이 추진하던 현지조사 계획들은 중단되었다. 수년이 지나서야 또 한 무리의 기간요원들이 형성되어 현지조사 연구에 몸을 바쳤다. 1947년에 레비 스트로스가 보고했듯이 "1930년경에 이르러 성숙하게 된 젊은 세대의 프랑스 사회학자들은 이 공백을 메우기 위해 지난 15년 동안 —의심할 바 없이 임시적일 뿐이었지만— 이론적 작업에서는 거의 완전히 손을 뗐다."[22]

그래서 제1차 세계대전 이후에는 모스와 래드클리프 브라운만이 남아서 뒤르켐 사회학을 발전시키기 위해 서로 평행을 이루며 일했다. 간단히 요약하자면 뒤르켐에서 모스와 래드클리프 브라운까지 이르는 학문적 발전과정에 말리노프스키의 트로브리안드 제도 연구가 중간에 끼어 들었다고 할 수도 있겠다. 흥미롭게도 말리노프스키의 연구는 래드클리프 브라운보다는 모스에게 더 큰 영향을 미쳤고, 말리노프스키 자신은 곧 뒤르켐의 주관심사들과 아이디어들을 외면했다.

나는 지금까지는 뒤르켐이 남긴 유산의 통일성을 과장했다. 실제로는 적어도 두 가지의 다른 가닥이 있었다. 하나는 모스가 따랐던 방향이고, 다른 하나는 래드클리프 브라운이 따랐던 방향이다. 첫 번째는 사회관계에 대한 연구, 즉 '사회형태론'(social morphology)으로서 『사회의 노동분업』(*Division of Labour in Society*)이 좋은 예이다. 두 번째는 도덕체계로서 사회를 연구하는 것인데, 이는 『자살론』(*Suicide*)과 『종교생활의 기초형태』(*The Elementary Forms of the Religious Life*)에서 지배적인 견해였고, 나중에 뒤르켐과 모스의 논문인 「원시적 분류방법」(Primitive

Classification)에서 나타날 많은 발전들을 예고하는 것이었다. 이 두 가지 접근 방식 모두를 래드클리프 브라운과 모스의 연구에서 찾아볼 수 있으며, 또 이 두 가지는 다른 것이라기보다는 보완적인 시각이라고 주장할 수도 있다. 하지만 래드클리프 브라운은 사회관계 연구를 더 많이 한 반면, 모스는 우주론적 개념들에 대한 연구를 계속 발전시켰다.

모스는 살아서 나치의 파리 점령을 견뎌냈지만, 그의 활동적인 경력은 끝나버렸다. 바로 이때가 래드클리프 브라운의 제자들과 추종자들이 그의 이론을 말리노프스키적인 총체적 현지조사 전통에 접목하는 데 마침내 성공한 시기였다. 양차 세계대전은 프랑스 사회학에 재난을 초래했지만, 우연한 일련의 사건들 덕분에 영국 사회인류학의 발전을 크게 저해하지는 않았다. 이러한 우연이 영국 사회인류학의 우세를 한 세대 동안 보장했다.

사회형태론

래드클리프 브라운의 이론적 입장을 광범하게 진술하고 있는 출판물은 그가 1937년에 시카고 대학에서 한 세미나의 대본뿐이다. 이것은 수년 동안이나 타이프라이터로 친 원고의 형태로 널리 읽히다가 그가 죽은 후에야 『사회에 대한 자연과학』(*A Natural Science of Society*)이라는 제목으로 출판되었다. 이 세미나는 모든 사회과학은 개인 심리학에서 시작하고 끝나야 한다고 주장한 어떤 주도적인 심리학자가 한 일련의 강연들에 반응하여 열린 것이다. 래드클리프 브라운은 그 강연에 자극을 받아서 사회과학의 수장으로서 비교사회학에 대한 자신의 비전을 상세히 공식화했다. 그의 이론적 입장을 실질적으로 진술하고 있는 글 가운데 그가 살아 있을 때 출판된 것은 기능의 개념에 대한 논문(1935)과 사회구조에 대한 논문(1940), 그리고 논문집인 『원시사회의 구조와 기능』(*Structure and Function in Primitive Society*, 1952)의 서문뿐이다. 그러나 그는 대체로 개별 분석의 서문을 통해 자신의 이론적 신념을 되풀이해 선언했기 때문에 적어도 1920년대 이후로는, 어쩌면 더 일찍부터도 그가 주장한 이론적 입장의 핵심적인 특징들을 상대적으로 쉽게 추출해낼 수 있다.

그에 따르면 연구의 목표는 사회체계 또는 사회과정이었다. 이는 '개인간의 실제적인 연결관계의' 체계들을 의미하고, 더 적절하게 표현하자면 사회적 역할을 맡고 있는 개인간, 즉 '인격체' 간의 연결관계 체계들이다. 이들이 '사회구조'를 구성하고 있으며 사회구조는 추상물이 아니다. 사회구조는 "특정 시점에서 모든 개인들의 사회관계를 총합한 것이다. 어느 한순간에 사회구조 전체를 자연적으로 볼 수는 없지만 관찰할 수는 있다. 모든 현상적 실체가 존재하기 때문이다."[23] 그러나 현지조사자가 관찰한 것은 바로 이 현상적 실체인 반면, 그가 서술한 것은 이와는 다른 것이었다. 그것은 '구조적 형태'였다. 이는 관찰된 실체의 흐름으로부터 추출해낸 규범적인 관계유형을 말한다. 래드클리프 브라운은 '사회구조'가 추상화된 개념임을 인정하지 않는다는 비판을 종종 받았다. 그리고 사실 그의 '구조적 형태'라는 개념이 오늘날 일반적으로 '사회구조'라고 불리는 것에 상응한다고 대답하고 싶은 유혹을 느낀다. 이것이 어느 정도는 사실이나, '구조적 형태'조차도 모델이기보다는 일반화된 서술이었다. 그가 한 번은 레비 스트로스에게 이렇게 썼듯이 말이다.

저는 '사회구조'라는 용어를 귀하와는 너무 다른 의미로 사용하기 때문에 유익한 토론이 이루어지기 어렵습니다. 귀하에게는 사회구조가 현실과 아무 관계가 없는, 만들어진 모델이지만 저는 사회구조를 하나의 실체로 보고 있습니다. 해안에서 조개껍질 하나를 주웠을 때 저는 그것이 어떤 특정 구조를 지녔음을 인지합니다. 그리고 같은 종에 속하는 다른 껍질들이 유사한 구조를 가졌음을 보고는 이 종에 특정적으로 나타나는 특정한 형태의 구조가 있다고 말할 것입니다. 여러 다른 종들을 살펴본 다음에는 대수식으로 표현될 수 있는 특정한 일반적인 구조적 형태나 원칙이 소용돌이 문양에 있음을 찾아낼지도 모릅니다. 이 식이 귀하가 말하는 '모델'이라고 봅니다. 제가 오스트레일리아 원주민 집단 하나를 조사해서 일정 수의 가족들에서 나타나는 사람들의 배열을 찾아낸다고 합시다. 저는 이것을 이 시기 이 집단의 사회구조라고 부릅니다. 이제, 다른 원주민 집단이 중요한 점에서 첫 번째 집단의 구조와 유사한 구조를 가지고 있음을 봅니다. 그러므로 한 지역에서 그 지역집단들을 대표하는 샘플 집단을 검토함으로써 저는 특정한 형태의 구조를 기술할 수 있습니다.

귀하가 '모델'이라는 말을 썼을 때 그것이 구조적 형태 자체를 의미하는지 아니면 그에 대한 저의 서술을 의미하는지 저에게는 분명치 않습니다. 이 구조적 형태 자체는 통계적 관찰을 포함하는 관찰을 통해 발견될 수 있을지도 모르나, 실험대상이 될 수는 없습니다.[24)]

구조적 형태는, 일반적으로 구속적이라고 인지되고 또 널리 준수되는 '사회적 관례들', 또는 규범들에서 분명히 나타난다. 그러므로 사회적 관례들은 뒤르켐의 '사회적 사실들'이 지니는 특징들을 가지고 있다. 그러나 래드클리프 브라운은 재차 그것들이 연역의 결과가 아니라 관찰의 결과라고 주장했다. 사회적 관례 또는 규범은 "인류학자가 만드는 것이 아니다. ……그것은 한 사회에서 사람들이 그 사회의 규칙에 대해 무엇을 말하는지와 어떤 행동을 취하는지에 따라 특징지어지는 것이다."[25)]

여러 사회의 사회적 형태를 추출해낸 다음, 연구자는 적절한 과학적 절차의 기초인 비교와 분류로 나아간다. 그런 다음 사회형태론의 근본적인 질문을 제기할 수 있다. 즉 "사회의 종류는 몇 가지나 되며 그것들은 어떤 점에서 서로 다른가? 변이의 범위는 어떠하며, 보다 중요하게는 모든 인간 사회에 공통적인 특징들이 있어서 그러한 것들을 분석으로 발견해낼 수 있는가?"[26)]

래드클리프 브라운이 비교에 부여한 중요성에도 불구하고 그가 주창한 비교절차에는 어느 정도 애매한 구석이 있다. 그는 종종 연구자들이 항상 문화적으로나 민족적으로 관련된 사회들—다양한 안다만 집단들, 오스트레일리아 부족들, 남부 반투 집단들—을 우선적으로 비교해야 하는 것처럼 진행했다. '문화영역'(culture area)의 일반적 특징들을 밝히는 것, 이를테면 전형적인 안다만 형태에서 지역적 변이를 벗겨내는 것이 때로 그 목표였던 것 같다. 그리고 래드클리프 브라운은 때로는 전파주의적 방법의 요소들을 보유했던 것 같기도 하다. 또 어떤 때는 더 잘 알려졌거나 더 쉽게 이해되는 예들과 비교함으로써 특이성과 변이의 양상을 이해하는 것을 목표로 삼기도 했다. 마지막으로 그는 비교의 단위에 대해 분명히 밝힌 적이 없었다. 때로는 전체 사회 체계의 구조적 형태를 비교할 수 있는 것처럼 쓰다가도 다른 때에는 친족이나 정치체계와 같은 하부체계만을 비교할 수 있다는 암시를 했다.

여하튼 래드클리프 브라운의 궁극적인 목표는 의심할 바 없이 모든 인간 사회에서 공통적으로 발견되는 특징들에 대한 일반론을 만들어내는 것이었다. 그리고 이러한 일반화가 사회적 법칙들을 구성할 것이었다.

래드클리프 브라운은 사회구조가 끊임없이 변하더라도 사회적 형태는 비교적 안정적이라고 주장했다. 사회의 새로운 성원들이 태어나고, 늙은 족장은 죽고 새 족장이 들어서며, 사람들은 결혼하고 이혼하고 재혼한다. 그러나 동일한 사회적 관례가 지속된다. 구조적 형태의 안정성은 그 부분들이 어느 정도 통합되어 있는가와 구조적 형태를 유지하는 데 필요한 특정 과업들을 이 부분들이 어떻게 수행해 내는가에 달려 있다. 이 과업들이 바로 체계를 구성하는 부분들의 '기능들'이다. 사회정학(social statics)의 법칙은 사회적 형태들의 존속을 위해 충족되어야 할 욕구들에 대한 진술이 될 것이다.

모든 사회의 기본적 욕구를 래드클리프 브라운은 '접합'(coaptation)이라고 불렀다. 이는 사회 성원들의 이해관계를 상호 조정하는 것을 뜻했다. 이것은 어느 정도 행위의 표준화를 필요로 하는데 여기에 바로 '문화'가 개입된다. 왜냐하면 문화는 학습된 감정, 사고, 행위방식들로 이루어진 영역이기 때문이다. 궁극적으로 접합은 신앙과 정서의 표준화를 요구하고, 이렇게 표준화된 신앙과 정서는 의례와 상징을 통해 유지된다. 그러나 뒤르켐의 '집합의식'에 상응하는 사회생활의 이런 영역은 말리노프스키와 대부분의 미국 인류학자들이 믿었던 것처럼 따로 떼어내어서 연구될 수 있는 것이 아니었다.

문화과학(science of culture)이란 존재할 수 없다. 한 사회체계의 한 특성으로만 문화를 연구할 수 있을 뿐이다. ……문화를 연구한다고 할 때는 항상 한 사회구조 안에서 서로 연결되어 있는 특정한 세트의 사람들이 하는 행위를 연구하는 것이다.[27]

분류법을 정립하고 사회정학의 법칙들, 즉 사회 형태의 영속성의 법칙들을 공식화해낸 다음, 그는 세 번째 세트의 문제들에 마주쳤다. 그것은 사회가 유형을 바꾸는 방식, 즉 스펜서가 사회동학(social dynamics)의 문제들이라고 불렀던 것이었다. 래드클리프 브라운은 이 문제들이 논리적으로 연속성의 문제에 부차적이라고 믿었다. 사회변동의 법칙들은 사회연속의 법칙들로부터 추론되리라고 생각했던 것이다. 그는 사회변동의 법칙들에 진지한 관심을 기울인 적이 없었다.

이 연구들의 결론은 실망스럽다. 사회정학의 근본 법칙들은 다음과 같은 종류의 진술이 되고 말았다.

어떤 한 사회의 사회적 접합의 일부로서 그 성원들이 공유하는 특정의 감지방식과 사고방식이 있게 마련이다.[28]

사회체계를 구성하는 부분들 사이에는 어느 정도의 기능적 일관성이 틀림없이 존재한다(기능적인 부조화는 "사회체계의 어느 두 측면이 이 체계 자체의 어떤 변화를 통해서만 해결될 수 있는 갈등을 빚어낼 때마다 존재한다").

어느 정도의 기능적 일관성이 필요하다는 이 법칙에 이것의 특수한 경우인 두 번째 법칙을 추가할 수 있다. 즉 그 어떤 인간 사회생활에도 개인들과 개인들로 이루어진 집단들 사이의 관계망으로 구성된 사회구조의 성립이 필요하다는 것이다. 이러한 관계들은 모두 일정한 권리와 의무를 수반하는데, 이 권리와 의무는 권리 사이의 갈등이 구조를 파괴하지 않고도 해결될 수 있는 방식으로 정의될 필요가 있다. 이 욕구를 만족시키는 것이 바로 입법과 사법제도 체계의 성립이다.[29]

어떻게 하나의 사회적 관례가 이러한 기본적인 기능들 가운데 하나를 만족시키는가—여기에 안정적인 사회적 형태들의 존속이 달려 있다—를 보여주는 것이 래드클리프 브라운이 말하는 설명이었다. 즉 의례는 사회적 연대감을 지속시킨다. 사람들이 자신에게 지정된 역할을 수행하도록 하기 위해서는 이런 정서가 유지되어야만 한다. 즉 이런 정서가 체계의 안녕을 결정하는 접합의 정도를 유지시킨다. 이런 종류의 주장은 때로는 충분히 그럴듯하지만, 그로부터 나오는 결론은 없는 것 같다. 궁극적으로 이런 주장은 동어반복이다. 사회가 의존하는 기본 기능들이 무엇인지를 알고서 시작해야 한다면, 세부내용에 대한 정리를 시작하기도 전에 중요한 질문들을 이미 해결한 것이 되어버린다. 이런 유의 비판은 모든 종류의 구조기능주의에 대해 일상적으로 이루어진다(그러나 래드클리프 브라운은 구조기능주의 전통에 서 있는 저자들 중에서 가장 명료하게 글을 쓰는 사람 중 하나였기 때문에 가장 많은 비판을 받는지도 모른다).

어쨌든 래드클리프 브라운의 실제 연구절차는 보통 그가 사회인류학에 대해 내린 규정보다는 훨씬 더 뛰어났다. 그의 논문들은 되풀이해서 사회는 유기체와 유사하므로 유사 생리학적인 용어로 연구되어야 한다는 등의 진부한 진술로 시작한다. 그러나 그는 그런 다음에는 자신이 의미하는 바를 보여주는 예로서 특수한 분석들을 전개해나가는데 이 분석들은 대체로 독창적이고 조명하는 바가 크다. 그 이유는 그가 기능주의자였을 뿐만 아니라, 후 세대의 용어로 말하자면 구조주의자이기도 했기 때문이다. 즉 그는 종류가 다른 사회관계들 사이의 관계에 관심이 있었던 것이다. 그는 이것을 탐구하면서 직관적인 비약을 허용했는데, 이 비약들에서 지금도 능가할 수 없는 통찰력이 종종 나타났다.

그가 한 연구 중 최고는 '토테미즘'과 친족에 관한 것이다. 즉 우주론의 특수한 경우와 사회조직에 관한 것이다. 이것들은 그가 죽은 후 유행한 새로운 구조주의의 두 가지 중심 주제였다.

토테미즘 연구

넓은 의미의 '토테미즘'은 사람들이 사회세계와 자연계 사이의 관계를 생각하는 방식의 한 측면이라고 정의되는데, 이것은 영국 인류학의 고전적인 쟁점이자 래드클리프 브라운이 안다만 연구를 할 때부터 가진 주요 관심사 가운데 하나였다. 토테미즘에서 한 사회의 특정 집단은 특정한 자연의 종(種)이나 대상을 향해 어떤 의례적 태도를 취한다. 뒤르켐은 특정 집단들은 애착심의 대상이라고 주장했다. 이 감정을 유지시키기 위해서는 의례와 상징을 통해 이를 집단적으로 표현해야만 했다. 그리고 이 사회 집단을 상징하는 한 가지 분명한 방법은 자연의 종에 관련시키는 것이었다. 래드클리프 브라운은 이 주장을 그대로 받아들였다. "한 집단에 대한 애착심은 그 집단 자체를 대표하는 대상과 관계 있는 어떤 형식화된 집단행위로 표현되는 것이 정상적 절차일 것이다".[30]

그러나 뒤르켐은 그 다음 질문인 왜 자연의 종이 일반적으로 토템으로 선택되는지를 검토하지 못했다. 래드클리프 브라운은 그답게 이 질문은 보다 광범한 문제의 맥락에, 즉 토템이 없는 사회를 포함하는 모든 사회에서 인간과 자연의 종이 맺는 의례적인 관계라는 맥락에 놓여야 한다고 주장했다. 그는 안다만 제도 사람들에 대한 자신의 연구를 상기시켰는데, 안다만인들은 토템은 없었지만 일정 범위의 자연계의 종들에 대해 '의례적인 태도'를 표현했다. 그가 처음 내린 결론은 집단의 생계에 중요한 종들에게 '의례적 가치'를 부여한다는 것이다.

이런 유치한 서술은 그 후에 가다듬어졌다. 토테미즘은 "사회적 연대체계가 인간과 자연 사이에 성립되도록 하는 기제"였다.[31] 그것은 자연계를 사회적 또는 도덕적 질서 속으로 가져오는 한 방식인 것이다. 토테미즘은 따라서 사회집단들을 상징하는 한 양식이었을 뿐만 아니라 자연을 길들이는 한 방식이기도 했다. 이런 의미에서 토테미즘은 종교의 한 원형이었다. 왜냐하면 종교의 본질은 우주를 사회적, 즉 도덕적 질서로 보는 것이기 때문이다.

이 방법의 특징은 이렇다. 특정한 문제를 폭넓은 맥락에 놓는다. 그런 다음 한 종류의 행동을 결정하는 근본적인 법칙들을 진술한다. 예를 들면, 집단은 상징을 사용하는 의례들을 통해 연대감을 표현해야 한다. 또는 인간은 어떻게든 자연을 사회와 마찬가지로 도덕적 질서의 일부로 볼 수 있어야 한다……. 이제 고려 중인 특정 현상을 이런 광범한 일반화에 관련시킨다. 이것이 설명이다.

이 방법의 다른 요소는 비교인데, 래드클리프 브라운은 나중에 나온 비교방법에 관한 논문에서 자신의 주장을 정교하게 발전시켰다. 그때쯤이면 이미 일반적으로 토템들이 음식으로서 중요하기 때문에 선택된 것이 아니라는 점이 그에게 분명해졌을 것이다. 이제야 그는 왜 특정 종이 특정 집단과의 관계를 상징하기 위해 선택되었는가라는 문제를 탐구했다. 그는 뉴사우스웨일즈(오스트레일리아의 동남부지역—옮긴이)의 일부 부족들에서 사회가 두 개의 외혼 반족들(exogamous moieties, 반족이란 한 사회가 두 개의 범주나 집단으로 나누어졌을 때 그 한쪽을 말함. 각 반족이 외혼의 단위가 되어 두 반족 간에 혼인이 일어날 때 외혼 반족들이라 함—옮긴이)로 나누어져 있음을 관찰했다. 반족들은 각각 수리매와 까마귀의 이름을 따서 불렸는데, 수리매 남자들은 까마귀 여자들과 혼인했고 까마귀 남자들은 수리매 여자들과 결혼했다. 그는 유사한 사례들을 다른 곳에서도 볼 수 있었다. 즉 미국 북서부 지역의 하이다족(Haida) 또한 두 개의 모계 반족들로 갈라진 사회를 이루고 있었고, 이 부족들은 독수리와 갈가마귀로 불린다. 오스트레일리아에는 한 쌍의 새 이름을 딴 외혼 반족의 예가 많은데, 이 두 종류의 새들은 신화에서도 서로 연결되어 있는 경향이 있었다. 게다가 오스트레일리아에서는 다른 종류의 이원적 분화도 발견되었는데, 내혼 반족들(endogamous moieties, 한 사회를 이루는 두 반족이 각각 집단내혼을 행할 때를 일컬음—옮긴이)로 나누어진 사회나 교대세대들(alternating generations, 한 세대와 그 차차 세대가 한 집단에 속함. 예를 들면 할아버지 세대와 손자 세대가 한 집단에 속하는 것—옮긴이)로 분화되는 사회까지도 있었다. 이들도 마찬가지로, 짝을 이루는 두 종류의 새나, 때로는 두 종류의 캥거루나 박쥐 또는 나무발발이 등과 같은 동물들의 이름으로 불렸다.

더구나 이런 분화를 볼 수 있는 곳에서는 짝을 이루는 두 종류의 새나 동물들이 보통 어떤 갈등의 적수로 신화에 나타난다. 래드클리프 브라운은 계속해서 다음과 같이 썼다.

그러므로 비교연구를 통해 우리는 수리매와 까마귀에 대한 오스트레일리아의 관념이 널리 퍼져 있는 현상의 한 특수한 경우에 불과하다는 사실을 알 수 있다. 첫 번째로, 이런 이야기들은 동물 종들의 유사점과 차이점을 인간의 사회생활에서 알려져 있는 우정적 사회관계와 적대적 사회관계라는 용어로 해석한다. 두 번째로, 자연계의 종들은 대립쌍으로 분류되는데 그것들이 어떤 면에서 서로 닮은 점이 있어야만 그렇게 간주될 수 있다. 이렇게 볼 때, 수리매와 까마귀는 모두 대표적인 육식 조류라는 점에서 서로 닮았다(……그리고 오스트레일리아 원주민은 자신을 육식동물로 생각한다).

이제 "왜 수리매와 까마귀인가?"라는 질문에 대답할 수 있다. 즉 이들은 우리가 '대립'관계라고 부를 만한 어떤 종류의 관계를 상징하는 것으로서 선택된다.

여기서 '대립'이라고 불리는 것에 대한 오스트레일리아 원주민의 관념은 인간 사고의 보편적인 특징인 대조에 의한 연합이 특수하게 적용된 것이다. 즉 우리가 위로/아래로, 강한/약한, 검은/흰 등과 같이 대조적인 짝들로 생각하는 방식이 응용된 것이다. 그러나 오스트레일리아의 '대립' 개념은 반대되는 짝이라는 관념과 적대적인 짝이라는 관념을 합한 것이다. 수리매와 까마귀에 대한 설화들에서 이 두 새들은 서로 적대적이라는 의미에서 대립된다.[32]

반족에 대한 비교연구는 반족들도 짝을 이루는 동시에 대립하는, 경쟁과 동맹이 혼합된 관계 속에 묶여 있는 것으로 여겨진다는 것을 보여준다. 이것이 종종 의례화된 '농담'에서 표현되는 종류의 관계이다. 그러므로 마찬가지로 반대자들이자 경쟁자들로 표현되는 자연계의 연관된 두 종들이 반족을 상징하는 것은 적절하다.

레비 스트로스는 래드클리프 브라운의 토테미즘 이론에서 가장 나중에 발전한 이 부분을 취했다. 그는 래드클리프 브라운의 후기 토테미즘 이론이 자신의 출발점이었는데 그것이 우연히도 구조주의 언어학의 논의양식에 접근하는 점이 있었다고 시사했다.[33] 실제로 래드클리프 브라운의 대립 개념은 언어학적 수준의 이항대립도 포함하고 있었으나 그것은 어떤 형태의 갈등으로 표현되는 집단 간의 사회적 대립에 보다 각별하게 적용되는 개념이었다. 그럼에도 불구하고 이 이론에서는 기능에 대한 주장과 더불어 래드클리프 브라운 사고의 구조주의적 차원도 분명히 볼 수 있다.

친족체계 연구

래드클리프 브라운은 친족과 혼인체계를, 사회적인 목적을 위해 특정한 생물학적 관계를 인정하는 것에 기초를 둔 한 세트의 상호관련된 사회적 관례들로 보았다. 이 체계들은 친족용어, 친족원 사이의 실제의 관계망, 특정한 친족 역할에 관련된 권리, 의무, 관례들, 그리고 친족과 연관된 신앙과 의례적 관행들, 예를 들어 출산에 관한 믿음이나 조상숭배 등을 포함하고 있었다.

친족체계를 조사할 때 그는 다음 두 측면에 중점을 두었다. 즉 친족원 사이의 관계를 지배하는 관례들, 그리고 친족원을 호칭하거나 지칭할 때 쓰는 용어들이 그것이다. 친족용어에는 그 논리나 방법에서 일정한 우선 순위가 있었다. 이것은 "어떤 사람과 그의 친척 사이의 실제 사회관계가 권리와 의무, 또는 사회적으로 승인된 태도와 행동양식을 통해 정의될 때, 정도의 차이는 있지만 그 친척이 속한 범주가 그 관계를 정한다"는 것 때문이었다.[34] 동시에 그는 친족체계의 어느 한 부분에도 인과적인 측면에서 우선권을 부여하지 않으려 했다. 혼인규칙의 형태가 용어를 결정한다는 리버스의 주장은 결코 받아들일 수 없는 것이었다. 혼인규칙과 용어는 필연적으로 일치했으나, 그중 하나가 먼저 생겼다거나 다른 하나를 결정한다고 주장할 근거는 없었다.

안다만 제도인들과 오스트레일리아 원주민들과 같은 사회는 친족과 거주의 원칙을 통해 조직되었고, 친족체계의 원칙에 따라 거주집단들이 만들어졌다. 그러므로 이런 종류의 사회에서 사회구조를 연구하는 것은 본질적으로 친족체계를 연구하는 것을 의미했다. 친족체계의 중심은 가족이었으나, 가족 범위 바깥의 친족원을 다루는 데는 여러 가지 방식이 가능했다. 크게 보아서 친족원을 가족원과 같은 범주에 넣어 분류할 수도 있었고, 가족원과 구별되는 범주로 분류할 수도 있었다. 전자는 모건이 밝힌 바 있는 '유별적'(classificatory) 친족체계에서 나타나는 것이고 후자는 에스키모인들에게서 또는 현대 유럽에서 볼 수 있는 관행이었다. 래드클리프 브라운은 '유별적' 친족용어 체계의 논리에 중점을 두었다.

모든 분류체계는 세 가지 기본 원칙들이 다양한 방식으로 조합되어 작동했다. 무엇보다도 먼저, 형제자매들은 연대감을 나누었고 외부인들에 의해 하나의 단위로 취급받았다. 이것은 '형제자매 집단의 통합' 원칙을 낳았는데 이는 친척을 분류하는 방식에 영향을 미쳤다. 예를 들어, 일부 남아프리카 부족들은 어머니를 '음마'(mma)라고 부르고 같은 용어를 이모에게도 쓴다. 그리고 외삼촌도 '남자 어머니'를 뜻하는 '말루메'(malume)로 부른다.

두 번째로, 유별적 친족용어를 사용하는 사회들에는 흔히 종족(宗族, lineage)이 있었다. 즉 한 사람의 조상에서 시작하여 한쪽 계통을 따르는(남자만이나 여자만을 따라 내려오는) 후손들로 형성된 연대집단이 있었다. 이러한 종족의 성원들은 형제자매와 마찬가지로 일체감을 가졌고 외부인들은 종족을 하나의 단위로 취급했다. 이것은 '종족집단의 통합 원칙'을 낳았는데 이는 유별적 친족체계에 고유한 특징들을 설명했다. 예를 들어 부계의 폭스(Fox) 인디언들은 세대에 상관없이 어머니의 종족에 속하는 모든 남자를 '어머니의 남형제'로 부르고, 어머니의 종족에 속하는 모든 여자를 '어머니의 여형제'로 부른다. 이것은 '나'는 다른 종족(즉 아버지의 종족)에 속하므로, 어머니의 종족에 속하는 성원들은 모두 어머니를 통해 나와 연결되는, 다른 영속집단(corporate group)의 성원들이라는 점에서는 마찬가지이기 때문이다.

세 번째로, 래드클리프 브라운은 세대원칙을 규정했다. 모든 친족체계에서 바로 앞뒤 세대들의 성원들 사이에는 서로 거리를 두는데, 이는 문화를 전수하고 새로운 사회성원들을 사회화할 필요성에서 나온 것으로 이러한 기능의 수행에는 규율과 통제가 필요하기 때문이다. 그러나 하나 거르는 세대들의 성원들(즉 조부모와 손자/녀)은 '합병되는' 경향이 있다. 이 관계는 편안하고 평등적이다. 많은 사회들에서 손자(녀)가 사회체계에서 조부(모)를 대체한다는 관념이 있다. 이러한 세대적 결합과 대립은 친족원의 분류에 사용되는 용어에도 반영되어 있을 수 있다. 실제로 일부 친족체계들은, 즉 '하와이형' 체계들은 세대원칙에만 의거해 친척을 분류한다.

따라서 이상의 세 가지 원칙들은 저변에 깔려 있는 아주 일반적인 사회적 조건들을 반영하면서 다양한 친족용어 체계들을 만들어낸다. 래드클리프 브라운이 개발한 접근방식은 친족용어를 이미 사라진 친족체계에 속하는 화석으로 보는 고전적인 방법과는 아주 대조적이다. 예를 들어 '아버지'라는 용어가 다수의 남자들에게 적용되는 사회들에서 이는 자신의 아버지가 정말 누구인지 분명치 않았던 옛날의 난혼기를 반영한다는 제안이 있을 수 있다. 래드클리프 브라운은 이런 모든 추정적인 설명들을 거부했다. 친족용어는 현재의 친족체계를 통해 이해될 수 있다는 것이다.

그러나 용어연구가 친족체계를 이해하기 위한 최선의 접근방법이기는 했지만, 친족체계는 본질적으로 사회관계의 체계였고 모든 사회관계를 지배하는 연대와 대립에 의해 그 모양이 만들어졌다. 이런 원칙들에 대한 래드클리프 브라운의 분석 중 가장 흥미로운 것은 '농담관계'에 대한 논의에서 나왔다. 그는 자신의 연구에서 이 문제를 되풀이해서 다루었다.

모잠비크(Mozambique)의 통가족(Thonga)에 대해 쥬노가 쓴 보고서에는 농담관계의 고전적인 예 한 가지가 있다. 이에 자극받아 래드클리프 브라운은 바로 이 문제를 다룬 첫 번째 논문을 썼다. 통가인 남자와 그의 외할아버지는 느긋하고 다정한 관계를 맺는다.

그러나 아이가 그의 코콰나(kokwana, 외할아버지―옮긴이)에게 너무 버릇없이 굴면 노인은 아이에게 이렇게 말할 것이다. "말루메(외삼촌)한테 가서 놀아라." 말루메는 그의 누이쪽 조카에게는 정말로 어떤 다른 친척과도 비할 수 없는 특별한 존재이다. 말루메에게는 어떤 경의도 표할 필요가 없다! "외삼촌 마을의 봄벨라(bombela)에 가서 하고 싶은 대로 하지. 먹고 싶은 음식은 모두 허락 없이도 먹어. 아프면 외삼촌이 각별히 보살펴주고 희생할 거야. ……뭅시아나(mupsyana, 생질—옮긴이)가 한 끼 좋은 식사를 할 수 있다는 낌새를 챈 친구들을 데리고 외삼촌에게 가면, 말루메의 아내들이 남편을 불러. '여보, 이리와 봐요! 이봐, 네 말루메가 오두막 뒤쪽에…… 큰 바구니 뒤에 음식을 숨겨놓았어. 가서 가져가.' 아이가 음식을 훔쳐 달아나서는 친구들과 한 조각도 남기지 않고 다 먹어버려, 말루메가 돌아와서 화를 내지. 그러나 뭅시아나가 이 장난을 했다는 말을 듣고는 어깨를 으쓱해버리고 말지……. 다음에 조카가 다시 왔을 때 말루메가 이렇게 말해. '요전날 너 때문에 우린 굶어 죽었어!' '또 그렇게 놔둔 음식이 더 있어요?'라고 아이가 응수해."

때로는 말루메 자신이 아내들 가운데 하나를 지목하고는 은투쿨루(ntukulu, 남편의 생질—옮긴이)에게 말한다. "이 사람이 네 아내다. 잘 대접 받아!" 이 여자는 이 상황을 아주 재미있어 하며 즐긴다. 그녀는 은투쿨루를 위해 진수성찬을 준비하고 그를 은카타(nkata), 즉 남편이라고 부른다. 때로는 조카가 외삼촌에게 이렇게 말하기까지 한다. "제발 얼른 죽어서 제가 삼촌 아내를 차지하게 해줘요." "너 날 총으로 죽일 참이냐?" 하고 말루메가 대답한다. 그러나 이 모든 대화는 그저 농담일 뿐이다.[35]

이런 특이한 행위, 인류학 저술에서 '농담'이라고 불리게 된 행위, 즉 음식과 성(性)의 사용권에 대한 근본적인 관습들마저 깨뜨리고 그외 다른 상황에서는 절대 허용되지 않을 무례를 범하는 것을 특징으로 하는 이 행위를 어떻게 설명할 것인가? 이런 종류의 행위는 여러 사회에서 개인 간에, 또 래드클리프 브라운이 간파한 것처럼 집단 간에서 찾아볼 수 있다. 쥬노는 그 시대 사람답게 이 통가 관습을 선사 통가사회에 대한 추측을 통해 설명했다. 그는 통가인들이 지금은 부계를 따르지만 예전에는 '모권적'이었음을 시사했다. 외삼촌과 생질 사이의 관계에 존재하는 관습은 두 사람이 같은 영속집단에 속하고 소년이 외삼촌의 지위를 승계했을 옛 시대의 유물이라는 것이다.

래드클리프 브라운은 1924년에 출판된 이 문제에 대한 첫 논문에서는 외삼촌과 생질 사이의 관계에만 관심을 기울였다. 그는 증명되지 않은 쥬노의 역사적 추측을 물리치고, 현재의 상황에서 설명을 찾아야 한다고 주장했다. 통가족은 아버지가 아들을 훈련하고 통제한다. 대조적으로 어머니는 사랑해주고 관대한 인물이다. 어머니를 향한 아들의 감정은 자라면서 어머니의 형제자매들에게로 확장되는데, 여기서 외삼촌은 '남자 어머니'로 여겨지고 그렇게 취급된다. 외할아버지도 비슷하게 응석을 받아주는 관대한 인물로 여겨지며, 실제 어머니의 종족에 속하는 모든 남자들이 비슷한 방식으로 구분되고 취급될 것이다. 심지어는 어머니쪽 조상의 영혼조차 아버지 쪽 조상의 영혼보다 더 친절하고 관대한 것으로 여겨질 것이다.

이런 종류의 설명은 말리노프스키가 종종 사용했으며, '확장주의적' 가설로 알려지게 되었다. 이런 설명은 가족 내의 관계에서 시작하여 보다 먼 친족원과의 관계까지 논하며, 또 아이가 자라면서 자신의 부모를 향해 키운 감정들을 부모의 형제자매에게로 실제로 확장한다는 가정을 하기 때문이다. 이 주장에는 많은 약점이 있다. 지금으로서는 이 주장이 모든 아이가 외삼촌과의 관례적인 관계를 무(無)에서 쌓아 올린다고 가정한다는 점과, 외삼촌이 과한 요구를 하는 생질에게 왜 그렇게 관대한지를 설명하지 못한다는 점을 지적하는 것으로 충분하다(에번스 프리처드는 이 문제에 대한 기발한 해결책을 내놓음으로써 래드클리프 브라운의 주장을 구하려 했다[36]).

후에 래드클리프 브라운은 다른 방침을 택했다. 감정의 확장이라는 측면에서 주장하는 대신, 그는 이 문제를─그리고 보다 넓게는 농담관계라는 질문 전체를─ '동맹'이 취할 수 있는 형태들이라는 맥락에 두었다. 사회적 관계는 어느 한 영속집단의 성원들 간에 이루어지는 것과 다른 영속집단 성원들 간에 이루어지는 것으로 나뉘었다. 후자는 다시 여러 종류의 관계로 나뉘었다. 어떤 것들은 하나의 정치공동체에 속한다는 점에 의거했다. 또 어떤 것들은 계약관계였다. 마지막으로 원래는 사회적으로 분리된 개인이나 집단 간에 일어나는 '동맹' 또는 '제휴' 관계가 있었다. 이런 제휴관계는 또 다시 네 가지 유형으로 분류되었다. (i) 혼인관계에 기초한 유형, (ii) 재화와 용역의 교환에 기초한 유형, (iii) 혈맹의 의형제 관계나 이와 유사한 관습에 기초한 유형, (iv) 농담관계의 형태를 띠는 유형, 이 네 가지이다. 따라서 농담관계는 사회적으로 분리된 집단들의 성원 사이에서 일어날 수 있는 제한된 범위의 가능한 관계들 가운데 하나로 인지되었다. 이 관계는 독립적으로 따로 나타날 수도 있었고 어떤 다른 형태와 제휴해서 나타날 수도 있었다.

　이런 설명은 농담관계를 적절한 맥락에 놓을지는 모르나, 왜 이 관계가 농담으로 표현되었는가를 설명하지는 못한다. 이것을 이해하기 위해서는 친족 역할에서 행위를 규제하는 예법 전체를 검토해야 한다. 친족에 연관된 일반적 행위유형들은 두 쌍의 대립으로 분류될 수 있다. 즉 존중 대 친숙함, 그리고 농담 대 회피가 그것이다. 존중은 부모와의 관계를 대표하며 친숙함은 형제자매와의 관계를 대표한다. 농담과 회피는 자신의 종족에 속하지 않는 특정 친족원이나 인척들과의 관계에서 나타나는 특징이다. 이것들은 친숙함과 존중이 극단적인 형태로 나타난 것이다. 농담은 교차 사촌들 간의 관계에서 흔히 볼 수 있고, 회피는 연이은 세대의 성원들 간의 관계에서, 특히 남녀와 그들의 장인 장모 또는 시부모 사이의 관계에서 전형적으로 나타난다. 그러나 농담과 회피는 비슷한 목적을 가지고 있다. 즉 이 둘은 한 가지 관계 때문에 결합되어 있지만 다른 면에서는 분리되어 있는 사람들——예를 들어 다른 종족에 속하지만 혼인을 통해 동맹을 맺은 사람들—— 사이의 민감한 관계를 보호한다. 래드클리프 브라운이 이렇게 회상했듯이 말이다.

　　한 번은 오스트레일리아 원주민에게 왜 자신의 장모를 피해야만 하는지를 물어보았는데, 그는 "장모가 세상에서 제일 좋은 친구이기 때문이에요. 내게 아내를 주었거든요"라고 대답했다. 사위와 장인 장모 사이에 보이는 상호 존중은 우정의 한 양식이다. 그것은 이해관계가 다른 데서 생길 수 있는 갈등을 예방한다.[37]

그러고 나서 분석은 일반화로 끝을 맺는다. 농담과 회피 모두가 "접속적이면서 이접적(離接的)인 성분들을…… 유지하고 결합하는 명확하고 안정적인 사회적 행위체계를 조직하는 양식들"이라는 것이다.[38]

여기서도 또다시 분석은 기능에 대한 진술로 끝을 맺고 있다. 그러나 이 분석의 지속적인 가치는 '동맹'이 나타나는 구조적 형태들에 대한 그 앞의 진술에서 나온다. 이 단계에서 분석은 그의 토테미즘 분석, 특히 수리매/까마귀 유형의 관계, 즉 여자를 교환하면서 대립을 통해 통합되는 반족들 사이의 관계에 대한 분석과 접합된다(그가 프로이트를 인용하지는 않았지만 농담관계에 대한 이론이 프로이트의 유명한 농담이론과 일치한다는 의견도 있었다).

비교사회학으로서의 사회인류학

래드클리프 브라운은 명성과 그의 아이디어들이 사회인류학에 미친 영향에 비해 출판한 글은 많지 않다. 대부분은 가끔 발표한 논문들이다. 이 논문들의 두드러진 특징은 이들이 정책에 대한 되풀이된 성명서, 즉 비교사회학을 지지하는 그의 선언문이라는 점이다. 이 논문들에서 그는 사회과학에서 사회인류학이 차지하는 위상을 규명하고 그 적절한 방법들과 목표들을 규정했다. 첫 번째 논문은 1923년에 케이프타운에서 사회인류학 교수로 임명된 것을 기념해서 출판되었다. 생전에 출판된 마지막 논문은 1944년에 『네이처』(Nature)에 기고한 메모로서 비슷한 주제를 되풀이하고 있다. 이 주제들은 그가 세상을 뜰 무렵 집필하고 있던 교재의 미완성 원고에서 다시 한 번 강조되었다. 그의 입장에서 작은 변화들을 찾아볼 수는 있다. 그중 특히 두드러지는 것이 1930년경 이후에 '문화'보다는 '사회구조'에 대해 새로이 개념적으로 강조한 것이다. 그러나 그는 인류학자로서의 생애 대부분 동안 놀랄 만큼 일관된 입장을 고수했다.

그의 일차적 관심은 언제나 사회인류학―또는 그가 『연보』 학파의 사회학과 동일시한 비교사회학―을 민족학과 구별하는 데 있었다. 민족학은 1920년대 말까지 영국에서 실질적인 세력이었고, 그보다 훨씬 더 오랫동안 미국 인류학자들의 주요 관심사로 남아 있었다. 래드클리프 브라운의 첫 번째 반론은 민족학자들이 부적절한 증거를 바탕으로 주장한다는 점이었다. 민족학자들이 관심을 둔 사회에는 역사의식 및 기록된 역사가 없었으므로, 민족학자들은 엄밀히 말해서 역사학자는 아니었다. 18세기의 스코틀랜드 학자들과 마찬가지로 민족학자들도 '추측 역사학'이라는 전혀 과학적이지 못한 일에 종사하고 있었다.

그는 그렇다고 자신이 역사연구에 무슨 반감을 가진 것은 아니라고 강조했다. 적절한 역사연구는 사회연구에 보탬이 될 수도 있다는 것이다. 그러나 그는——이것이 그의 두 번째이자 어쩌면 더 중요한 주장일 것이다——비역사적인 관점으로도 항상 사회를 분석할 수 있다고 주장했다. 영국 의회에 대한 연구는 전통적으로는 장기간에 걸친, 어쩌면 1,000년에 걸친 발달과정을 추적하는 것에서 시작할 것이다. 그러나 현시점의 의회 구조와 역할만을 다루는 좋은 의회 연구서를 쓰는 것도 가능할 것이다. 이런 명백히 진부한 진술이 전혀 의미가 없는 것은 아니었다. 유럽과 아메리카에서 상식과 학문은 둘 다 역사적 관점에 젖어 있었다. 통상 제기된 질문은 이것이 어떻게…… 존재하게 되었는가라는 것이었다. 뒤르켐이 제기했던 새로운 질문——이것은 무엇을 의미하며 그에 따르는 부산물은 무엇인가——을 이해하고, 또 역사적 질문을 먼저 다루지 않고서도 그 답을 얻을 수 있음을 인지하는 데는 상상력이 필요했다.

래드클리프 브라운은 항상 유사 역사적 관점을 주된 위협으로 보았지만 다른 측면에서도 사회인류학의 고유성을 지키려 했다. 뒤르켐과 마찬가지로 그도 심리학에 대해 양면적인 태도를 취했다. 사회적 사실들이 개인 심리학을 통해 설명될 수는 없지만 어떤 형태의 심리학은 사회학에 도움이 될 수도 있다는 것이다. 말리노프스키와 마찬가지로 그도 한동안 샨드의 정서이론을 옹호했는데, 말리노프스키는 나중에 자신이 행동주의자라고 천명한 데 반해, 래드클리프 브라운은 자신의 심리학적 가정들을 그냥 빼버리거나 암묵적인 상태로 내버려두었다. 그는 새로운 사회학은 심리학과 조심스러우면서도 우호적인 관계를 유지해야 한다고 주장했다. 이 관계는 단일한 실체를 다른 방법과 이론을 사용하여 연구하는 물리학과 화학의 관계와 비슷해야 한다는 것이다. 말리노프스키와는 달리 래드클리프 브라운은 정신분석이론을 가지고 실험한 적은 없었다.

그는 말년에 말리노프스키와 말리노프스키처럼 '문화과학'의 발전을 재촉하고 있던 미국 인류학자들에게로 투쟁의 범위를 확장했다. 이들은 사회관계를 그들이 관심을 둔 총체적 행위형상의 일부로 취급했지, 결코 주된 부분으로 다루지 않았다. 그들은 또 사회관계는 고유한 체계를 이루고 있기 때문에 다른 종류의 관계로 환원되어서는 안 된다고 보지도 않았다. 이것이 바로 논쟁의 핵심이었다. 특히 1930년대에 발전한 말리노프스키와 래드클리프 브라운 사이의 차이점들은 부분적으로는 '정치'의 문제였겠지만 이론에서도 중대하고 점점 심화된 차이점이 있었다.

은퇴 후에 래드클리프 브라운은 ─ 말리노프스키와 더불어 '기능주의자'로 분류된 데에 자극을 받아서 ─ 그들의 차이점들의 전개과정을 기록했다. 말리노프스키는 1910년에 처음으로 영국에 왔을 때 래드클리프 브라운에게 사회적 기능을 뒤르켐적인 관점에서 본 오스트레일리아 원주민에 대한 자신의 논문을 보여준 적이 있었다. 1914년에 오스트레일리아에서 열린 역사적인 영국과학진흥협회 H분과 회의에서, "인류학과 현지연구의 목표와 방법에 관해 여러 차례 장시간의 토론 끝에, 우리는 상당한 의

견일치를 보았다."[39]

그러나 1920년대 말에 말리노프스키는 비사회적 기능들 전체를 포괄하는 '기능적 인류학' 이론을 전파하기 시작했다. 1930년대에 그는 점점 더 사회적 사실들을 생물학적으로 또는 문화적으로 파생된 욕구들에 관련하여 설명하는 경향이 강해졌다. "그는 점차 인류학이 인간의 사회관계와 상호작용이 아니라 '문화'에 관심을 두는 학문이라고 생각하게 되었다." 대조적으로 래드클리프 브라운은 언제나 뒤르켐과 견해를 같이했다. 즉 그는 "생물학적 기능들이 아니라 사회적 기능들에, 추상적인 생물학적 '개인'이 아니라 특정 사회의 구체적인 '사람들'에 관심을 두고 있었다. 그것은 문화를 통해서는 설명될 수 없다".[40] 그는 실제로 나중에 "말리노프스키의 기능주의에 대한 일관된 반대자로서 나는 반기능주의자라고 불릴 수 있다"고 말했다.[41]

래드클리프 브라운은 민족학이나 심리학 또는 문화인류학이 관습을 분석하기 위한 고유의 타당한 분석틀을 발전시킬 수도 있다고 때때로 마지못해 인정하기도 했지만, 이에 대해 회의적이었다. 그의 주된 관심은 그가 가장 유망하다고 여기는 일의 경계선을 확립하고 그것을 어떤 도전으로부터도 지키는 것이었다.

래드클리프 브라운의 무르익은 연구에서 보이는 두드러진 특징은 한 가지에 골몰한다는 점이다. 그는 사회학을 일종의 자연과학으로서, 따라서 추측적인 재구성에 반대되는 것으로 보는 자신의 시각을 거듭 강조했다. 그는 같은 문제들로 계속 되돌아갔다. 즉 토테미즘과 조상숭배, 친족용어, 외삼촌과 생질의 관계와 농담관계, 그리고 법이 그것이다. 명료함, 확신, 그리고 헌신이 그의 강점이었고, 이 때문에 그에게 충실한 제자들이 있었다.

생산적 분석틀의 제공자

제2차 세계대전 이전에는 영국 사회인류학에 종사한 사람의 수가 너무 적었기 때문에 심각한 왜곡 없이도 양차 세계대전 사이의 영국 사회인류학사를 도식화할 수 있다. 1920년대에는 고전적인 역사적 접근방식에 대한 도전이 있었고, 참여관찰을 통한 집중적인 현지조사를 전문 인류학자가 되는 기초로 받아들이게 되었다. 1930년대는 말리노프스키와 런던 정경대학의 시대였다. 이때는 영국과 미국의 인류학이 공시적 접근의 방향으로 함께 변화할 수 있을 것처럼 보였다. 1930년에 미국의 선도적인 민족학자인 보아스는 다음과 같이 썼다.

어떤 사회의 생물학적·지리학적·문화적 배경 전부를 완전히 안다면, 또 그 사회의 성원들 전체가 이들 조건에 반응하는 방식을 상세히 이해한다면, 그 사회의 행위를 이해하기 위해 그 사회의 기원을 역사적으로 알 필요는 없을 것이다……. 내가 보기에 현대 인류학의 병실은 자신이 살고 있는 문화의 스트레스를 받고 있는 개인에 대한 철저한 연구에 반대되는 것으로서 역사적 재구성을 지나치게 강조하는 데 있다. 물론 역사적 재구성의 중요성이 과소평가되지도 말아야 하지만 말이다.

미국인으로서 래드클리프 브라운을 따랐던 프레드 에건(Fred Eggan)은 "보아스의 학생 일부는 '자신들이 그것을 늘 알고 있었다'고 믿게 되었다"고 말했다.[42] 그러나 미국 인류학자들은 다른 방향, 즉 문화에 대한 심리학적인 해석 쪽으로 나아갔고, 그 결과 게슈탈트 심리학, 학습이론, 정신분석학이 통합된 마거릿 미드(Margaret Mead)와 루스 베네딕트(Ruth Benedict)의 유명한 연구들이 나왔다. 또한 일부는 신진화주의 쪽으로 나아갔다. 미국 전통과 영국 전통의 진정한 분리는 래드클리프 브라운이 1937년에 옥스퍼드로 돌아오고 말리노프스키가 곧이어 미국으로 떠난 후 래드클리프 브라운이 영국 인류학을 지배하면서 일어났다. 1940년대의 영국은 래드클리프 브라운과 옥스퍼드, 그리고 사회학적 구조주의의 시대였다.

나는 말리노프스키가 런던에 계속 머물렀고 래드클리프 브라운이 시카고에 계속 있었더라면 어떤 일이 일어났을까 또는 두 사람 모두 1930년대와 1940년대에 영국에서 작업을 했더라면 어떤 일이 일어났을까라는 상상을 하지 않을 수 없다. 이 질문으로 이 시기에 두 사람이 소수의 영향력 있는 직위 사이를 우연히 오갔던 일이 얼마나 중요했는지를 잘 알 수 있다. 그러나 1930년대에도 영국의 신세대 인류학자들이 현지에서 가져온 풍부한 자료를 해석하는 데 도움이 될 분석틀을 찾아서 사회학 쪽으로 옮겨가고 있었다는 징후가 보인다. 이는 1938년에 나온 아프리카의 문화변동에 대한 심포지엄에 낸 포티스와 샤페라의 글에서, 그리고 말리노프스키의 학생들이 낸 연구저서들의 일부에서 찾아볼 수 있다. 후자의 경우, 퍼스의 『우리는 티코피아인』(*We the Tikopia*, 1936)은 간간이, 샤페라의 『츠와나의 법과 관습에 대한 편람』(*Handbook of Tswana Law and Custom*, 1938)과 호그빈의 『폴리네시아의 법과 질서』(*Law and Order in Polynesia*, 1934)는 좀더 일관성 있게 사회학적 경향을 보여준다. 말리노프스키는 이 호그빈의 저서에 낸 따끔한 서문에서 뒤따를 이단에 대비해 독자들을 재무장시키려고 자신의 근본 교의를 재천명했다.

그러나 이상과 같은 간단한 명단에까지 시드니나 케이프타운에서 래드클리프 브라운에게 배운 적이 있는 여러 학자들이 들어가 있다. 그와 말리노프스키 두 사람 모두에게 각자의 강점들에서 비롯된 약점들이 명백히 있었지만, 그가 말리노프스키보다 좀더 생산적인 분석틀을 제공했다는 점은 의심의 여지가 없다. 그러나 두 사람 모두 20세기 중반에 죽었는데, 래드클리프 브라운의 탄생 100주년은 주목받지 못한 반면, 말리노프스키의 100주년 기념행사는 런던과 크라쿠프, 그리고 예일(Yale)에서 열렸다. 결국 오늘날까지 살아남은 것은 말리노프스키의 공헌임을 알 수 있다.

제3장 1930년대와 1940년대: 기능에서 구조로

내 느낌으로는 말리노프스키의 연구와 래드클리프 브라운의 연구에서 드러나는 차이점의 최소한 일부분은 그들의 개성과 관계가 있다. 래드클리프 브라운은 말리노프스키와는 아주 대조적으로 현대적이건 부족적이건 간에 삶에 대해 더 냉담했으며 가까운 가족적 유대가 없었던 것 같다……. 또 말리노프스키와 비교해 볼 때 여성들보다 남성들과의 관계를 더 편안하게 여겼던 것 같다. 또한 래드클리프 브라운에게는 진정한 의미의 제자들이 있었다. 말리노프스키의 학생들은 그로부터 배우면서도 그와 논쟁도 하고 말대꾸도 했으며 그에 관한 농담도 했다. 그는 충성을 원했지만(그의 편에 있어야 했다) 숭배는 원하지 않았다.

이와 반대로 래드클리프 브라운은 그를 숭배하는 한 무리의 젊은 제자들을 주위에 끌어모았다. 나는 그중 누구도 그를 공격하거나 웃음거리로 삼는 것을 들어본 적이 없다. 오늘날 이제는 중년이 된 이 영국 인류학자들 일부는 하나의 조상숭배집단에 속하는 것처럼 보인다.[1]

• 호텐스 파우더메이커

1930년대: 말리노프스키 시대

기능주의시대의 거의 모든 일세대 인류학도는 말리노프스키의 세미나를 거쳤다. 다른 대학에 적을 둔 학생들까지도 그의 세미나에 반드시 참석했다. 1924년 이후 10년 동안은 이 세미나가 유일하게 중요한 학교였다. 그의 세미나는 관심 있는 모든 학생들을 지위를 막론하고 받아들였고, 다양한 교수들, 다른 학과와 외국에서 온 방문자들(잠시 동안은 C. K. 오그던Ogden과 탤컷 파슨스Talcott Parsons도 있었다), 식민지에서 휴가차 귀국한 정부관리들과 선교사들도 있었다. 또 어리둥절해하는 아마추어들까지 정기적으로 참석했는데 이들 중 일부는 인류학자로 포섭되어 먼 이국 땅에 현지조사를 하라고 파견되었는지도 모른다.

이 세미나에 정식 강의는 없었다. 참가자들은 정식 강의보다는 토론, 특히 말리노프스키의 중재에 자극받기를 기대하고 왔다. 현지로 나갔던 첫 학생들이 돌아옴에 따라 이용할 수 있는 자료가 늘어났고, 이론적 개념들이 확장되고 의문시되고 옹호되었으며 때로는, 말리노프스키 자신은 좀처럼 그러지 않았지만, 포기되는 개념들도 있었다. 당시의 모든 주요 연구저서에는 이 토론의 흔적이 보인다. 어쩌면 말리노프스키의 아이디어들만큼 그의 개성도─열성적이고 불손하며 극도로 자신감이 넘치는─영향을 미쳤을 것이다.

학문적으로 관습에 얽매이지 않았던 런던 정경대학의 한 폴란드인이 확립한 이 새로운 인류학은 비범한 학생들을 끌어들였다.

이곳은 외국인들이 지배적이었는데 이미 상당히 성숙한 학자로서 영입된 다른 분야의 전문가인 경우가 많았다. 출신 배경은 다양했지만 그들은 꽉 짜여진 하나의 작은 전문가 집단을 형성했다. 1939년까지도 영연방에서 현대적 의미의 전문적인 사회인류학자는 약 20명에 불과했는데 그 대부분은 말리노프스키와 얼마간이라도 함께 했던 사람들이었다. 인류학계의 이런 특징은 중요한 의미가 있는데, 집단의 크기가 작아서 아이디어의 교환이 빨리 일어나고 새로운 관점들로 함께 전환하기가 쉬웠기 때문이다.

미국인인 호텐스 파우더메이커(Hortense Powdermaker)는 노동조합 조직자였는데 1925년에 런던 정경대학에 왔다. 그녀는 다음과 같이 썼다.

런던 정경대학에서 내가 보낸 첫 해 동안 인류학 전공 대학원생은 세 명뿐이었다. 처음 두 사람은 에번스 프리처드와 레이먼드 퍼스였다. 아이작 샤페라는 다음 해에 왔으며 곧 오드리 리처즈, 이디스 클라크(Edith Clarke), 고(故) 잭 드라이버그(Jack Driberg), 카밀라 웨지우드(Camilla Wedgwood), 고든 브라운과 엘리자베스 브라운(Gordon and Elizabeth Brown)이 합세했다. 우리들 사이에, 그리고 우리들과 말리노프스키 사이에 강한 개인적인 유대가 생겨났다. 이것은 일종의 가족 같은 관계로서 거기에는 가족관계에서 흔히 관찰되는 양가감정이 존재하고 있었다. 또 그 관계에서는 유럽적 전통의 분위기가 났다. 즉 조화롭기도 하고 대립하기도 하는 사부와 제자의 관

계였던 것이다.[2]

에번스 프리처드는 이 세 명의 대학원생 중 유일한 영국 출신이었다. 퍼스는 뉴질랜드인이었다. 샤페라는 남아프리카 출신 학생으로는 첫 번째였는데, 그를 포함하여 이후 속속 충원된 남아프리카 출신 학생들 중에는 유대인이 많았다. 케이프타운에서 래드클리프 브라운의 학생이었던 그가 석사학위를 마쳤을 때 래드클리프 브라운은 그에게 런던의 말리노프스키나 미국의 로위(Lowie) 밑에서 공부를 계속하라고 충고했다. 래드클리프 브라운은 자신을 제외하면 이 두 사람이 그 당시 세상에서 사회인류학자들을 훈련시킬 충분한 자격을 갖춘 유일한 사람들이라고 생각했다.

말리노프스키의 초기 학생들 중에서 여성이 높은 비율을 차지했던 것도 주목할 만하다. 외국인들과 마찬가지로 그들도 이 신생 분야에 끌려들어온 주변적인 집단이었다. 이들 가운데 다수가 전문적인 인류학자가 되었으며 케인브리지 출신의 자연과학자인 오드리 리처즈는 곧 주도적인 인물로 성장했다.

연구비를 지급받은 첫 번째 집단은 새로이 설립된 국제아프리카연구소(International African Institute)의 록펠러 연구원 창단 멤버들이었다. 이들은 1930년대 초에 말리노프스키의 세미나에 참여한 포티스, 나델(Nadel), 그리고 호프스트라(Hofstra)였는데, 말리노프스키는 이들을 뭉뚱그려 '관리들'이라고 불렀다. 포티스—또 한 명의 남아프리카 유대인—는 이미 심리학 박사학위를 가지고 있었으며 동런던 아동지도상담소에서 몇 년간 일한 경험이 있었다. 네덜란드인인 호프스트라는 본국에 돌아가서 학문활동을 할 예정이었다. 나델은 가장 낭만적인 배경을 가지고 있었다. 서른 살에 그는 이미 빈 대학 심리학과 철학 박사학위를 가지고 있었을 뿐만 아니라 숙달된 음악가이기도 했다. 그는 음악유형론(musical typology)에 대한 책을 포함하는 음악철학 연구들 및 부조니(Busoni) 전기를 출판했고 빈 라디오 방송국을 위해 이국적 음악 프로그램들을 연출했으며 자신의 오페라단과 함께 체코슬로바키아를 순회하기도 했었다.[3)]

말리노프스키 시대의 첫 10년 동안 세미나에 참석했던 학생들과 말리노프스키 치세의 마지막 몇 년 동안의 런던 정경대학 학생들 사이에는 눈에 띨 만한 세대 차가 있다. 첫 번째 그룹의 학생들은 모두 인류학으로 전향한 타 분야의 전문가들(샤페라만 빼놓고)이었다. 두 번째 그룹은 대체로 더 젊었을 때 인류학을 시작했고 학부 수준에서 인류학 훈련을 받은 사람들이 많았다. 일부는 샤페라와 위니프레드 횐레(Winifred Hoernlé)가 새로운 복음을 설파 중이던 남아프리카 출신이었다. 1930년에 샤페라는 남아프리카에 돌아온 후 요하네스버그의 비트바테르스란트 대학(University of the Witwatersrand)에서 1년 동안 횐레 부인을 대신해서 가르쳤다. 그의 첫 수업을 수강한 학생 중에는 막스 글럭먼(Max Gluckman), 엘렌 헬먼(Ellen Hellman), 힐다 비머 쿠퍼가 있었다. 아일린 젠슨 크리헤(Eileen Jensen Krige)는 현지조사 준비 중이었다. 이들 모두 말리노프스키 밑에서 계속 공부했으며 전문 인류학자가 되었다. 래드클리프 브라운이 시드니에 인류학과를 설립한 후 오스트레일리아로부터도 유사한 이주가 있었다.

기능에서 구조로, 오세아니아에서 아프리카로

말리노프스키의 지배는 대략 1924년부터 1938년까지 지속되다가 래드클리프 브라운이 이끄는 사회학적 움직임에 자리를 내주었다. 이러한 변화는 당시의 연구논문들에서 분명히 드러난다. 1930년대는 '기능주의' 연구의 시대였고, 전환기를 지나 1940년 이후에는 신(新) 래드클리프 브라운식 연구의 물결이 일었다. 새로운 이론적 합의가 출현하여 그것이 연구저서로 출판되기까지는 시간적인 간극이 있게 마련이다. 이는 민족지학자가 현지조사를 시작하여 그 결과를 책으로 출판하기까지 걸리는 시간을 고려할 때 불가피한 것이다. 따라서 내가 구분한 단계들은 부분적으로 겹치지만, 그래도 어느 정도는 정확하게 식별 가능하다

이 시기에 일어난 두 번째 변화는 태평양에서 아프리카로 연구지역이 옮겨간 것으로서 전적으로 인류학계 내에서 주도한 결과는 아니었다. 인류학자들은 이제 지리적으로 경계 짓기 어려울 때가 많고 또 복잡한 정치제도를 가지고 있는 대규모 사회들을 연구하기 시작했다. 이러한 새로운 관심은 특히 1940년 『아프리카의 정치체계』(*African Political Systems*)가 출판된 후의 이론적 발전에 뚜렷한 영향을 미쳤다.

그러나 이 모든 것의 저변에는 참여관찰을 통한 현지조사에 대한 말리노프스키적 강조가 계속 남아 있었다. 이것은 영국 사회인류학의 징표가 되었다. 규칙은 분명했다. 즉 최소한 1년, 더 좋기로는 2년을 현지에서 보내면서 가능한 한 빨리 현지어로 작업을 하고, 다른 유럽인들과는 떨어진 채로 어느 정도는 자신이 연구하고 있는 지역사회의 구성원으로서 살아야 했다. 그리고 무엇보다도 먼저 인류학자는 심리적 전이를 이루어야만 했다. 즉 '그들'이 '우리'가 되어야 했다. 물론 모든 인류학자가 이 규칙들 전부를 지킨 것은 아니었다. 사실 말리노프스키 자신부터도 그렇게 하지 않았다는 것은 이제 분명하다. 그러나 호텐스 파우더메이커가 최근에 말했듯이, 말리노프스키가 자기 학생들을 위해 내린 지침들에는 그가 품었던 이상(理想)이 표현되어 있었다.

그의 제자들은, 일반적으로 추종자들과 신참 개종자들이 그러한 것처럼, 우리에게 신화의 강령을 전수한 주술사(말리노프스키—옮긴이)보다도 그 강령을 더 충실하게 따랐는지도 모른다. 적어도 나는 항상 고마움을 느낀다. 우리 모두는 아마도 그 신화 덕택에 신화가 없었을 경우보다 더 성공했을 것이다.[4]

1930년대 기능주의 연구 : 이론의 결여

보통 '기능주의적'이라고 불리는 1930년대의 연구서들을 말리노프스키적이라고 칭하는 것이 더 정확할지도 모른다. 이 연구서들은 그 저자들이 어떤 점에 대해서는 말리노프스키와 의견을 달리했을 때조차 그의 관심사를 반영하고 있었다. 이 저서들은 가족생활, 경제활동, 주술 등을 주로 다루었고 친족체계, 정치, 종교에는 별 관심을 기울이지 않았다. 말리노프스키는 서술방식에서도 본보기가 되었다. 저자들은 전형적인 전기(傳記)──구식의 잡동사니 '생활사' 서술에서 발전한 것──를 포함시키곤 했는데 그 덕분에 자신들의 서술자료를 일관성이 있으면서도 비구조적인 방식으로 통합할 수 있었다. 이런 방식은 일반적으로 개인의 비행을 강조했고, 독자들에게 개별 인물들을 소개했으며 그 문화에 생명을 불어넣는 생생한 묘사들을 제공했다. 이 저서들은 특정 제도로부터 시작하여 문화의 전 범위에 걸쳐서 옮겨감으로써, 보다 큰 분석적 일관성에는 도달하지 못했지만 주제를 통합하는 데는 성공했다.

이 장르에서 가장 잘 알려진 연구저서로는 퍼스의 『우리는 티코피아인』(*We the Tikopia*, 1936), 리처즈의 『북로디지아의 토지, 노동 그리고 식이』(*Land, Labour and Diet in Northern Rhodesia*, 1939), 그리고 샤페라의 『한 아프리카 부족의 혼인생활』(*Married Life in an African Tribe*, 1940)이 있다. 1932년에 출판된 포춘(Fortune)의 『도부의 요술사들』(*Sorcerers of Dobu*)은 말리노프스키가 이전에 연구했던 민족지 지역을 다루고 있다. 포춘이 통상적인 의미에서 말리노프스키의 제자라 할 수는 없지만 이 책은 말리노프스키의 제자들이 저술하던 것이 어떤 종류인지를 보여주는 좋은 예이다. 이런 종류의 연구들은 1940년대에 들어서도 특히 인류학적 세계의 전진기지들에서 계속 나타났으며 1930년대에 영국에서 이루어졌던 연구의 전형이었다.

『우리는 티코피아인』과『한 아프리카 부족의 혼인생활』은 주로 가족에 관심을 두고 있었다. 저자들은『미개인의 성생활』(*Sexual Life of Savages*)에서 말리노프스키가 그랬던 것처럼 가족을 주로 생식과 사회화라는 가족의 '기능'이라는 측면에서 진술했고, 그로부터 출발해 이 과정이 사회 상황의 다른 측면들에 가지는 함의까지 연구했다. 이 책들은 길고 산만했으며, 이 방식은 곧 구식이며 무절제한 것으로 보이게 된다.『우리는 티코피아인』은 거의 600쪽에 달하는데 어떤 실질적인 이론적 틀도 없기 때문에 왜 퍼스가 이 정도만 쓰고 그만두었는지가 궁금할 정도이다. 저자들은 추상화를 하지 않았다. 사회조직의 원리들은 이해할 수 있는 체계들을 형성하고 있다기보다는 구체적인 실제 활동들에 내재하는 것으로 제시되었다. 퍼스와 샤페라가 쓴 이 초기 저서들에는 친족체계라는 개념이 없었으며, 리처즈의『북로디지아의 토지, 노동 그리고 식이』에는 경제체계라는 개념이 없었다.

이러한 약점들은 인정되었다. 퍼스는 1930년대 후기에 대해 다음과 같이 썼다. "소박한 형태의 기능주의 인류학 이론이 제기하는 기본 문제 ── 만일 모든 것이 다른 모든 것에 관련되어 있다면 어디서 서술을 멈추는가 ── 는 당시의 저자들이 자주 당면한 문제였다."[5] 사실 이것은 분석적인 적절성을 경험적 연관성과 어떻게 구분하는가의 문제였다. 특정 문제의 해결이나 어떤 사건의 이해에 어떤 것이 적절하고 어떤 것이 주변적인지를 구체적으로 말해줄 이론이 결여되어 있었던 것이다. 예를 들면, 퍼스는 『우리는 티코피아인』에서(외설에 관한 매우 귀중한 부분에 더하여) 대화, 유머, 이야기에서 나타나는 성적(性的) 주제를 일곱 쪽에 걸쳐 흥미진진하게 다루었다. 그가 쓴 티코피아의 설화 가운데 남편의 성기를 집 밖으로 유인하여 바다에 던져버린 한 여인에 대한 이야기가 있다. 그녀는 성적 만족을 원할 때마다 그것을 건져 올렸는데, 한 번은 그녀의 아들이 따라와서는 성기를 해삼으로 오해해 화살로 쏘아서 죽여버렸다. 이런 티코피아판 오이디푸스 이야기가 별별 종류의 이론적 문제들에 관련될 수도 있겠지만 퍼스가 이 이야기를 포함한 유일한 이유는 그것이 부부와 성을 다루어서 주제와 연관되기 때문이었다(그리고 아마도 재미있었기 때문일 것이다). 이 이야기는 어떤 중요한 논점에 관련되어 있다기보다는 사소하고 상관없는 별개의 문제 — 다른 논문에서 따로 다루어졌더라면 나았을 문제 — 를 제기했을 뿐이다.

민족지 서술이 이렇게 서로 연결되지 않는 작은 문제들을 던져놓아서 저서에 엉터리 이론적 내용을 부여했듯이, 제시된 자료는 하나의 지배적인 이론적 관심을 결여한 채 도덕을 설교하는 수준에서 끝나버리곤 했다. 그래서 샤페라는 선교사들이 츠와나(Tswana)의 전통 윤리를 얼마나 엉망으로 만들고 있는지를 보여주는 데 서술의 강조점을 두었고, 리처즈는 벰바인들이 식민주의자들이 생각했듯이 게으른 것이 아니라 영양부족 상태에 있다고 주장했다.

추상화와 선택의 기준을 찾는 현지조사자는 유용한 이론적 지향이 없다는 것을 의식하고 있었다. 이것이 1930년대 후반 인류학의 주요 쟁점이었다. 1937년에 래드클리프 브라운이 시카고에서 자신의 견해를 길게 늘어놓았으나, 이 시기의 실험적인 연구들이 전적으로 사회학적 관심만을 가진 것은 아니었다. 추상화의 틀을 강조한다는 점에서 현저히 구조적인 논조를 보였음에도 불구하고 말이다. 1936년에 베이트슨(Bateson)은 『네이븐』(Naven)을 펴냈다. 1937년에는 에번스 프리처드의 첫 번째 저서인 『아잔데족의 마술, 신탁 그리고 주술』(Witchcraft, Oracles and Magic among the Azande)이 나왔다. 시카고의 래드클리프 브라운의 학생들은 논문집인 『북아메리카 부족들에 대한 사회인류학』(Social Anthropology of North American Tribes)을 펴냈고, 가장 뛰어난 제자 가운데 하나로 사회학자가 된 로이드 워너(Lloyd Warner)는 오스트레일리아의 무른긴족(Murngin)에 대한 사회학적 연구인 『검은 문명』(A Black Civilization)을 펴냈다.

추상화 실험 : 베이트슨의 『네이븐』

베이트슨은 케임브리지 대학의 자연과학자였다. 그에 따르면 "해든 박사가 처음에 나를 인류학자로 만들었는데 그는 케임브리지와 킹즈 린(King's Lynn) 구간의 열차 안에서 나를 훈련시켜서 뉴기니로 보내겠다고 말했다"[6]고 한다. 그러나 해든(그리고 옥스퍼드의 매럿)은 자신의 학생들을 말리노프스키에게 보내서 현지조사 훈련을 받도록 하곤 했다. 베이트슨은 말리노프스키의 기능 개념이 용납하기 어려울 만큼 애매모호하다고 생각했지만, 그의 적응으로서의 문화이론(adaptive theory of culture)에서는 가능성을 보았다. 그는 "이 접근방법은 건전한 것 같고 그것을 면밀히 연구한다면 '계산적인 인간'에 근거한 경제학 체계와 결합된 일관성 있는 인류학 체계를 이룰 수 있을지도 모른다"[7]고 말했다. 퍼스는 후일 바로 이 방향으로 이론을 발전시켰다. 베이트슨은 또한 래드클리프 브라운의 영향도 받았는데, 이 대가도 문화와 구조적 형태의 관계가 무엇인가라는 질문에 대해서『네이븐』의 분석을 일반적으로 참조할 정도로 베이트슨의 견해를 받아들였다. 마지막으로 베이트슨은 자신과 결혼한 마거릿 미드의 영향을 받았는데, 그녀로부터 미국에서 새로 나온 문화와 인성이론을 배웠다.

선택과 추상화라는 문제로 서두를 연『네이븐』의 제1장은 다음과 같이 시작한다

한 문화의 모든 측면 하나하나를 그 문화에서 나타나는 모습 그대로 강조하면서 그 문화 전체를 적절하게 보여줄 수 있다면, 단 하나의 세부사항도 독자에게 기괴하거나 이상하거나 임의적인 것으로 비치지 않을 것이다. 오히려 평생 동안 그 문화 속에서 살아온 원주민들에게 그러하듯이 세부사항 모두가 자연스럽고 합리적인 것으로 보일 것이다.[8]

그러나 이것은 실용적인 해결책이 아니었다. 말리노프스키와 다우티(Charles Montagu Doughty, 영국의 시인이자 여행가로, 아라비아에 대한 지리학적·인류학적(인종적) 정보가 풍부한 여행기로 유명하다—옮긴이)는 각자 다른 방식으로 추상화에 접근했겠지만 어떤 식으로든 추상화는 불가피했다. 그러나 선택과 추상화의 과정 때문에 해석이 빈약해져서도 안 되었다. 인류학자는 구조적인 요인뿐만 아니라 베이트슨이 에토스(ethos)라고 칭한 삶의 정조(情調)도 적절한 비율로 전달해야 했다. 『네이븐』은 분석방법들을 실험해본 것이었다. 즉 "이는 종합하려는 시도, 즉 자료들을 함께 짜맞추는 방식들에 대한 연구이며, 나는 자료 짜맞추기를 '설명'으로 본다."[9]

베이트슨은 래드클리프 브라운이 의미하는 구조, 즉 사람들 사이의 관계의 유형과, 자신이 문화적 구조라고 부른 것, 즉 한 문화의 전제들 사이의 관계를 구별했다. 문화적 구조는 하나의 일관성 있는 논리적 구도를 형성한다. 또한 제3의 체계도 있었는데 그것은 개인들의 정서적인 욕구와 문화적 행위의 세부사항들 사이에, 그리고 이것들과 전체로서의 문화가 강조하는 정서들 사이에 존재하는 관계의 체계이다. 그는 이 세 가지의 틀 모두가 자료를 조직하는 데 사용될 수 있고 또 그렇게 되어야 한다고 했다. 말리노프스키와 래드클리프 브라운은 다양한 분석적 개념들이 관찰된 자료에 어떻게든지 내재한다고 믿는 경향이 있었지만, 베이트슨은 논의를 발전시켜가는 과정에서, 사실은 그렇지 않음을 깨닫게 되었다. 분석적 개념들은 "그저 과학자나 원주민이 채택한 관점들에게 붙이는 호칭"이었다. 후일 그는 이렇게 썼다.

이 책의 마지막 정점은 맺음말에 서술한——이 책이 인쇄되기 며칠 전에야 이루어진——발견이다. 즉 오늘날에는 진부한 문구처럼 여겨지는 사실, 즉 에토스, 에이도스(eidos), 사회학, 경제학, 문화구조, 사회구조, 그리고 그밖의 이런 모든 단어들은 그저 과학자들이 조각그림들을 끼워 맞추는 방식들을 지칭할 뿐이라는 것을 발견한 것이다.[10]

베이트슨은 네이븐이라는 뉴기니의 한 기괴한 의식이 제기한 문제에 관해 실험해보았다. 네이븐은 남자가 기특한 일을 한 누이의 아이를 위해 때때로 올리는 의식이다. 이 의식에는 복장도착과 정상행위에 극적으로 반하는 여타 행위들이 등장한다. 예를 들어, 의례의 주인공의 외삼촌은 기괴한 여자 옷차림새를 하고 자기 엉덩이를 생질에게 내밀고는 자기 아내와의 멋진 성교 흉내를 내는데 그는 여기서 여자 역할을 했다. 이것은 고전적인 종류의 인류학적 문제였다. 즉 언뜻 터무니없어 보이는 의례를 어떻게 이해할 것인가라는 질문을 불러일으켰다. 베이트슨의 '설명'은 사회관계들, 문화적 가정들, 정서적 내용이라는 세 가지 차원에서 자료를 추상화하는 것이었다. 그는 이 세 가지 세트의 자료가 각각 이해될 수 있음을 보여주었다. 즉 사회관계 자료는 사회학적으로, 문화적 가정 자료는 논리적으로, 정서적 내용 자료는 심리학적으로 이해될 수 있다는 것이다. 이에 따라 의례의 각 요소는 분해되어서 이들 각각의 시각으로 분석되었다.

이런 분석은 시사하는 바가 컸으며 '분열생성'(schismogenesis)과 같이 많은 독창적인 개념들을 포함하고 있었다. 분열생성은 기본적으로 대립이 일단 시작되면 끊임없이 변증법적으로 강화된다는 규칙이다. 베이트슨은 후에 이 개념을 정신분열증에 대한 자신의 '이중구속'(double-bind) 이론에서 발전시켰는데 이는 R. D. 라잉(Laing)에 의해 채택되었다. 이 개념은 인류학 내에서는 에번스 프리처드의 누에르인의 반목(feuding)에 대한 분석과 글럭먼의 갈등분석에서 약간 다른 형태로 재등장했다.

그럼에도 불구하고 베이트슨의 책은 인류학자들 사이에서 별로 '뜨지' 못했다. 이는 부분적으로는 아마도 그가 뉴기니에서 미국으로 건너가 마거릿 미드와 결혼하는 바람에 영국 사회인류학자들로부터 떨어져 있었기 때문일 것이다. 그러나 설득력을 갖지 못한 보다 근본적인 이유는 그의 경험적 기초가 의심스러웠기 때문이었다. 그는 『네이븐』의 민족지적 취약성을 솔직히 인정했다.

인류학적 사실의 축적에 내가 기여한 바는 별로 없으며 또 내가 여러 장에서 사용한 이아트물(Iatmul) 문화에 대한 정보는 나의 방법들을 예증하는 것 이상의 의미는 없음이 분명하다. 예증의 목적에서조차도 내가 제공한 사실들은 빈약하며, 이것들이 어느 한 이론이라도 입증했다고 주장할 수는 분명히 없다.[11]

영국의 경험주의자들에게 이것은 너무 심한 것이었다.

추상화 실험 : 『아잔데족의 마술, 신탁 그리고 주술』

『네이븐』과 마찬가지로 에번스 프리처드의 『아잔데족의 마술, 신탁 그리고 주술』도 기괴한 것을 이해하려는 시도였다. 그러나 좀더 체계적이고 분석적인 말리노프스키처럼 베이트슨은 그가 연구한 제도의 모든 측면들을 어떻게 해서든 끄집어내어 다루었던 반면, 에번스 프리처드는 문화의 전제들, 즉 베이트슨이 '에이도스'라고 부른 것에만 관심이 있었다. 그에게는 합리성의 문제가 화두였다. 즉 "잔데인은 우리와 너무 달리 사고해서(잔데라고도 하고 아잔데라고도 한다. 에번스 프리처드는 '아잔데'를 집합명사로서 종종 정관사 the와 함께 썼다. '잔데'는 a Zande 또는 every Zande처럼 개별적인 잔데인을 칭할 때나, 잔델랜드 Zandeland, 잔데인의 주술Zande magic처럼 형용사적으로 쓸 때 사용했다. 그러나 일반적으로는 에번스 프리처드식으로 구분하지 않는다—옮긴이), 우리는 그들의 말과 행동을 이해하지도 못한 채 단지 서술만 할 수 있는 것인가? 아니면 우리에게 익숙하지 않은 방식으로 표현되지만 본질적으로는 우리처럼 사고하는가?"[12]

이러 종류의 질문은 한 세대 동안 인류학자들에게 필수 불가결한 것이었다. 말리노프스키는 주술행위에 대한 이론을 발전시키면서 좀더 일상적인 기술적(技術的) 절차들과 거의 같은 방식으로 신비적 행동들도 이해할 수 있다고 단언했다. 즉 신비적 행동은 미래를 만들려는 시도이자, 극도로 정성들여 가꾼 밭을 망칠지도 모르는 예측불가능한 사고들에 대처하려는 시도이며, 또 어떤 일에서 반드시 성공하기 위해 통상적으로 할 수 있는 모든 것을 다했지만 아직도 성공은 불확실하다는 것을 아주 잘 아는 사람의 불안을 가라앉혀 주려는 시도라는 것이다. 그러나 마술 (witchcraft)에 대한 신앙은, 마술을 부렸다는 고발이 사회관계를 변화시키기 때문에 특수한 문제를 제기했다.

이전에는 단지 포춘만이 전문적인 현지연구에 기초해 마법사 (witch)와 요술(sorcery) 신앙에 대한 저서를 냈다. 그것이 바로 1932년에 나온 『도부의 요술사들』이다. 도부에서는 아잔데인들 사이에서와 마찬가지로 "죽음은 마술, 요술, 독약, 자살 혹은 실제의 폭행 때문에 일어난다. 사고라는 개념은 없다".[13] 도부인들은 불가사의한 공격은 질투 때문에 야기된다고 믿는다.

소유에 대한 질투는 이 문화의 기조이다. 사회조직에서 이러한 질투심은 친족집단과 인척집단 사이의 갈등에서 찾아볼 수 있다. 원예농사에서 이 질투심은 농부들 간에 나타난다. 모든 질환과 질병, 그리고 죽음은 질투 탓으로 돌려져서 맞대응을 촉발한다.[14]

그 이후 사회관계의 긴장과 관련된 질투심이라는 유사한 동기는 많은 사회에서 마술이나 요술을 걸었다는 비난에 나타나는 특징임이 밝혀졌다. 그러나 에번스 프리처드는 이 문제의 또 다른 측면, 즉 보다 특수하면서도 동시에 보다 일반적인 측면에 관심을 집중했다. 그것은 합리적인 사람들이 어떻게 이런 것들을 믿을 수 있는가라는 문제였다.

『아잔데족의 마술, 신탁 그리고 주술』은 수단의 잔데인들의 마술, 주술의(witchdoctors), 신탁, 주술에 관련되는 네 가지의 신비적인 신앙·행동 복합체를 분석했다. 이 신앙들은 서로 관련되어 있어서 하나의 단일한, 이해 가능한, 자립적인 체계를 이룬다. 에번스 프리처드는 이 신앙들을 경험적인 양식의 신앙·행동양식과는 구별되는 신비적인 것으로 보았는데 이것들이 특정한 초자연적 현상들의 존재에 대한 객관적으로 잘못된 가정들에 의존했기 때문이다.

잔데인들은 마법사들이 마술을 유전적으로 물려받으며, 이 마술은 마법사들의 몸에서 찾을 수 있는 실제 물질로서, 필요하다면 사후 부검을 통해 확인된다고 믿는다. 그럼에도 불구하고 누가 마법사인시에 대해서는 아무도 확신할 수 없다. 마술은 잠복하고 있을 수도 있다. 심지어는 자신이 마법사임을 모르고 있을 수도 있다. 이렇게 마술의 물질적 실체를 소유하는 데 더해, 마법사는 불길하고 초인간적이기까지 한 모종의 마귀들 및 관행들과도 관련되어 있다. 마법을 부려 악한 짓을 하는 힘은 멀리서는 효력을 발휘하지 않기 때문에 이웃에서만 마법사들을 찾는다. 마찬가지로 마법사들은 정치적으로 우월하지도 열등하지도 않은 자들로 여겨진다.

에번스 프리처드는 이렇게 해악을 저지르는 신비적인 행위 주체가 있다는 믿음은 불운을 설명해주는 동시에 그 불운과 싸우는 수단을 제공한다는 점에서 중요하다고 주장했다. 잔데인들은 어떤 불운도 마술에 관련될 수 있고 심각한 불운은 대개가 그렇다고 믿는다. 이것은 잔데인들이 물리적 근인(近因)을 간과한다는 말은 아니다. 상처는 발을 베어서 나지만 마술에 걸렸을 때만 깨끗이 씻더라도 곪게 된다. 에번스 프리처드는 후에 이렇게 썼다.

흰개미들이 곡물창고의 기둥을 갉아먹어서 창고가 무너지는 바람에 그 밑 그늘에 앉아 있던 남자가 죽었는데도 이를 마술행위 탓이라고 믿는 것이 처음에는 터무니없어 보인다. 그러나 우리와 마찬가지로 아잔데인들도 창고의 붕괴가 죽음의 직접적인 사인이 아니라고 생각하지는 않는다. 다만 이 남자가 마법에 걸리지 않고서는 창고가 하필 그가 그 밑에 앉아 있는 바로 그 순간에 무너지지는 않았으리라는 것이다. 왜 다른 때나, 아니면 다른 사람이 앉아 있을 때 창고가 무너지지 않았는가? 창고의 붕괴를 설명하기는 쉽다. 그것은 흰개미들과 창고 속 잡곡의 무게 때문이었다. 죽은 그 사람은 한낮의 열기를 피해 그늘을 찾아 그 밑에 앉아 있었다. 그러나 왜 이 두 사건의 사슬이 바로 그 순간 그 자리에서 만났을까? 우리는 우연의 일치를 우연이었다고 한다. 아잔데인들은 그것을 마술의 결과로 설명한다. 마술과 창고가 함께 작용하여 그 사람을 죽인 것이다.[15]

사람들은 우연과는 싸울 수 없지만 마법사들에 대해서는 모종의 대응책으로 상처를 입힐 수 있다. 이렇게 마술은 불운을 설명할 뿐만 아니라 교정의 가능성도 제공한다. 그것은 "첫 번째로는 불운의 함수이고 두 번째로는 개인관계의 함수이다".[16] "마술은 중재가 가능하고 사람들의 사회적 행위를 결정하는 유일한 원인이라는 점에서 사회적으로 적절한 원인이다."[17] 도부인들에게서 볼 수 있었던 것처럼 이곳 사람들도 자신에게 생긴 불운의 원인을 자신의 적들에게서 찾는다. 마법사는 정당하다고 인정할 수 없는 원한을 갚기 위해 불법적인 수단을 사용한다. "모든 불운은 마술 탓으로 돌려지며, 모든 불화는 그것을 초래한 장본인이 있음을 암시한다."[18]

불운을 겪은 사람은 주술의(呪術醫)에게 조언을 구할 수 있는데, 이 주술의는 종종 은연중에 피해자를 유도해서 마법사가 누구인지를 알아맞힌다. 주술의들은 특정한 약(여러 방식으로 주술적 의례에 사용되는 나무나 풀로 만들어진 물질—옮긴이)에 대해 특별히 잘 아는 보통사람인데 전적으로 신뢰할 수 있는 사람으로 여겨지지는 않는다. 잔데인들은 신탁에 대해서 더욱 특별한 지지를 보내는데 이러한 신탁은 정치 권력자들이 통제하는 경우가 많다. 그중 가장 중요한 것은 '독신탁'(毒神託)이다. 어떤 특별한 독(보통 콩고에서 얻을 수 있는)을 닭에게 투여한다. 그러고는 질문 하나를 내놓고 닭의 생사 여부를 보고 그 답을 결정한다. 왕자들이 가장 강력한 독신탁을 소유하고 있으며, 마법사들이나 간음자들, 즉 유사 마법사들이 연루된 경우에 보통 독신탁의 조언을 요청한다.

로마인들이 점복(占卜)에 의존했듯이 신탁은 또한 일상적 활동들을 규제하는 데 사용되기도 한다. 에번스 프리처드는 이렇게 말했다.

나는 항상 내 집안 사람들과 이웃들이 사용할 수 있도록 어느 정도 분량의 독약을 비치해두었으며 우리는 신탁의 결정에 따라 일을 조절했다. 나는 이것이 내가 아는 어떤 다른 방식만큼이나 내 집안과 일을 운영하는 만족스러운 방식이라는 것을 깨달았다. 아잔데인에게는 이것이 유일하게 만족스러운 삶의 방식인데 왜냐하면 그것이 그들이 이해하는 유일한 삶의 방식이자 그들을 전적으로 확신시키고 입을 다물게 하는 유일한 주장을 제공하기 때문이다.[19]

마지막으로 주술은 치료나 복수에 사용될 수 있다. 에번스 프리처드는 잔데인의 약이 일반적으로 효과가 있다고는 믿지 않았다. 그 대부분은 육체적 질환을 일으킨 신비적인 원인과 싸우기 위한 주술적 수단이었다. 치료와 더불어 마법사를 찾아내서 그 또는 그녀를 죽이기 위해 보복 주술을 사용할 수도 있다. 보복 주술은 공격적이긴 하지만 범인만을 죽일 수 있으므로 본질적으로는 정당한 선의의 주술이다.

자신을 해치지 않은 이들에게 해코지를 하는 데 사용되는 나쁜 주술도 있다. 잔데인들은 그것을 사용하는 자는 '요술사들'밖에 없다고 믿는다. 잔데인의 눈에 마법사와 요술사의 차이는 하나는 약을 사용하는 반면, 다른 하나는 해를 저지를 수 있는 힘을 타고난다는 점이다. 이것이 중요한 구분은 아니다. "둘 모두는 사람들의 적이고 아잔데는 그들을 한 부류로 본다. 마술과 요술은 선의의 주술과 대립하고 있으며 선의의 주술이 마술과 요술에 대항한다."[20] 대부분의 불운이 마술 탓으로 돌려지기 때문에 에번스 프리처드는 어정쩡하게 이렇게 주장했다. "요술의 개념은 군더더기인 것처럼 보이는데 이 사실은 역사적 설명을 요구한다."[21]

마술, 주술의, 신탁, 주술은 하나의 단일한 과정에서 서로 맞물려 있는 요소들이다. 에번스 프리처드는 다음과 같이 썼다. "이처럼 죽음은 마술에 걸렸다는 생각을 불러일으키고, 복수의 경로를 결정하기 위해 신탁의 조언을 요청하며, 복수하기 위해 주술(즉 약―옮긴이)을 만들고, 신탁이 언제 주술이 복수를 실행했는지를 판결하며, 주술적 임무가 끝나면 그 약은 폐기된다."[22]

이 책을 읽으면 마치 에번스 프리처드가 회의론자를 상대로 이런 신앙이 어떤 면에서는 합리적이라고 설득하려고 애쓰는 것처럼 보인다. 몇 가지 주장들이 이런 취지에서 전개되었다. 먼저, 에번스 프리처드는 자신이 얼마나 쉽게 이런 사고·행동방식을 받아들였는지를 이야기했다. 두 번째로, 그는 이런 신앙이 추상적 개념으로 표현되거나 발전된 이론으로 정리되어 있는 것이 아니라, 특정한 구체적인 상황들에서 조금씩 발동되는 것일 뿐이라고 지적했다. 그러므로 잔데인들은 어느 정도의 모순은 무시할 수 있다는 것이다. 그러나 다양한 방식으로 길게 반복된 그의 가장 강력한 주장은 다음과 같다. 신비적인 행위자(마법사나 요술사)가 해악을 초래할 수 있다는 처음의 전제, 다시 말해 개인(나쁜 사람)이 불운을 불러일으킨다는 개념을 일단 받아들이고 나면, 그 다음에 따라오는 믿음들은 충분히 논리적이라는 것이다. 게다가 이 믿음은 경험을 통해 끊임없이 강화된다. 즉 누군가가 아프다면 마법사들이 설치고 있는 것이다. 신탁은 이 생각이 옳음을 증명한다. 보복 주술이 행해진다. 이웃의 누군가가 죽고 신탁은 그가 바로 마법사였음을 확인한다.

에번스 프리처드는 또한 잔데인 가운데 회의론자가 있는지, 그리고 잔데인에게 자신들의 가정들이 터무니없음을 깨닫도록 만드는 모순이나 불일치가 있는지를 물었다. 예를 들어, 그는 같은 문제에 대해 때로는 신탁을 두 번 구하고 이때 신탁은 모순적인 대답을 하기도 한다는 점을 지적했다. 이런 경우에 잔데인들은 신탁이 딴 신비적 힘의 훼방을 받았다는 설명을 한다. 그러므로 실제로 실패는 가정 복합체 전체에 대한 그들의 믿음을 강화한다. 심지어는 실험도 신비적인 준거틀 내에서 가능하다. 잔데인은 터무니없는 질문을 던져 신탁을 시험해볼 수도 있다.

독신탁이여, 내가 태양을 따러 간다고 그 새에게 말하시오. 내가 만일 태양을 가지고 돌아오면 그 새를 죽이시오. 만약 태양을 보러 많은 군중이 오늘 내 집 한가운데 모인다면, 만일 내가 태양을 땅바닥에 놓고, 사람들이 그것을 본다면, 새를 죽이

시오. 만일 이것이 사실이 아니라면, 만일 내가 태양을 가지고 오지 못한다면 새를 살려두시오.[23]

그리고 신탁이 시험에 실패하면 그들은 그냥 또 다른 신탁에 도움을 청한다. 잔데인은 일부 주술의가 돌팔이이며 어떤 신탁들이 조작될 수 있고 또 조작된다는 것을 아주 기꺼이 인정할 것이다. 그러나 개개인 의사들이나 특정의 치료법에 대해 우리가 가지는 회의가 '의학'에 대한 우리의 믿음까지 흔들지는 못하듯이 이것이 그들의 일반적인 믿음을 동요시키지는 않는다.

그러므로 에번스 프리처드는 다음과 같은 결론을 내렸다.

나는 독자들에게 한 가지는 설득했기를 바란다. 즉 잔데인의 관념에 지적인 일관성이 있다는 점이다. 잔데인의 관념은 생명이 없는 박물관의 전시물처럼 배열되었을 때만 모순적으로 보인다. 우리는 개인이 그 관념들을 어떻게 사용하는지를 보고서 그것들이 신비적이라고 말할 수는 있다. 그러나 그런 사용방식을 비논리적이라든가 무비판적이라고 말할 수는 없다. 나는 아무런 어려움 없이 아잔데인들이 사용하듯이 그들의 관념들을 사용했다. 일단 어법만 배우고 나면 나머지는 쉽다. 왜냐하면 우리 사회에서 하나의 상식적 관념에 연이어 다른 것들이 따르는 것만큼 합리적으로, 잔델랜드에서는 하나의 신비적 관념에 이어 다른 것들이 따르기 때문이다.[24]

그러나 이 저서에는 보다 전투적인 목적도 있었다. 에번스 프리처드는 그것을 부분적으로는 말리노프스키에 대한 도전으로 보았고, 또 인류학자들이 목표로 삼고 발전시켜야 할 유형의 추상적인 주장의 한 예로 보았다. 이 책의 서론에서 그는 이렇게 썼다.

주술을 논의하면서 그에 연관되는 활동들을 부분적으로만 추상화했다고 누군가가 몰아붙인다면 나는 단지 그 관계들의 일부만을 다루고 있다고 답할 것이다. 잔데인의 경제생활을 잔데인의 주술·신탁·마술에 관한 책에서 서술한다면 이상할 것이다. 왜냐하면 농업·수렵·채집이 이 신앙과 의례의 함수 (function)가 아니라 신앙과 의례가 농업·수렵·채집의 함수이기 때문이다.[25]

이것은 주술을 그것과 연관 있는 모든 활동에 관련시키는 말리노프스키의 경향과, 한 관습의 모든 부수물을 서술하지 않고서는 그 관습을 이해할 수 없다는 말리노프스키의 교리를 환기시켰다. 나아가 그는 이 구절에서 'function'이라는 단어를 말리노프스키처럼 효용주의적인 의미에서(즉 기능이라는 의미에서—옮긴이) 사용한 것이 아니라 어떤 것이 어떤 다른 것의 '함수'라는 수학적인 의미에서 꼬집어 사용했다.

그럼에도 불구하고 이 책은 여러 면에서 말리노프스키의 이론들을 반영하고 있고 또 더 이전의 정통설까지 반영하고 있다. 즉 합리성의 문제는 타일러, 프레이저, 레비 브륄의 문제였으며, 추상화의 방법 면에서는 아닐지라도 제도에 초점을 둔 점에서는 전형적으로 말리노프스키적이었다. 게다가 이 책의 핵심에는 신비적 신앙, 활동과 경험적 신앙, 활동 사이의 대립이 있었다. 에번스프리처드는 프레이저와 말리노프스키로부터 이 대립을 이어받았다. 그는 잔데인들은 이런 구분을 하지 않으며 신비적 힘이 물리적 힘과 거의 같은 방식으로 작용한다고 믿는다는 것을 보여주면서도, 분석에 이런 범주의 대립을 계속 포함시켰다. 이 때문에 말리노프스키의 주술이론에 대한 그의 비판은 약화되었다. 예를 들어 그는 이렇게 말했다.

주술의 주된 목적이 객관적인 세계에서 인간에게 유리한 변화들을 만들어내는 것이라기보다는 다른 신비적 힘들과 싸우는 데 있음을 깨닫지 못하는 한, 우리는 잔데인의 주술과 아잔데인의 삶에서 나타나는 의례적 행위와 경험적 행위 사이의 차이점을 이해하지 못할 것이다.[26]

'신비적인' 힘과 '객관적인' 힘을 구분하는 이러한 불필요한 이분법 없이 인과관계에 대한 잔데인의 이론 전체를 검토했더라면 더 흥미로웠을 것이다. 그러나 이 이분법은 연구 전체의 합리주의적 주제에, 즉 '그들이' 주술을 믿어도 여전히 논리적 사고를 할 수 있다는 점을 '우리에게' 보여주는 것에 내포되어 있었다.

잔데인에 관한 이 책에 자극받아 많은 후속 연구들이 이루어졌다. 폐쇄된 사고체계에 대한 분석은 일반적으로 당연한 것으로 여겨졌으나, 이 책에서 부차적이었던 주장들이 후속 연구들에서는 중심 주제가 되었다. 그 핵심은 마술이 불운에 대해 '사회적으로 적절한 원인'을 제공한다는 에번스 프리처드의 언급이었다. 이 책은 언뜻 보기에 불합리한 신앙을 설명하는 데만 관심이 있었던 것이 아니라 추상화의 모델로서 의도된 것이기도 했다. 에번스 프리처드는 수년이 지난 후 이렇게 썼다.

추상화는 여러 가지를 의미할 수 있다. 조사되어야 할 특정한 제한된 문제들을 위해서 사회생활 일부만을 다루고 그 나머지는 이 문제들에 관련이 있는 한에서만 참작하는 것을 의미할 수도 있고, 사회생활로부터 추출한 추상적 개념들을 통합함으로써 구조적 분석을 하는 것을 의미할 수도 있다.[27]

그는 첫 번째 접근방식을 말리노프스키와 미국의 마거릿 미드와 같은 인류학자들의 연구와 동일시했다. 구조적 방법은 『마술, 신탁 그리고 주술』의 근원적인 특성이었다. 그는 이 구조적 방법을 1940년에 출간된 두 번째 저서 『누에르족』(The Nuer)에서 훨씬 더 엄밀한 수준의 추상적 담론으로 발전시켰다.

1940년대: 신 래드클리프 브라운식의 사회구조 분석

베이트슨과 에번스 프리처드가 시도한 추상화 실험은 사회인류학에서 가장 가치 있는 연구저서에 속할 만한 책 두 권을 산출했다. 그러나 말리노프스키에 대한 반응은 곧 다른 방향으로 돌려졌다. 『아잔데족의 마술, 신탁 그리고 주술』이 출간된 1937년에 래드클리프 브라운은 옥스퍼드 대학의 첫 번째 사회인류학 교수직을 맡았다. 에번스 프리처드와 포티스는 이 학과에서 함께 영국 인류학에서는 생소한 분석 유형 하나를 발전시켰다. 이것은 사회구조에 관한 분석으로서 주로 친족체계와 정치체계를 다루었다. 이 연구의 모델이 무엇이었는지를 밝히고자 한다면 래드클리프 브라운의 시카고 대학 제자들의 연구를 검토해야겠지만 이들의 연구에는 옥스퍼드 학파의 특징이 된 정치적 차원이 없었다. 뿐만 아니라 현재 기능하는 사회들에서 이루어지는 말리노프스키적 현지조사라는 견고한 기초를 결여하고 있었다.

래드클리프 브라운이 옥스퍼드에 왔을 당시, 인류학 교직에 있는 동료로서는 에번스 프리처드가 유일했다는 사실은 당시 영국 사회인류학의 제도적 기초가 얼마나 취약했는지를 보여준다. 에번스 프리처드는 그보다 2년 전에 연봉 300파운드를 받는 아프리카사회학 연구교수로서 매럿과 합류했다. 포티스는 1939년에서 1941년 사이에 사회인류학과에 합류했는데 '아프리카사회학 대행 연구교수'라는 불안정한 직책을 가지고 있었다. 종전 후 에번스 프리처드가 학과를 인계받았던 1946년에도 교직원은 그 자신과 포티스(이때는 교수가 되어 있었다), 그리고 비서 겸 사서 한 명뿐이었다.

1930년대 후반기에 잉글랜드에서는 런던 정경대학, 런던 대학 유니버시티 칼리지, 케임브리지 대학, 옥스퍼드 대학, 이렇게 네 곳이 사회인류학의 중심지였다. 그러나 현대적인 의미에서의 사회인류학은 런던 정경대학에서만 굳건하게 성립되어 있었다. 그러다가 1937년에 래드클리프 브라운이 옥스퍼드를 장악했고, 머지않아 — 전쟁이 끝나고서야 그랬지만 — 나머지 두 대학의 사회인류학과들도 그의 영향 아래에 들어갔다. 관련된 학자와 기관의 수가 이렇게 적었으므로 옥스퍼드에 래드클리프 브라운, 에번스 프리처드, 포티스가 모두 모여 있었다는 사실은 아주 중요했다. 이것은 1938년 말리노프스키가 떠난 후 런던 정경대학에서 인류학이 상대적인 쇠퇴기에 접어들던 시기라서 특히 그랬다.

이러한 새로운 힘의 균형은 곧 이은 전쟁의 발발로 오래가지 못했다. 인류학자들은 뿔뿔이 흩어졌고 대부분 정보와 행정에 연관된 특수한 군무를 맡게 되었다. 그러나 옥스퍼드에서 형성된 래드클리프 브라운, 에번스 프리처드, 포티스의 짧은 파트너십은 주로 정치와 친족을 다룬 일련의 연구들을 산출했고, 이 연구들은 새로운 패러다임을 성립시켰다. 전후에 영국 사회인류학은 이들이 멈춘 지점에서 다시 시작되었다.

1940년에 이 집단은 중요한 정치인류학 연구 세 편을 펴냈다. 포티스와 에번스 프리처드가 편집했고 래드클리프 브라운이 서문을 쓴 『아프리카의 정치체계』와, 에번스 프리처드의 연구서들로서 당시 영국의 지배를 받던 이집트권 수단 지역의 중앙집권적 정부가 부재하는 사회들을 다룬 『누에르족』과 『아누악족의 정치체계』(*The Political System of the Anuak*)가 바로 그것들이다. 그

뒤를 이어 분절적 정치체계의 특징을 더욱 상세하게 탐구하고 또 그런 사회의 개인 대 개인 친족관계를 분석한 다른 연구들이 나왔다. 이 연구들은 주로 전쟁 전과 전시에 집필되었지만 종전 직후에야 출판되었다. 탈렌시인에 관한 포티스의 연구서 두 권은 1945년과 1949년에 나왔고, 키레나이카(Cyrenaica)의 사누시족(Sanusi)에 대한 에번스 프리처드의 연구는 1949년에 나왔으며, 누에르의 친족에 대한 에번스 프리처드의 책은 1951년에 출판되었다. 이 연구들은 함께 고찰되어야 한다. 그것은 이들이 하나의 통일성 있는 세트를 이루고 있을 뿐만 아니라 1950년대 내내 영국 사회인류학을 인도할 새로운 패러다임을 성립시켰기 때문이다.

이 연구들을 역사적 맥락에서 제대로 이해하려면 이들이 아프리카에서 일어난 새로운 연구 조류가 제기한 상대적으로 새로운 문제들을 다루었다는 점을 기억해야 한다. 셀리그먼이 수단에서 개괄조사를 수행하기는 했지만, 아프리카에서 참여관찰을 통해 이루어진 현대적인 연구는 에번스 프리처드, 샤페라, 리처즈가 처음으로 수행했다. 에번스 프리처드가 수단과 케냐에서 행한 현지조사는 1926년과 1938년 사이에 이루어졌다. 샤페라는 1929년과 1943년 사이에 여러 츠와나 부족들과 45개월을 보냈다. 1930년에 오드리 리처즈는 벰바인을 연구하러 갔고, 그 후 여러 현지조사자들이 1930년대에 국제아프리카연구소의 재정적 지원을 받아 그 뒤를 이었다.

이 현지조사자들은 고립된 소규모 인구집단이 아닌, 비교적 거대하고 광범위하며 분산되어 있는 부족들 또는 국가들과 마주쳤다. 오세아니아를 연구한 저자들이 확인했던 종류의 사회통제 수단들, 즉 호혜적 의무, 교환, 주술적 통제가 이런 사회들에서는 통치기제의 작은 일부일 뿐이라는 것이 곧 분명해졌다. 그들의 분석은 특별히 시급했는데, 그것은 식민지 당국들이 이런 집단들을 가장 효과적으로 통치할 수 있는 방법에 지대한 관심을 두었기 때문이다. 그리고 루가드(F. D. Lugard, 19세기 말과 20세기 전반기에 영국의 식민통치사에 중요한 역할을 한 식민행정가―옮긴이)의 간접통치 원칙이 채택되어 '전통적인' 통치형태들을 어느 정도 수용해야만 했기 때문이다. 가장 심각한 문제는 중앙집권적 정치제도가 없는 사회들이 제기했다. 사회인류학은 이런 사회들――에번스 프리처드의 누에르(아잔데는 아님), 포티스의 탈렌시(아샨티는 아님)를 포함하는――을 연구함으로써 사회과학과 정치철학에 아마도 가장 독창적인 기여를 하게 되었다.

이러한 고려사항들 때문에 정치체계와 사회통제가 주목을 받았다. 동시에 인류학 내의 이론적 발전은 이 문제들을 해결하는 방식을 조율했다. 여기에는 무엇보다도 래드클리프 브라운의 영향력이 컸다. 에번스 프리처드는 그의 생각을 열렬히 옹호하게 되었다. 그는 1937년에 케냐의 루오족(Luo)을 연구하던 현지 캠프에서 쓴 표제 진술을 사회과학에 관한 한 심포지엄에 냈다. 그는 말리노프스키 추종자들을 비판하면서 이렇게 썼다. "하나의 고립된 사회에서 얻은 사실들을 기초로 일반화하려는 인류학자들의 현재 습관은 자연과학에 필요한 것으로 밝혀진 귀납적 논리방법에 반하는 것이다." 인류학은 "인간 사회 전체에 공통적인 일반적 경향들과 기능적 관계들을 발견하기 위해서 모든 유형의 사회들을 비교하는 것"을 목표로 했다.[28] 이것은 바로 래드클리프 브라운이 아주 비슷하게 진술한 프로그램과 동일한 것이었다. 『아프리카의 정치체계』도 래드클리프 브라운이 주창한 비교, 분류, 일반화를 처음으로 시도한 연구들 가운데 하나로 보아야 한다.

『아프리카의 정치체계』

그러나 이 책들은 또한 래드클리프 브라운의 입장으로부터의 이탈을 의미하기도 했다. 『아프리카의 정치체계』에서 래드클리프 브라운이 쓴 서문과 에번스 프리처드와 포티스가 쓴 서론 사이에 보이는 어조, 정의, 강조점의 차이에 대한 논평이 종종 이루어졌다. 래드클리프 브라운에게 종족은 주로 개인 간의 관계를 조직하는 한 가지 양식에 불과했으나, 이들은 정치관계 체계의 일부로서 종족을 새로이 강조했다. '사회구조'라는 용어는 개인 간의 관계구조보다는 집단 간의 관계구조와 직책들 사이의 관계구조(포티스의 연구에서는)를 의미하게 되었다.

『아프리카의 정치체계』의 서론에서, 편자들은(즉 에번스 프리처드와 포티스―옮긴이) 아프리카의 정치조직을 두 가지 유형으로 구분했다. 하나는 줄루(Zulu), 츠와나 등에서 볼 수 있는 중앙집권적인 피라미드형 구조이고, 다른 하나는 '국가 없는 사회들'

(stateless societies)이다. 후자는 다시 두 가지로 나뉜다. 하나는 부시먼의 체계와 같은 밴드(band) 유형의 체계들로서, 여기서는 래드클리프 브라운이 오스트레일리아 원주민 사회를 두고 주장했듯이 정치체계가 친족체계와 일치한다(고 편집자들은 잘못 생각했다). 다른 하나는 분절적 종족들(segmentary lineages)에 기반한 체계들이다. 편자들은 특히 분절적 종족체계를 강조했는데, 『아프리카의 정치체계』의 영향으로 아프리카의 비국가적 정치체계들 중에서 친족이나 종족을 통해 조직되지 않은 많은 체계들이 관심을 받지 못하게 되었다.

시발점이 된 이 연구의 강조점은 분명히 기묘했다. 에번스 프리처드는 후일 이렇게 설명했다.

포티스 교수와 나는 잠정적인 유형들을 내놓으며…… 아프리카 사회의 유형들을 보다 상세하게 분류하기 위한 하나의 편리한 출발점을 제공하는 것 이상을 의도하지는 않았고, 거기서 두 가지 분류기준은 여러 형태의 출계집단들과 국가제도들의 존재유무였다.[29)]

국가제도들의 존재유무는 충분히 분명한 기준이었는데, 식민행정의 고충뿐만 아니라 고전철학과 인류학의 영향을 강하게 받은 결과였다. 그러나 출계집단의 존재유무가 왜 정치체계 분류의 일차적인 기준으로 선택되어야 하는가? 오늘날 그것이 그리 쉽사리 선택되리라고 믿기는 어렵다.

이들이 분절적인 종족체계를 강조하는 데에는 몇 가지 전거가 있었다. 첫 번째로, 뒤르켐은 광범한 부류의 분절적 사회들을 정의했는데, 이런 사회들은 원시사회에서 전형적으로 나타나는 것으로 추정되었고, 또 씨족과 영토의 분화에 기반한다고 여겨졌다. 이런 사회들을 통합하는 '기계적 연대' 원리에 대한 그의 분석은 누에르와 탈렌시의 사회체계와 같은 체계들을 인식할 수 있는 모델을 제공했다.

두 번째로, 고전적인 인류학자들(그중에서도 특히 모건과 메인 Maine)은 친족에 기반한 '원시적인' 국가 없는 체계들과 영토에 기반한 국가 사이에는 큰 차이가 있음을 이해해야 한다고 주장했다. 이 두 상황 사이에 끼어든 진화적 단계는 친족과 영토, 즉 '피와 땅'이라는 두 원리의 결합을 특징으로 했다. 포티스와 에번스 프리처드는 단지 이 진화주의적 분류를 그대로 받아들여 그것을 옆으로 눕혀 세워놓았을 뿐이다. 즉 그들은 이 분류를 시간의 흐름에 따른 정치체계의 분류가 아닌 공간적인 정치체계의 분류로서 내놓았던 것이다.

세 번째이자 아마도 가장 중요한 점은 포티스와 에번스 프리처드 두 사람 모두가 우연히 '국가 없는' 사회를 연구했고 자료도 함께 분석했다는 사실이다. 『아프리카의 정치체계』에서는 일반적인 분류를 했으나, 이 두 사람의 사고가 함의하는 바는 분절적 종족에 기반한 체계들에 대한 그들의 분석에서, 그리고 특히 이 시기의 가장 중요하고 영향력 있는 인류학 저서인 『누에르족』에서 뚜렷이 볼 수 있다.

『누에르족』

에번스 프리처드가 1930년대에 비교적 짧은 몇 번의 현지여행을 통해 누에르인을 연구했을 당시 누에르인의 수는 20만 명 정도였고 이들은 남부 수단에서 7만 6,800평방미터에 걸친 지역에 흩어져 살고 있었다. 당시 누에르인들은 그들의 가축 떼를 폭격하고 예언자들을 교수형시켰던 잔인한 '평정' 프로그램으로부터 막 회복하고 있는 중이었기 때문에 백인 방문자를 환영할 기분이 아니었다. 이러한 불길한 상황 속에서 에번스 프리처드는 그 세대에서 가장 영향력 있는 현지연구를 수행했다.

『누에르족』은 누에르인의 목축과 누에르 사회의 생태적 배경에 대해 길게 논의하는 것으로 시작한다. 누에르인들은 목축뿐만 아니라 농업과 어업도 한다. 그들의 혼합경제를 구성하는 모든 측면들이 생계를 꾸려가는 데 필요하지만, 무엇보다도 먼저 그들은 자신들을 소를 키우는 사람들로 여기고 싶어한다. 그들은 자신들의 가축에 최고의 가치를 부여하는데, 남자의 개별 신원을 그가 가진 최상의 황소를 통하여 파악할 정도이다. 에번스 프리처드는 누에르에서 일어나는 일을 이해하려면 그의 암소를 찾아라는 것이 최상의 규칙이라고 했다. 가축은 사람들이 필요로 하는 것을 광범하게 제공해주며 누에르인은 자신의 가축 무리가 필요로 하는 것에 맞추어 자신의 삶을 조정해야 한다.

1년은 두 개의 뚜렷한 계절, 즉 5월부터 10월까지의 우기와 11월에서 4월까지의 건기로 나뉜다. 누에르인은 우기를 내륙의 마을에서 보내는데, 이때의 주된 경제활동은 농업이다. 건기에는 고지에 물이 마르고 목초지가 황폐해지므로 강변의 캠프에서 보낸다. 캠프에서는 어획, 채집, 그리고 수렵으로 목축에서 나오는 수확을 보충한다. 이런 두 종류의 거주지 모두에서 사람들은 서로 긴밀히 의존하며, "이들 지역사회에는 공동경제가 있다고 할 수도 있는데, 이런 지역사회는…… 누에르랜드에서 최소의 정치집단이며 여기서 친족·인척·연배 등의 유대관계는 당연한 것으로 여겨진다."[30]

이러한 환경에서 생계를 꾸리는 문제는 누에르의 사회조직 양식을 다양한 면에서 제한한다. 사람들이 마을과 캠프 사이를 자유로이 이동해야 하기 때문에 사회관계는 마을의 경계선을 초월해야 한다. 그리고 생태적인 조건 때문에 지역사회가 일정한 인구규모 한계를 넘어서서 번성하지는 못할 것이다. 또 단순한 기술 때문에 사회관계에 대한 상징은 소수의 아주 가치 있는 대상—특히 가축—에 집중된다. 그러나 에번스 프리처드는 이러한 제한점들이 누에르 집단 간의 구조적 관계를 설명할 수는 없다고 주장했다. 구조적 관계는 구조적 원리를 통해 이해되어야 한다는 것이다.

여기서 그의 논의는 완전히 다른 차원, 즉 '사회적 가치'의 차원으로 옮겨갔다. 래드클리프 브라운은 이 차원을 항상 강조하며 '관심사'를 논할 수 있는 또 하나의 방식이라고 했다. 『누에르족』의 유명한 제3장은 사람들의 시공간 개념을 탐구했고, 가축과 생태에 대한 이 책의 서론적 부분과 영토관계와 종족관계를 다룬 본론을 이어주는 다리였다. 바로 여기서 에번스 프리처드는 당시 유행하던 물리학적 발견들에서 '분열과 융합', 시간과 공간의 상대성 같은 개념들을 빌려와서 사회적 상대성이라고 부를 수 있는 개념을 발전시켰다.

누에르인에게는 추상적인 시간 개념, 즉 흘러가고 낭비되거나 측정될 수 있는 시간이라는 개념이 없다. 그들은 시간을 물리적인 변화나 사회관계를 통해서 인식한다. 에번스 프리처드가 말한 '생태적 시간'은 계절이나 하루의 위상(位相)과 같은 자연적 주기와 관련이 있다. 그것은 단위들로 엄격히 나누어져 있는 것이 아니며, 그 보다는 감지하지 못하는 사이에 한 시기가 다른 시기로 넘어가버린다. 게다가 이 생태적 시간은 사회적 지시대상을 가진다. 예를 들어 우기 또는 마을생활이 이루어지는 계절은 톳(tot)이라고 불린다. 그러나 누에르인들은 지금이 톳이므로 고지의 마을로 이동해야 한다고 말하지는 않는다. 오히려 반대로 우리가 마을에 있으니까 지금이 톳이라고 말한다.

이와 대조적으로 '구조적 시간'은 누에르인이 환경과 맺는 관계에서 추상화한 것이 아니라, 사회관계의 주기성과 개개인의 사회적 발달을 개념화하는 한 가지 방식이었다. 출생·사망·혼인이 그 단위이나, 친밀한 접촉이 덜한 사람들 간에는 연배의 승계와 같은 사건들이 단위가 된다. 구조적 시간은 또한 종족관계를 인지하는 방식이기도 했다. 예를 들어, 한 남자와 그의 남계친 사이의 사회적 거리는 그들과 그들의 공동조상 사이의 시간적 거리라는 면으로 생각할 수 있다. 만약 이 거리가 멀다면 그들은 먼 친척 사이이고, 시간적 거리가 짧을수록 그들의 관계는 더 가깝다.

비슷하게, 누에르인들은 두 장소 사이의 공간적 거리를 객관적으로 측정하는 데 관심이 없다. 한편으로는 그들은 실용적인 거리 —즉 중간에 끼어 있는 지형의 성격이나, 도중에 적대적인 집단이 존재하는지 등과 같은 요인들의 영향을 받는—에 더 관심이 있었다. 다른 한편으로는 그들은 사회적 거리를 다음과 같이 측정한다.

어떤 누에르 마을 하나가 다른 두 마을로부터 같은 거리에 있을지는 모르나 이 두 마을 중 하나는 다른 부족에 속하고 다른 하나는 같은 부족에 속한다면 전자가 후자보다 구조적으로 더 멀다고 말할 수 있다.[31]

이러한 시공간 개념들은 객관적인 측정에 기초한 것이 아니고 주로 구조적 관계에 의존하고 있기 때문에 어떤 상황을 정의하는 사회적 관계에 따라 상대적으로 변한다. 에번스 프리처드는 이 점을 치엥(cieng)이라는 누에르의 '집' 개념을 통하여 가장 분명하게 밝혔다.

어떤 누에르인이 "나는 이런저런 치엥에 속하는 사람이다"라고 할 때 그는 무슨 뜻으로 말하는가? 치엥은 '집'을 뜻하지만 그 정확한 의미는 이 단어가 언급되는 상황에 따라 다르다.

독일에서 만난 영국인에게 집이 어디냐고 물으면 영국이라고 대답할 것이다. 같은 사람을 런던에서 만나서 같은 질문을 하면 이번에는 자기 집이 옥스퍼드셔(Oxfordshire)라고 말할 것이다. 한편 옥스퍼드셔에서 이 사람을 만나면 그는 자기가 살고 있는 도시나 마을의 이름을 말해 줄 것이다. 그 사람이 살고 있는 도시나 마을에서 같은 질문을 받으면 그는 특정한 거리 이름을 언급할 것이고 그 거리에서 질문을 받으면 자신의 집을 가리킬 것이다. 누에르인들도 이런 점에서는 마찬가지이다. 누에르랜드 밖에서 만나는 누에르인이라면 자기 집이 치엥 나쓰(cieng Nath), 즉 누에르랜드라고 말한다……. 만약 그가 자기 부족에 있을 때 그의 치엥이 무엇이냐는 질문을 받으면 그는 맥락에 따라 자기의 마을 이름이나 부족의 지파 이름을 말해줄 것이다……. 그 사람의 마을에서 질문을 받으면 자신이 살고 있는 마을 내 소마을의 이름을 말하거나 자기의 가족이 사는 토지와 건물이 있는 곳이나 그곳이 위치한 마을 끝부분을 가리킬 것이다……. 치엥이라는 단어가 가지는 다양한 의미는 언어가 일관적이지 못한 데서 기인하는 것이 아니라 그 단어가 지칭하는 집단가치들의 상대성에서 비롯된다.[32]

이 주장의 취지는 누에르인들의 시공간 개념이 그들의 사회적·경제적 가치의 함수라는 것을 보여주는 것이었다. 더구나 이 개념들이 가리키는 사회적 지시대상들은 고정되어 있는 것이 아니고 그것들이 공식화되는 사회적 맥락과 함께 변화했다. 이런 식으로 시공간 개념들에 대한 분석은 책의 앞부분에 나온 생태적·경제적 분석과 뒤따라 나오는 정치적 분석을 잇는 다리 역할을 했다. 첫 번째로, 경제적·물리적 조건은 가능한 정치적·조직적 반응의 종류를 제한했다. 두 번째로, 누에르인의 가치는 시간과 공간의 생태적 관계와 집단 간의 구조적 관계를 연결하는 것이었다. 실제로 이 책의 나머지 부분은 집단관계가 영토적·공간적 측면에서, 그리고 시간을 거슬러 올라가는 족보에 기초한 종족관계라는 측면에서 개념화되는 방식을 보여주는 데 주로 할애되었다.

누에르랜드에서 정치적 관계는 기본적으로 영토적인 관계이다. 부족은 가장 규모가 큰 정치공동체이고 여기서 일어나는 살인은 복수보다는 피에 대한 보상을 지불함으로써 해결되어야 한다. 부족의 영토는 지역 단위들로 나뉘는데 후자는 다시 더 작은 하위 단위들로 계속 나뉜다. 이러한 분절화 과정에서 아래 단계로 내려갈수록 그 단위 집단은 더 강한 결속력을 가지며 더 쉽게 협동하고 우호적으로 분쟁을 해결하는 경향이 있다. 분절들(seg-ments)은 비슷한 다른 분절들에 대립할 때만 그 기능을 발휘한다. 만약 어떤 마을의 한 남자가 다른 마을의 한 남자를 죽였다면 이 두 마을이 빚을 청산하기 위해 동원될 것이다. 만약 이 두 마을 가운데 한 마을 출신의 남자가 다른 구역의 남자를 죽였다면 이 두 마을은 그들이 속한 구역의 다른 마을들과 힘을 합하여 다른 구역의 마을들에 맞설 것이다.

에번스 프리처드는 이런 분화와 연립과정을 '분열과 연합'이라고 명명했다. 그는 "정치 집단들에서 일어나는 분열과 연합은 동일한 분절 원리의 두 측면이며, 누에르 부족과 그 분파들은 서로 모순되면서도 보완적인 이런 두 경향 사이에 이루어진 평형상태라고 이해해야 한다"고 말했다.[33] 또는 구조는 각 수준의 조직에서 이루어지는 힘의 균형으로서 이해될 수도 있다.

구조는 유혈반목(blood-feud)에서 가장 잘 표현되었다. 마을사회라는 작은 협동집단 내에서 복수와 대응복수의 순환을 감당할 수 없는 이웃 간에 일어나는 반목(feud)은 빨리 해결되었지만, 보다 거리가 먼 부족분파들의 성원들 간에 일어나는 반목은 종종 폭력적인 대결로 이어졌다. 그러나 부족 내부에서 일어나는 반목은 어떤 것이라도 중재와 피에 대한 보상을 지불하는 것으로 해결될 수 있었다. 이런 중재는 보통 '표범가죽 족장'의 주선으로 이루어졌는데, 이 사람은 세습적인 중재자 집단의 일원으로서 존경은 받으나 실제적인 권력은 없는 자였다. 에번스 프리처드의 설명은 대립과 결합에 관한 래드클리프 브라운의 분석을 상기시킨다.

깨질 수도 있고 재개될 수도 있는 종류의 사회관계들이 존재하지 않는다면, 반목은 별로 중요하지 않다. 동시에 완전한 사회적 분열이 일어나지 않으려면 이런 관계들은 궁극적으로 해결되어야만 한다. 그러므로 이런 식으로 볼 때, 반목의 기능은 서로 대립하면서도 더 큰 단위들과의 관계에서는 정치적으로 연합하는 부족 분절들 간의 구조적 평형상태를 유지하는 것이다.[34]

이런 영토적·정치적 관계들은 종족용어로 개념화되었다. 각 부족마다 하나의 지배적인 씨족(clan)이 있고 이 씨족은 더 작은 부계 단위들, 즉 최대·소·최소 종족들로 분절되어 있다. 이 씨족 사람이라면 누구라도 창시조 A의 부계 혈통 후손임을 주장할 것이다. A의 아들인 B와 C, 두 사람은 (아마도) 최대종족들의 창시조가 될 것이다. 각 최대종족은 또 다시 소종족들로, 이 소종족들은 각각 다시 최소종족들로 분절할 것이다. 이런 분절은 계보상 적절한 위치에 있는 특정한 중요 조상을 중심으로 일어난다. 어떤 맥락에서는 이 씨족의 모든 성원들이 다른 씨족의 성원들과 대립하여 자신들을 A로 밝힐 것이다. 또 어떤 맥락에서는 최대종족 C를 이루는 소종족 F와 G의 성원들에 대항해서 소종족 D와 E의 성원들이 최대종족 B로서 연합할 수도 있다. 이런 식으로 분열과 연합의 유형이 창조되지만 이것은 영토보다는 종족에 기초하여 그려진 것이다.

에번스 프리처드에 따르면, 종족에 의거한 이런 틀은 조잡한 인구학의 수준에서보다는 가치의 수준에서 작동했다. 한 마을 사람들이면서도 여러 다양한 출계집단에 속할 수 있고, 또 지배적인 씨족의 최소종족 분절의 성원들이라도 여기저기 흩어져 살아서 어느 특정 마을에서는 소수집단에 불과할 수도 있다. 그럼에도 불구하고 이 마을 사람들은 외부인들과의 관계를 논의할 때 자신들을 지배적인 씨족의 최소 종족원이라고 밝히고 씨족의 계보를 사용하여 그 관계를 표현할 것이다. 그러므로 각 수준에서 형성된 종족은 한 수준의 영토집단에 상응한다. 즉 최고 수준에서는 씨족이 부족의 정체성을 제공했으며, 최하 수준에서는 3세대에서 5세대의 계보적 깊이만을 가지는 최소종족이 마을 단결의 중심이 되었다.

종족체계는 계보적 시간을 통해서 작동했고 영토체계는 구조적 공간을 통해서 작동했다. 그러나 종족이라는 틀은 영토체계에 대해 말하는 한 가지 방식이 되었다.

지배 씨족의 종족체계는 하나의 개념적 뼈대이며, 지역사회들은 이 개념적 뼈대를 토대로 서로 관련된 부분들로 구성된 하나의 조직체로 만들어진다. 또는 우리가 선호하는 방식으로 말하자면, 지배 씨족의 종족체계는 하나의 가치체계로서, 부족 분절을 연결하며 그들의 관계를 표현하고 지시할 수 있는 용어를 제공한다.[35]

이런 식으로 남계친 관계의 가치들이 체계에 결속력을 부여했다. "부족을 상징할 만한 족장이나 왕이 없는 가운데, 부족의 단결은 종족과 씨족적 연계라는 용어를 통해 표현된다."[36] 종족체계는 실제로는 영토체계의 함수였기 때문에 "종족들은 그 수나 구조적 위치에 있어서 영토적 분절체계에 의해 엄격히 제한되고 통제된다."[37] 따라서 정치적 현실에 맞추기 위해 계보를 조작할 필요성이 종종 있었고 그 결과 "종족구조를 정치구조에 맞게 비튼다".[38]

『누에르족』에 쏟아지는 비판들

『누에르족』은 말리노프스키를 따르는 이들로부터 상당한 비판을 받았고 이 책의 영향력이 가장 컸던 시기 전반에 걸쳐 저변에 비판의 물결이 끊이지 않았다. 비판은 두 가지로 구분된다. 하나는 현지조사가 불충분했고―그 당시 상황을 고려하면 이해할 수 있을 만큼 충분했지만―그 결과 에번스 프리처드는 현장에서 실제로 무슨 일이 진행되고 있었는지 알지 못했다는 것이다. 이 때문에 그는 계산적인 인간의 술수를 볼 수 없게 만드는, 아주 이상화된 추상적인 분석을 전개하게 되었다는 것이다.

그러나 이러한 주장은 타당하지 않다. 에번스 프리처드는 누에르족에 대한 연구를 시작하기 전에 이미 수단에서, 그리고 누에르족과 친척 사이인 케냐의 루오족(Luo) 사이에서 수년 동안 현지조사를 펼쳤다. 따라서 그는 친척관계에 있는 문화들에 대한 개인적인 지식을 갖추고 이미 친숙한 나라에서 연구를 수행한 풍부한 경험과 비범한 능력을 가진 관찰자였던 것이다. 게다가 그의 연구작업의 특성인 끈질김 덕분에 그는 보통의 인류학자들이 통상 들여다보는 것보다 더 깊은 수준에서 누에르인의 삶을 파악할 수 있었는지도 모른다. 여러 해가 지난 뒤 에번스 프리처드 스스로 말했듯이, "나는 게르(ger), 즉 그들이 룰(rul)이라고 부르는 외국인 체류자로서 단지 1년 동안만 그들과 함께 지냈으나, 그 1년의 관계는 아주 강도 높은 것이었으며 그 관계의 질은 1년이라는 기간을 넘어서는 것이었다."[39] 더구나 누에르인에 대한 에번스 프리처드의 다른 저서와 논문에 담겨 있는 민족지적 세부내용의 광범한 범위를 보면, 『누에르족』이 필요에 의해서라기보다는 선택의 결과로 높은 수준의 추상화를 하고 있음이 분명해진다. 이 책은 그가 민족지적 분석에서 구조적인 추상화를 해내려고 의식적으로 노력한 결과라는 맥락에서 이해되어야만 한다.

두 번째 비판은 첫 번째보다는 더 근거가 있다. 이 주장에 따르면 그의 추상적인 모델은 실제로 관찰된 사실들, 특히 1951년에 나온 『누에르족의 친족과 혼인』(Kinship and Marriage among the Nuer)이 담고 있는 보다 상세한 자료들을 잘 설명해내지 못한다. 구체적으로 남계(男系) 출계원칙은 지역집단 형성의 실체를 제대로 보여주지 못하는 것으로 드러났고, 또 현저하게 '양변적인' (bilateral) 혼인 규제규칙과 분명히 모순되는 것이었다.

『수단 문서와 기록』(Sudan Notes and Records)에 수록된 초기 논문들에서 에번스 프리처드는 출계체계와 영토적 정치집단체계가 일치하지 않는 이유가 누에르인들이 순수한 종족체계에서 영토에 기반한 정체(政體)로 전환하는 상태에 있기 때문이라고 시사했다. 수세대에 걸친 전쟁과 영토확장은 "씨족들과 종족들을 해체시켰는데, 이는 친족의 단합적인 영향력을 크게 손상시켰을 정도였음이 분명하다". 그 결과 씨족들은 "친척이나 이웃들과 자주 반목하는…… 소규모 종족들"로 뿔뿔이 흩어졌다. "이것은 주거집단(community of living)이 혈연집단(community of blood)을 대신하여 근본적인 사회결합의 원리로 작동하는 추세였음을 의미한다. 물론 친족유대에 기반하고 있는 사회에서 이러

194

한 변화는 공생적(즉 영토적) 유대를 친족유대에 동화시킴으로써 일어나기는 했지만 말이다." 그는 씨족체계가 이제는 "정치적 발전에 주된 장애물"이 되었다는 주장까지 했다.[40] 요컨대 그는 전통적인 진화론적 주장을 내놓았던 것이다.

『누에르족』은 이런 추측적이고 역사적인 모델이 공시적인 시각으로 대체되었음을 나타낸다. 기능주의적 모델에서는 출계원칙과 영토원칙이 역사적으로 대립될 수 없었다. 따라서 경험적으로 관찰되는 불일치를 전환과정이 불가피하게 매끄럽지 못한 탓으로 돌릴 수 없게 되었다. 이에 대한 에번스 프리처드의 해결방식은 그의 모델이 조직의 실제 형태에 상응한다기보다는 "부족분절들을 연결하며 그들의 관계를 표현하고 지시할 수 있는 용어를 제공하는 가치체계"에 상응한다고 주장하는 것이었다.[41]

에번스 프리처드의 모델과 그가 때로 '실제현상'이라고 부른 것 사이의 명백한 차이는 이제 더 이상 그를 곤혹스럽게 만드는 원인이 되지 못했다. 실제로 에번스 프리처드는 모델과 경험적 사례들이 들어맞지 않는 데서 점점 더 영예를 얻게 되었다. 이것이 그 유명한 역설들의 원천이었으며 그를 아프리카 인류학의 체스터턴(G. K. Chesterton, 영국의 비평가·시인·수필가·소설가·단편작가로 역설적인 글을 많이 썼다—옮긴이) 같은 존재로 만든 것이었다.

그러나 '가치'의 수준에서조차도 문제는 결코 분명하지 않았다. 『수단 문서와 기록』에서 에번스 프리처드는 이런 질문을 던졌다.

종족(lineage)과 씨족(clan)이라는 말은 정확히 무엇을 의미하는가? 한 가지는 아주 확실하다. 즉 누에르인들은 씨족을 추상적인 집단개념으로 생각하지 않는다는 것이다. 사실 내가 아는 한, 누에르인에게는 씨족이라는 의미를 가진 말이 없으며 따라서 그들에게 "당신 씨족은 무엇입니까?"와 같은 질문을 할 수 없다.[42]

몇 년 후 그는 『누에르족』에서 보다 확신을 가지고 이렇게 쓰고 있다.

누에르인들이 그러하듯 씨족들과 그에 속하는 종족들, 그리고 그들의 다양한 의례적 상징들을 미리 알고 있어야만 어떤 사람의 소속 종족이나 그의 창 이름(spear-name), 경의를 표하는 인사 등을 통해서 그가 어느 씨족에 속하는지를 쉽게 알아낼 수 있다. 왜냐하면 누에르인들은 종족에 대해서는 청산유수같이 말하기 때문이다. 종족은 톡막(thok mac), 즉 화로 또는 톡드위엘(thok dwiel), 즉 오두막의 출입문이며, 또한 카르(kar), 즉 가지(branch)라고도 할 수 있다.[43]

누에르인들도 영국 인류학자들처럼 '씨족' 모델을 버리고 '종족' 모델을 취함으로써 새로운 확실성을 얻었던 것 같다. 그렇다면 누에르인들은 자신들이 "청산유수같이 말하는" 바로 그 '종족'이 과연 무엇이라고 생각했는가?

누에르인은 의식적(儀式的) 맥락 바깥에서는 좀처럼 자기 종족이 자신의 지역사회와는 별개라고 하거나, 자기 종족을 그 지역사회를 구성하는 여타 종족들에 대비시켜 말하지 않는다. 나는 내가 원하는 것이 무엇인지를 정확히 알고 있었던 누에르인 한 사람이 나를 위해서 어떤 타인으로부터 그 사람이 속하는 종족의 이름을 알아내려고 애쓰는 것을 지켜보았다. 이 누에르인은 처음에 그 타인에게 그로부터 원하는 정보가 무엇인지를 이해시키는 데 큰 어려움을 겪을 때가 많았다. 왜냐하면 누에르인들은 일반적으로 지역집단들과 이 집단들 사이의 관계라는 측면에서 사고하며, 따라서 지역사회 관계와는 별도로, 또 의식적 맥락 바깥에서 그들의 소속 종족을 알아내려는 시도는 대개 질문을 시작하는 단계에서 오해를 불러일으켰기 때문이다.[44]

누에르 모델은 그 우아함과 영향력에도 불구하고 누에르인의 사회적 행위나 누에르인의 가치에 대한 믿을 만한 지침을 제공하지는 못하는 것 같다. 누에르인들조차도 『누에르족』 같지 않다. 그렇다면 이 모델에 부합하는 것은 무엇인가? 이 모델은 우선 초창기 인류학자들의 연구, 특히 모건, 메인, 뒤르켐, 로버트슨 스미스(Robertson Smith), 래드클리프 브라운이 만들어낸 개념들에 부합한다. 보다 구체적으로 말해서, 어쩌면 이 모델은 베두인족에 대한 에번스 프리처드의 경험이 로버트슨 스미스의 영향으로 변화하여 형성되었을 것이다. 그러나 이 모델의 내적 일관성과 철학적 반향은 한 세대 동안 계속 눈부신 것으로 남았다.

1940년대: 친족이론의 눈부신 발전기

전쟁이라는 장애물에도 불구하고 1940년대는 영국 사회인류학으로서는 놀랄 만한 십 년이었다. 이 시기는 『아프리카의 정치체계』의 출판과 함께 시작되었는데, 이 책은 누에르족, 아누악족, 탈렌시족에 대한 저서들과 더불어 사회구조에 대한 정치적인 관점을 성립시켰다. 그리고 1950년에 출판된 논문집인 『아프리카의 친족과 혼인체계』(*African Systems of Kinship and Marriage*)는 이러한 십 년을 마무리하는 것이었다. 이 책은 『탈렌시족의 친족망』(*The Web of Kinship among the Tallensi*, 1949), 『누에르족의 친족과 혼인』(*Kinship and Marriage among the Nuer*, 1951)과 더불어 친족체계 연구에서 돌파구가 되었다. 뒤의 두 책은 『아프리카 친족과 혼인체계』를 발판으로 발전한 것이었다.

메이어 포티스는 1940년대에 이루어진 친족이론의 발전에서 래드클리프 브라운 다음으로 중요한 인물이었다. 포티스는 래드클리프 브라운이 ─ 그리고 그의 미국 제자들이 ─ 친족체계를 부족사회의 사회구조에 상응하는 것으로 보는 경향이 있다고 지적했다. 이것은 오스트레일리아 원주민 사회와 같은 사회들에서 조차도 친족의 역할을 지나치게 강조하는 것이었다. 게다가 래드클리프 브라운은 말리노프스키와 마찬가지로 친족관계가 가족관계 내부의 핵심으로부터 파생했다고 너무 쉽게 가정하는 경향이 있었다. 포티스에 따르면 이 두 사람의 연구에서 "친족체계는 기초적인 가족으로부터 사회적으로 인정된 이자대항(dyadic) 관계들이 바깥 쪽으로 확장되면서 형성하는 양변적 연망으로 그려져 있다."[45] 두 사람은 또 친족원 개인 간의 관계를 지나치게 강조했다.

이들의 저술에는 법적·정치적 장치가 부과하는 외적인 압박이라는 요인이 빠져 있었는데, 외적인 압박은 가족집단 내부에서 발생하는 압력들과 함께 친족체계를 형성하는 것이었다. 포티스는 후일 이렇게 썼다.

나의 주장은 이렇다. 즉 래드클리프 브라운 이후에 친족이론에서 이루어진 주요한 진전은 그의 연구로부터 직접 자라난 것인데, 이는 바로 친족에 기반한 사회체계라고 어설프게 불려온 사회세계 전체에서 정치적·사법적 영역을 가족적 또는 가내 영역으로부터 분석적으로 분리한 것이었다.[46]

누에르인에 관한 에번스 프리치드의 책들과 탈렌시족에 관한 포티스의 책들은 이러한 친족집단의 이중적 맥락, 즉 가족적 맥락과 정치적 맥락을 보여주었다. 그들은 누에르와 탈렌시 사회구조에 대한 연구를 각각 두 권으로 나누어 냄으로써 그들의 주장에 구체적인 형태를 부여했다. 각각의 경우에 제1권은 씨족과 종족 관계를, 제2권은 친족 개인간의 관계를 다루었다.

이와 같이 1940년대는 『누에르족』과 더불어 종족의 정치적 중요성을 보여주는 것으로 시작했고, 『탈렌시족의 친족망』과 친족관계에 가해지는 외적·내적 제한들 사이에서 일어나는 상호작용에 대한 분석으로 끝을 맺었다. 포티스와 에번스 프리처드의 연구가 래드클리프 브라운으로부터 나온 것은 분명하나, 그들의 연구는 래드클리프 브라운의 이론이 발전할 수 있는 방향 가운데 하나만을 대표하고 있었다. 실제로 래드클리프 브라운은 이들의 연구가 지니는 함의를 전적으로 받아들이지는 않았다. 『아프리카의 친족과 혼인체계』의 긴 서문에서 그는 여전히 출계집단과 그 외 친족 영속집단(kinship corporations)들을 주로 내적인 관점에서 다루고 있다. 그러나 당시의 다른 학자들은 대부분 생각을 바꾸었다. 주목할 만한 예로 말리노프스키와 가장 가까운 동료 가운데 한 명이었던 오드리 리처즈를 들 수 있다. 그녀는 『아프리카의 친족과 혼인체계』에 기고한 글에서 중앙아프리카의 모계체계에 가해지는 가족적 제한과 정치적·사법적 제한의 상호작용을 보여주었는데 이것은 이 새로운 접근방식을 보여주는 가장 훌륭한 한 가지 예이다.

마지막으로 이 저자들이 일반적으로 베이트슨의 논리를 받아들였고, 래드클리프 브라운의 단순한 실재론을 넘어섰다는 점을 주목해야 한다. 포티스는 1949년에 이렇게 썼다.

구조를 기술할 때 우리는 이미 실제 사회생활의 피와 살을 구성하는 행위·감정·신앙 등이 복잡하게 얽힌 실타래에서 멀리 떨어져 있는 일반 원칙들을 다루고 있다. 말하자면 우리는 이미 구어의 영역이 아닌 문법과 구문론의 영역에 있는 것이다. '구체적 현실'로부터 추상화를 통해 구조를 먼저 확립시킨 까닭에 우리가 사회적 사건들의 '구체적 현실'에서 구조를 식별하는 것이다.[47]

영국 사회인류학의 혁신적 발전기

1930년대와 1940년대의 영국 사회인류학의 동향은 여러 차원에서 정리될 수 있다. 우선 말리노프스키와 런던 정경대학이 지배하던 시대로부터 옥스퍼드를 중심으로 하는 래드클리프 브라운, 에번스 프리처드, 포티스의 시대로 옮겨갔다. 또 주된 현지조사 지역으로서 경계가 확실하고 외관상 획일적인 소규모 문화들로 이루어진 오세아니아 대신에, 넓은 지역에 퍼져 있고 흔히 고도로 분화된 대규모 사회들을 볼 수 있는 아프리카가 선택되었다. 또한 이 시기에 인류학자들은 말리노프스키의 구체적이고 제도 중심적인 기능주의를 채택했다가 버렸고, 여러 다양한 추상화 방식을 실험해보다가 마침내는 사회학적이고 구조주의적인 입장을 채택했다. 또한 연구주제에서도 가족·주술·생계로부터 정치체계와 친족체계로 관심이 바뀌었다. 즉 말리노프스키뿐만 아니라 프레이저와 웨스터마크도 가졌던 관심사들로부터 모건, 메인, 리버스, 래드클리프 브라운이 가졌던 다른 종류의 관심사들로의 전환이 일어났던 것이다. 이상과 같은 다양한 움직임은 한 수준에서 연결되어 있었음이 이제 분명해졌을 것이다.

이 시기 전체는 당시의 중심적인 연구서들을 통해 가장 잘 이해될 수 있다. 이 저서들은 당시의 견해와 주요 관심사들을 반영하고 있을 뿐만 아니라 이해와 설명방식을 실험해본 것이기도 했다. 가장 성공적인 것은 모방해야할 모델이 되었다. 전후 세대의 영국 사회인류학자들은 1950년대에는 대체로 에번스 프리처드가『아잔데족의 마법, 신탁, 그리고 주술』과『누에르족』에서 행한 실험들을 되풀이하는 데 만족했다.

그러나 말리노프스키의 전통은 계속 살아 있었고, 보다 모험적인 이들은 곧 새로운 구조주의적 접근방식에서 보이는 모순점들과 한계점들을 깨닫고 밀림을 빠져나가는 다른 길을 탐색했다. 이들 일부는 그 과정에서 놀랍게도 아직도 덤불에서 화전을 하며 생계를 꾸려나가는 말리노프스키의 충실한 제자를 만나기도 했다.

가장 광범한 시각으로 보자면 이 시기의 정말로 놀라운 특징은 20명 남짓한 사람들이 불과 20년도 안 되는 기간 동안에 보여준 창조적인 에너지였다. 양차 세계대전 사이에 이루어진 영국 사회인류학의 업적은『연보』학파가 그 전성기 때 이룬 업적과 비견할 만하다.

제4장 인류학과 식민주의

전 대통령 크와메 은크루마(Kwame Nkrumah)의 대기실에 그림 하나가 걸려 있었다. 엄청나게 큰 그림이었는데 그림의 중심인물은 식민주의의 마지막 사슬과 싸우고 씨름하는 은크루마 자신이다. 이 사슬은 끊어지려 하고 하늘에는 천둥과 번개가 치고 대지는 흔들리고 있다. 이 와중에 세 명의 작은 인물이 달아나고 있는데 이들은 창백한 백인들이다. 그중 하나는 자본가로 서류가방을 들고 있다. 다른 하나는 사제 혹은 선교사로 성경을 들고 있다. 세 번째의 더 작은 인물은 『아프리카의 정치체계』라는 제목의 책을 들고 있다. 그는 인류학자이다…….

• 요한 갈퉁(Johan Galtung)[1]

'식민주의의 속편', 이것이 가끔 우리의 연구를 일컫는 말이다. 이 둘은 분명히 연결되어 있지만 인류학을 식민주의적 정신구조로 역행한 것, 식민주의에 생존기회를 제공하는 수치스러운 이데올로기로 보는 것보다 인류학을 더 오도하는 것은 없을 것이다.

식민주의와 인류학으로서는 이른바 르네상스가 진정한 탄생이었다. 이 둘은 함께 생겨날 때부터 서로 대결관계에 있으면서 4세기 동안 모호한 대화를 계속해왔다. 만일 식민주의가 없었더라면 인류학의 정교화는 덜 늦어졌을 테지만 아마 인류학이 그 개별 사례연구 각각에 온 인류를 관련시키지도 않았을 것이다. 우리 학문은 서구인이 이 지구상에 그가 대상물로 취급하는 인종이나 민족이 하나라도 있는 한, 절대로 자신을 이해하지 못하리라는 점을 깨닫기 시작한 바로 그날 성년에 다다랐다. 이때서야 인류학은 자신의 진정한 색깔을 분명히 드러내게 되었다. 즉 온 인류에게 휴머니즘을 전파하기 위해서 르네상스를 재고찰하고 속죄하는 사업으로서 말이다.

• 레비 스트로스[2]

인류학은 식민지 행정에 유용한 학문이었는가

아주 초창기부터 영국 인류학은 식민행정에 유용할 수 있는 학문으로 자처하길 좋아했다. 그 이유는 분명하다. 식민정부와 식민 이해세력이 재정지원을 할 가능성이 가장 높았기 때문이다. 대학에서 인류학을 인정하기 전 수십 년 동안에는 특히 그랬다. 동시에 제국주의적 열광의 절정기에 인류학이 유용할 수도 있다는 생각은 영국에서 이 비교적(秘敎的)이고 주변적인 연구를 추구한 이들 일부를 부양했음이 분명하다.

식민주의적 대의명분을 위해 기꺼이 어깨에 총대를 메겠다는 태도는 결코 보편적이지는 않았지만 널리 퍼져 있었다. 예를 들어, 해든은 인디언 문화를 연구하기 위해 1909년에 브리티시컬럼비아(British Columbia, 캐나다 남서부의 주—옮긴이)에 갔다. 그곳 경찰이 비동조 중국인 노동자들에 대한 공세를 취할 때, 해든은 다른 백인 방문자들과 함께 공습에 가담하라는 압력을 받았다. 그는 근시안을 핑계로 실제 공습에서는 빠져 나왔으나, 붙잡힌 66명의 죄수를 감시하는 일을 자원했다. 집으로 보낸 편지에서 그는 이렇게 썼다.

이것이 내가 여기에 하러 온 일은 아니지요……. 인디언 민족학 대신 나는 사회학 실습교육을 받았소……. 그러나 나는 새로운 경험들로 가득 찬 아주 즐거운 시간을 보내고 있소. 이 경험 중 일부는 훗날 가르치는 데 유용하고, 일부는 이야기를

엮어나가는 데 유용할 거요.[3)]

프레이저 같은 사람이 이렇게 적극적으로 참여했으리라는 상상은 할 수 없다. 실제로 프레이저는 반대 입장을 대표했는데, 이 상아탑 속의 학자는 자신의 연구가 어떤 식으로 이용될 수 있는지 구체적으로 말하는 것조차 꺼렸다. 1908년 리버풀에서 한 취임 강연에서 그는 청중들에게 이렇게 경고했다.

그러나 만일 여러분이 사회구성을 깨뜨리길 원한다면 여러분의 사회인류학 교수가 여러분을 돕고 부추기리라고 기대해서는 안 됩니다. 그는 도래할 지상천국을 식별할 선견자도, 예언할 예언자도, 모든 악을 치료할 영약을 가진 돌팔이 약장수도 아니며, 비참과 가난, 질병과 죽음, 불쌍한 인간을 괴롭히는 모든 끔찍한 공포물에 대항하여 성전(聖戰)을 이끄는 적십자 기사도 아닙니다. 이 같은 성전에서 돌격을 외치며 선도하는 일은 그 사람보다는 더 높은 음성과 더 고귀한 성품을 가진 다른 이들의 몫입니다. 그는 단지 학자, 즉 과거를 연구하는 학자일 뿐으로, 과거가 어떠했는지에 대해서는 약간, 그러니까 아주 약간, 여러분에게 말해 줄 수 있을는지 몰라도, 앞으로 어떻게 되어야 할지에 대해서는 여러분에게 말할 수 없는, 그리고 감히 그렇게 하지도 않는 사람입니다……[4)]

그러나 일반적으로 인류학자들은 무엇보다도 인정을 얻는 수단으로서 자신들의 학문이 어떤 면에서 유용할 수 있는지를 간절히 선전하고 싶어했다. 옥스퍼드와 케임브리지, 그리고 런던의 학위는 부분적으로는 식민지 관리들을 위한 훈련이 된다고 정당화되었다. 왕립인류학회도 때로 민속학회(Folklore Society), 영국 과학진흥협회와 협력하여 인류학 연구기금과 교직을 확보하려는 시도를 되풀이하면서 인류학의 유용성을 강조했다. 물론 가장 단순한 수준에서는 유용한 점이 있었다. 식민지에서 일하는 사람이라면 누구라도 그가 다룰 민족들에 대해 뭔가를 알 때 준비가 더 잘되어 있을 것이다. 그러나 인류학자들이 구체적인 무엇인가를 제공할 수 있다고 영국 정부를 설득하기는 어려웠다.

1909년에 식민지 행정관들과 의원들, 그리고 학자들로 이루어진 대표단이 당시 수상이었던 애스퀴스(Asquith) 씨를 방문해서 식민지 관리들과 상인들을 위한 인류학 교육센터 설립을 위해 연간 단돈 500파운드의 지원금을 요청했다. 그들은 인류학 지식의 상업적 가치를 강조했고, 또 그런 교육기관이 장기적으로 절약이 된다며 애스퀴스를 설득하려고 했다.

이에 대한 필요성은 인류학 훈련을 받지 않은 관리 한 사람의 행동이 한 변경지역 부족의 오해를 초래한 사례를 통해 구체적으로 증명될 수 있습니다. 군의 토벌이 뒤따랐는데 그 비용은 아마도 이 학교가 앞으로 100년간 필요한 금액의 10배에 맞먹을 것입니다.

그러나 바로 그 다음 말에서 그들은 속내를 드러내고 말았다.

리지웨이(Ridgeway) 교수는 나아가 자신이 인류학의 중요한 한 분야라고 옹호하던 인체측정학(anthropometry)의 필요성을 언급했습니다. 그는 모든 학교에서 신체 특성과 기타 관련 세부사항을 측정하고 기록해야 한다고 했습니다.

애스퀴스: 그러려면 돈이 많이 들겠는데요.

해리 존스턴 경(Sir Harry Johnston)은 또 다른 주장을 폈다. 그는 "하나의 인종으로서 우리는 매우 속물적이어서, 만약 지원금이 지급되고 이 교육기관이 왕의 윤허로 '왕립'이라는 칭호를 얻게 된다면 인류학은 엄청난 추진력을 얻게 될 것입니다"라고 했다.[5] 모두 헛수고였다. 인류학회는 1907년에 '왕립'이라는 칭호를 받았지만 이 새로운 교육기관은 기금을 받지 못했을 뿐만 아니라 그런 거창한 명칭하에 설립되지도 않았다. 허버트 리슬리 경(Sir Herbert Risley)이 1910년에 윈체스터에서 그랬듯이, 소년들에게 인도에 가기 전에 인류학을 공부해야 한다며 하루를 강연하는 데 보낸다 할지라도, 소년들이 반드시 그렇게 해야만 한 적은 없었다. 인류학 교육은 결코 널리 요청되지 않았으며 아프리카 제국 바깥에서는 아예 확립되지도 않았다. 또 인류학자들은 앞으로도 한참 동안은 돈도 인정도 얻지 못할 것이었다.

인류학자들은 전쟁 중에도 자기 주장이 강한 행정관료들과 별로 이름없는 학자들 사이에 이런 묘한 동맹관계를 만들려고 계속 노력했다. 오늘날 그들의 이런 주도는 그다지 사악하지 않은 경우에는 오히려 재미있게 느껴진다. 리처드 템플 경(Sir Richard Temple)의 끝없는 특별회의 가운데 하나로서, 1914년 영국과학진흥협회가 후원하는 한 위원회 특별모임에서 일어난 일이다. 여기서 대령 매튜 네이선 경(Colonel Sir Matthew Nathan)은 아프리카협회(African Society)를 대표하여 다음과 같은 평가를 내놓았다.

남아프리카와 비교했을 때 동아프리카와 서아프리카에서는 다소 다른 식으로 인류학 연구가 응용될 수 있다. 동·서아프리카의 경우에는, 원주민의 능력을 최대한 개발하고 점차 증진시켜서 그들이 훗날 식민 정부의 행정과 자기나라의 사업경영을 도울 수 있도록 하기 위해서 우리는 원주민들을 속속들이 알기를 원한다.

우리는 남아프리카에서는 인류학 연구가 핫존하는 원주민 문제를 다루는 데 도움이 되기를 원한다. 나는 남아프리카의 원주민을 학문적 문제로 보면 볼수록 그들이 사회적 위험이라는 느낌이 덜 들 것이라고 항상 느껴왔고 가끔 그렇게 말했던 것 같다. "모든 것을 알고 모든 것을 용서하라"(tout savoir, tout pardonner)는 말은 개인에게만 해당되는 것이 아니고 국가에도 해당된다.[6]

이 분석은 템플을 감동시켰던 것 같다. 왜냐하면 1921년에 그가 응용인류학 학교를 설립하자고 또다시 호소하기 시작했을 때, "모든 것을 알고 모든 것을 용서하라"는 표제하에서 진행시켰기 때문이다. 그리고 그는 마지막에, "모든 것을 얻으리라"(Tout Gagner)라는 말을 덧붙였다.[7] 그러나 자신들의 상품을 팔기 위한 방책이란 점을 제외하고는 이런 측면에 특별히 관심이 있는 인류학자는 별로 없었다. 셀리그먼은 과연 그답게, 이런 템플의 강연 하나를 논평하면서 제국 인류학(imperial anthropology)의 중앙사무국이 맡을 수 있는 가장 유용한 기능은 아마 보고서 출판일 것이라고 했다. 그는 "나는 상당한 지원금 없이는 어떤 출판업자도 받아들이려 하지 않기 때문에 출판되지 못하고 있는 일급 연구를 최소한 세 개──둘은 아프리카, 하나는 태평양에 관한──를 알고 있다"고 덧붙였다.[8]

인류학에 대한 식민주의자들의 무관심

인류학이 유용할 수도 있다는 생각에 영국 정부나 대중이 쉽게 설득되지 않았듯이 식민지 정부들도 별 감명을 받지 못했다. 동양에서는 행정관료들이 자신들이 관장하는 복합적인 사회의 언어와 법체계를 공부함으로써 이득을 볼 것이라는 전통이 있었지만 일반적으로 사회학적 연구는 장려되지 않았다. 예를 들어, 인도에서 '민족학'은 약간의 사회적·문화적 정보를 포함하는 센서스를 개발하고 제한적인 범위 내에서 '부족'민들을 연구하는 수준 이상을 의미했던 적은 없는 듯하다. 여타 지역에서는, 1920년에 파푸아의 오스트레일리아 행정부가 정부 인류학자 한 명을 임용한 경우를 제외하면, 인류학은 아프리카 제국에서 주로 이용되었다.

아프리카에서 낸 기록은 적어도 1930년대까지는 별로 두드러지지 않았다. 지방정부와의 마찰 후 남부 나이지리아에서 1908년에 정부 인류학자들이 임용되었으나 그들과의 계약은 갱신되지 않았다. 1920년에는 골드코스트(Gold Coast, 현재 가나 공화국의 기니만灣 연안으로 황금이 많이 산출되는 까닭에 '황금해안'으로 불린다—옮긴이) 정부가 새로이 창설된 정부 인류학자 직책에 행정관인 래트레이(Rattray)를 임명했다. 그 이듬해 나이지리아 정부는 센서스에 상당한 민족학 정보를 포함해야 한다는 결정을 내렸다(인도의 센서스를 본보기로 한 듯하다). 따라서 약간의 인류학적 훈련을 받은 또 다른 행정관인 미익(Meek)이 북부 지방의 인구조사 감독관으로 임명되었다. 1927년에 그와 톨벗(Talbot)은 남부 나이지리아 지방정부가 붕괴된 이후 조사를 하러 그곳에 파견되었다. 그러나 이상은 주로 사후적 임명이었고 서아프리카에서 정부 인류학자의 역할은 어떤 규모로도 제도화되지 않았다.

동아프리카에서는 셀리그먼이 수단 정부를 위해 인류학 연구를 수행하기로 계약을 맺었는데 이 임무는 나중에 에번스 프리처드에게 넘겨졌다. 이들의 전문지식은 한 번도 사용된 적이 없었다. 에번스 프리처드는 다음과 같이 회고했다.

셀리그먼 교수가 한 번은 내게 말하기를, 그가 수단에서 혹은 수단 문제에 대해서 연구했던 기간 내내 한 번도 그에게 조언을 구하는 일이 없었으며 그가 누바 구릉지역의 비 만드는 사람들(rain-makers)에 관련해서 딱 한 번 조언을 자원했을 때도 그 조언은 받아들여지지 않았다고 했다. 같은 지역에서 사회학적 문제들을 연구했던 15년 동안 나는 어떤 문제에 대해서도 단 한 번도 조언을 요청받은 적이 없었다.[9]

동아프리카의 그외 지역에서는 탕가니카 정부만이 정부 사회학자를 위한 직책을 하나 마련했다.

남아프리카에서는 샤페라가 베추아날랜드(Bechuanaland, 현재의 보츠와나 공화국-옮긴이) 정부와 긴밀한 협력 아래 수년 동안 연구를 진행했고, 영연방 정부는 1925년에 원주민부(Native Affairs Department) 민족학 분과를 창설했다. 이 조직의 업무는―후에는 많이 확장되었지만―민족학적 인구조사를 실시하고, 다양한 족장 후보자들의 자격에 대한 조언을 하며, 보다 최근에는 유사 전통적인 부족행정 형태들을 고안하는 등 일상적 업무를 크게 넘어서지는 않았다. 인종분리정책(apartheid)의 지적인 근거는 아프리칸스(Afrikaans, 네덜란드계 남아프리카인-옮긴이) 민족학자들이 제공했다. 이 사상은 독일 낭만주의의 영감을 받았고 '자유주의적인' 영국 인류학을 철저히 의심스러워했다.[10]

따라서 1930년대 중반까지는 대영제국과 자치령에서 공적인

212

인류학은 별 진전이 없었다. 제국 전체를 볼 때 이때까지는 인류학이 행정에 직접적으로 기여한 바가 없다고 해도 과언이 아니다.

다른 한편으로 식민지 관리들의 인류학 훈련을 통한 간접적인 효과는 있었다. 식민지 정부들은 관리들이 인류학적 지식을 약간 갖추는 데 반대하지 않았다. 골드코스트의 어느 총독이 언급했듯이, 인류학이 "행정에 조금이라도 실제적인 이득이 된다는 것을 증명하려면 인류학 연구에 열성적이고 또 의무라기보다는 재미가 있어서 그 일을 하는 관리들에 의해 연구가 수행되어야 한다".[11]

1930년대로 대표되는 식민지 행정의 분수령 이후에도 인류학에 대해 수박 겉핥기 이상의 지식을 갖춘 관리는 상대적으로 드물었을 것이다. 요원의 훈련은 간략했으며 회계나 개괄조사 같은 실용적인 기술과 법에 중점을 두고 이루어졌다. 언어학습은 장려되었으나 통달한 사람이 드물었으며 인류학은 이들 관리의 관심을 끌려고 경쟁하는 선택사항 가운데 하나에 불과했다.

식민지 행정관리들의 인류학 연구성적은 선교사들에 비해 좋지 않았다. 일부 식민지 정부들이 펴낸 간행물들에는 민족사(ethnohistory)와 호기심을 끄는 일화들이 좀 실려 있었지만 인류학적 내용은 드물었다. 이 잡지들을 보면 학문적인 취향이 있는 행정관리들은 관할 영토 안에 있는 동식물 연구에 더 끌렸다는 것을 알 수 있는데, 이는 의심할 바 없이 주민들과의 피곤한 교제로부터의 도피였을 것이다.

식민지 정책의 전환과 인류학의 성장

영국의 아프리카 식민정책은 1930년대에 바뀌기 시작했다. 식민지를 경제적, 행정적으로 '발전'시키기로 결정했고 그때까지 등한시되었던 아프리카 식민지들을 보다 건설적인 행정계획을 하도록 고무했다. 경기침체와 전쟁 때문에 여러 계획의 실행이 지연되었지만, 정책의 전환은 인류학자들에게 영향을 미쳤다. 무엇보다도 국제아프리카연구소는 마침내 현지에 나가 있는 연구원들을 후원하기에 충분한 돈을 확보하게 되었다. 그래서 말리노프스키의 세미나 방향을 아프리카의 '문화변동'에 초점을 두도록 돌려놓았다. 두 번째로, 로즈 리빙스턴연구소(Rhodes-Livingstone Institute)가 당시의 북로디지아(현재의 잠비아—옮긴이)에 설립되었다. 이 연구소는 전후에 인류학에 큰 자극제가 될 식민지 사회연구소들의 원형이 되었다. 세 번째로, 헤일리 경(Lord Hailey)은 아프리카 개괄조사를 수행하라는 의뢰를 받았다. 그는 비교적 큰돈이 드는 연구안들을 만들어냈는데 그 돈의 일부는 결국 인류학자들에게로 조금씩 흘러 들어갔다.

국제아프리카어문연구소(International Institute of African Languages and Cultures, 앞에 나온 국제아프리카연구소의 정식명칭—옮긴이)는 1926년에 여러 유럽 국가 출신의 인류학자들, 언어학자들, 선교사들, 식민지 관리들의 후원으로 설립되었다. 첫 번째 임원회에는 위대한 식민지 관리였던 루가드(Lugard)와 선교사 인류학자로 초대 연구소장이 된 에드윈 스미스(Edwin

Smith), 그리고 레비 브륄, 슈미트 신부(Fr Schmidt), 셀리그먼 등과 같은 학자들이 있었다. 수년 동안 이 연구소가 한 일은 순수한 학문연구였는데 아마도 아프리카의 철자법에 관한 제안들이 가장 돋보이는 업적일 것이다.

비록 활동중인 성원들은 주로 영국에 기지를 두고 있었지만, 연구소의 국제적인 성격과 주도적 성원들의 저명함 덕택에 연구소는 점점 증가하는 연구기금을 전달하는 좋은 매체가 될 수 있었다. 하지만 이는 그다지 극적이지는 않았는데 자선신탁금, 여러 본국 정부와 식민지 정부로부터 받은 지원금, 그리고 회원들의 회비로부터 나온 첫 해의 수입은 3,000파운드를 넘지 않았다. 카네기 법인에서 받은 지원금에 힘입어 세 번째 해의 수입은 거의 7,000파운드 수준으로 올랐으나, 1930년대 초 록펠러 재단이 연구소를 통해 연구직을 후원하기로 결정하고 수입을 9,000파운드로 끌어올리고 나서야 비로소 연구소의 수입이 합리적인 수준에서 안정되었다. 이 연구소를 1930년대에 인류학계에서 주도적인 세력으로 끌어올린 것은 바로 이런 연구지 지원금이었다.

이런 연구직과 지원금의 수가 많지는 않았지만, 사실 양차 세계대전 사이에는 인류학자들도 별로 없었다. 그러나 이 지원금의 효과는 그 수에 비해 엄청났다. 첫 연구원은 포티스, 나델, 그리고 호프스트라 세 명이었다. 이후 몇 년 동안 연구소가 부분적으로나 전적으로 보조한 다른 인류학자들로는 모니카 헌터(Monica Hunter, 나중에 윌슨), 샤페라, 포드(Forde), 리드(Read), 고든 브라운(Gordon Brown), 힐다 비머(쿠퍼)가 있었다. 적은 액수의 연구 보조금이 지적인 면에서는 엄청난 보답을 가져왔다. 게다가 연구소는 현지조사로부터 나오는 연구저서들과 논문집들을 출판하는 데 보조금을 지급할 수 있었고, 얼마 동안은 세계에서 가장 중요한 인류학 출판인이 되었다.

록펠러 기금을 받으면서 연구소는 5개년 연구계획을 세웠고 1932년에 그 연구계획서가 출판되었다. 이 계획서는 새로운 세대의 기능주의자들에게 '응용인류학'이 무엇을 의미하는지를 진술하고 있어서 흥미로웠는데 이들 새 세대 기능주의자들과 세련된 선교사들의 관심을 반영하고 있었기 때문이다. 이 연구계획의 첫 번째 가정은 연구소의 제한된 자원이 한 가지 주요한 문제를 해결하는 데 사용되어야 한다는 것이었다. 이것은 다음과 같이 정의되었다.

아프리카인의 삶에 유럽 문명의 사상과 경제세력이 상호침투하는 데서 발생하는 근본적인 문제는 아프리카 사회의 결집력 문제이다. 아프리카 사회는 지금 심각한 긴장상태에 놓여 있고, 아프리카 대륙에 침투 중인 강력한 세력들이 아프리카 사회를 완전히 붕괴시킬 수도 있다는 위험신호가 보인다. 사회의 붕괴는 결과적으로 그 사회를 구성하는 개인들에게는 재난을 초래하는 동시에 사회의 순차적인 진화를 불가능하게 만들 것이 틀림없다. 그러므로 본 연구소가 육성하는 연구는 원래의 아프리카 사회에서 사회적 결집을 가능하게 한 요인들, 이것들이 새로운 영향력에 영향을 받는 방식들, 새로운 집단과 새로운 사회적 유대가 형성되는 경향들, 그리고 아프리카 사회들과 서구 문명 사이의 협동의 형태 등에 대한 이해를 향상시키는 방향으로 이루어져야 한다고 제안한다.[12]

이것은——물론 일부 기능주의자들은 피해나간——기능주의적 환상을 시사한다. 즉 그들의 사회 모델은 부분들 간의 평형을 가정하고 있기 때문에 변동은 붕괴를 의미했다. 애처롭게 흔적만 남아 있는 오스트레일리아와 북아메리카 부족들의 이미지가 그들을 괴롭혔다. 그럼에도 불구하고 이 계획서는 연구소가 '변동'을 찬성하지도 반대하지도 않는다고 주장했다. 그것은 특정한 정책에 대한 찬반 입장을 표명하지 않으면서 변동과정들을 객관적이고 과학적으로 연구하는 것을 목표로 삼았다. 행정관리에게는 단지,

아프리카 사회의 제도들과 외부에서 들어온 정부·교육·종교 체계들 사이의 올바른 관계를 결정하고, 전자에 절대적으로 필요한 것을 보존하며, 또 후자와 아프리카의 전통·관습·정신 사이에 불필요한 갈등을 없애는 데[13]

도움이 될 정보를 줄 것이었다.

그러나 연구원들은 '변동'과 관련해서는 별로 연구하지 않았다. 그들은 자신들이 사회적 결집의 토대에 대한 보다 학문적이고 과학적인 연구라고 여긴 것에 대부분의 시간과 에너지를 쏟

았다. 일부는 주최국 정부의 초청으로 소규모 '응용'연구 프로젝트에 참여한 것도 사실이다. 그래서 포티스는 법정에서 사용될 수 있도록 탈렌시의 혼인법에 대해 보고했으며, 골드코스트의 외딴 북부지방 행정을 재조정하는 데 필요한 일반적인 조언도 요청받았다. 마거릿 리드(Margaret Read)는 이주노동이 니야살랜드(Nyasaland, 현재의 말라위―옮긴이)의 촌락생활에 끼치는 영향에 대해 연구했다. 나델은 나이지리아의 누페(Nupe) 지역에서 이슬람 법정과 함께 '이교도 법정'을 설치하는 문제에 대해 조언했다. 그는 또한 조세계획 재평가에 사용할 경제자료를 제공하기도 했다. 비슷한 성격을 가진 다른 제한적인 연구들이 몇 가지 있었는데 이들은 사회구조에 대한 보다 근본적인 인류학적 연구의 부산물이었다.

응용연구 프로젝트는 드문데다가 야심적이지도 못했고, 인류학자들의 학문적인 글들은 식민지 행정가들의 관심을 끌지 못했다. 식민지 총독이었던 필립 미첼 경(Sir Philip Mitchell)이 다음과 같이 인류학자들에 대해 불평을 했을 때, 그는 다수를 대변하고 있었다.

(인류학자들은) 그들만이 이해능력을 타고났다고 단언하면서 미미한 부족적·개인적 관행들의 모든 세부 항목들에 대해서 열광적으로 바삐 작업했으며, 그런 연구들로부터 아낌없는 노력이 들어간, 때로 정확한 기록이 많이 나왔는데…… 너무 길어서 아무도 그것을 읽을 시간이 없었고, 또 어쨌든 그것이

나왔을 때는 이미 정부의 일상업무와는 상관없어진 경우가 잦았다.

1938년 로즈 리빙스턴연구소의 설립은 다른 종류의 발전을 예고했다. '영국령 중앙아프리카'에서 이루어지는 사회연구를 지휘하기 위해 설립된 이 연구소는 다른 식민지에 설립된 몇몇 유사한 센터들의 모범이 되었다. 처음으로 사회연구요원들이 상급 정부관리들과 같은 관대한 조건으로 고용되었다. 그러면서도 연구원들은 상당한 자치권을 누릴 수 있었다. 이는 연구소가 북부 로디지아에 있기는 했지만 일군의 국가들에 관여하고 있었고 따라서 단일 식민지 정부의 요구사항에 지배당하는 것을 피할 수 있었기 때문에 더 쉬웠다. 시작은 미미해서 처음에는 단지 한두 명의 연구임원들을 고용했을 뿐이다. 다른 곳에서와 마찬가지로 본격적인 성장은 1940년에 식민지 발전복지법(Colonial Development and Welfare Act)이 제정되고 나서야 이루어졌다. 이 법은 부분적으로는 헤일리의 『아프리카 개관조사』(*An African Survey*)에서 생겨난 것이다.

헤일리는 퇴직한 인도문관(Indian Civil Service) 상급관리로서 스머츠(Smuts, 남아프리카의 정치가―옮긴이)의 제안에 따라 카네기 재단과 로즈관재인단(Rhodes Trustees)으로부터 나온 기금을 가지고 조사에 착수했다. 그의 보고서는 주로 행정에 관한 것이었으나 그는 인류학자들에 대해 비판적이기도 했다. 그는 말리노프스키가 해오던 주장들에 감명받지 않았다. 인류학자들이 항상 인용하는 한 가지 응용인류학적 업적은 아샨티족(Ashanti) 황금의자의 의례적 가치가 너무도 커서 아샨티인들은 전쟁을 치르지 않고서는 그 누구에게도 이 의자의 사용을 허락하지 않으리라는 발견이었다. 이에 대한 헤일리의 논평은 상식으로 가득 차 있었다.

1899년에 아샨티의 황금의자를 점유하려 한 골드코스트 행정부의 시도는…… 오해의 예로서 자주 인용되어 왔으나, 그것은 아마도 원주민의 관습에 대한 무지보다는 대중 감정에 대한 무도한 경시를 보여주는 증거였을 것이다.[14]

만약에 인류학자들이 갈등을 근본적인 이해관계의 충돌에서 발생하는 만큼이나 자주 오해에서 비롯되는 결과로 생각했다면 그들은 지나치게 순진한 것이다.

헤일리의 회의는 더 깊었다. 그는 행정가는 이용 가능한 모든 정보를 얻으려고 노력해야 한다는 것을 인정했지만 서아프리카의 영국 행정부는 아프리카 제도들에 대한 첫 번째 중요한 조사가 시작되기 전에, 즉 1912년에 서아프리카 토지위원회(West African Lands Committee)가 임명되기 전에 벌써 상당히 많은 일을 해냈다는 점을 지적했다. 게다가 그는 만약 영국이 그의 희망처럼 간접통치 정책을 포기한다면 그렇지 않아도 제한적이던 인류학의 유용성이 더욱 제한될 것이라고 생각했다. 그는 이렇게 썼다.

서구의 경제제도 또는 정치제도를 아프리카 사회로 확대함으로써 아프리카 사회에 발생한 부적응 문제가 어떤 다른 이들의 치료보다 인류학자의 치료에 더 잘 반응하는 것은 아니다. 인류학자의 연구가 여전히 직접적으로 응용될 수 있는 가장 현저한 분야는 혼인·계승·토지보유를 규제하는 법의 통례적인 규칙들을 밝히는 데 있다. 여기서 인류학자의 연구는 확실히 쓸모가 있고, 그 가치는 즉시 응용될 수 있는 분야에만 국한되지도 않는다. 왜냐하면 인류학적 연구는 아마도 모든 행정활동의 근간인 아프리카의 관습과 가치기준의 맥락을 조명해준다는 점에서 훨씬 더 큰 가치를 발휘할 것이기 때문이다.[15]

헤일리의 보고서는 인도와 중동에서 일어난 사건들로 식민정책이 재고되던 때에 나왔다. 전쟁은 식민지 문제를 보다 근본적으로 재고하도록 자극했고, 정부는 1940년에 식민지 발전복지법을 발표했다. 그것은 무엇보다도 최고 연 50만 파운드에 달하는 금액을 식민지 연구에 할당하도록 했다. 정부는 주로 헤일리의 보고서에 고무되어 이 같은 결정을 내렸다고 설명했다.

연구기금은 1940년대 말에는 겨우 50만 파운드였으나 1950년대 초에 이르러서는 100만 파운드를 넘어섰다. 그러나 이는 모든 식민지의 모든 연구를 위한 기금이었다는 점을 기억해야 한다. 가장 큰 몫은 농업, 동물건강, 그리고 임업 분야의 연구(35퍼센트)와 의학연구(16퍼센트)에 돌아갔다. 사회·경제연구는 모두 합해서 기금 전체의 9퍼센트에 불과한 금액만을 지원받았다.

종전 후 이 기금을 분배하기 위해 설립된 식민지 사회과학 연구평의회(Colonial Social Science Research Council, 이하 CSSRC)는 퍼스와 오드리 리처즈를 포함한 9명으로 구성된 위원회를 갖추고 있었다. 아프리카 분야에서 일하는 주된 사회과학자 집단이 인류학자들이었기 때문에 전후 인류학계의 극적인 팽창을 가능하게 할 만큼 충분한 기금이 있었다. 이 연구직을 맡을 만큼 훈련된 사람들이 너무 부족해서 일부는 미국인들에게 주어졌다. 전통적인 기금관계의 기묘한 역전이 일어났던 것이다.

인류학에서 CSSRC 연구직의 대부분은 아프리카 분야에서 일하는 사람들에게 돌아갔다. 아프리카는 1950년대까지는 사실상 인류학자들이 학문적으로 독점하는 지역으로 남아 있었다. 아프리카는 또 1930년 이후 인류학자들의 현지연구의 주된 초점이기도 했다. 1943년에 당시 왕립인류학회의 회장이었던 브라운홀츠(Braunholtz)는 "영국 식민지의 주민들을 연구하려는 영국 인류학자들의 자연적인 경향"에 대해 불평했다.[16] 여기에 "아프리카에 있는"이라는 말을 덧붙여도 무방했을 것이다.

인류학자들이 이렇게 아프리카에 집중한 이유를 설명하기는 쉽지 않다. 인도 아대륙과 중동은 제1차 세계대전 이후 점점 더 정치적으로 불안해졌지만 아프리카도 결코 획일적으로 조용하지는 않았다. 에번스 프리처드는 누에르인들이 가장 잔인하게 '평정된' 직후 누에르를 연구했다. 물론 일부 인류학자들은 다른 곳으로 가기도 했다. 예를 들면, 1930년대 퍼스는 말레이 반도에 갔고, 리치는 버마(지금의 미얀마—옮긴이)에 갔다. 그러나

1950년대까지는 그들을 뒤따른 사람들이 거의 없었다. 1930년대 중반 이후에는 영국 인류학자 중 오세아니아로 돌아간 이들도 많지 않았다. 이는 오스트레일리아인들에게 맡겨졌다. 이것은 단순히 기금의 문제가 아니었다. 1947년에 스카버러위원회 (Scarborough Commission)는 냉전 전야의 외무성의 불안을 반영하면서 동양의 전략적인 요충지에서의 연구를 장려했으나 인류학자들은 일반적으로 이를 기피했다. 이것은 정말 수수께끼이다. 그러나 우리는 특히 양차 세계대전 사이의 시기에는 서로 밀접히 연관되어 있던 소수의 사람들의 동향이 중요했다는 점을 기억해야 한다. 이런 환경에서는 어떤 성공적인 예나 강력한 사람의 견해가 특정 위원회에 우연히 미치는 영향이 매우 중요했음이 틀림없다.

응용인류학

인류학자가 다소 마지못해 '응용연구를 좀 했을' 때 그는 제한된 범위의 주제 가운데 하나를 선택하는 경향이 있었다(나는 '그'라는 용어를 썼지만, 거물들은 종종 응용연구가 지적으로 덜 힘들므로 여성들에게 가장 적합하다고 보았다. 말리노프스키는 아프리카의 '문화변동' 연구를 위해 파견할 첫 학생을 그녀가 전통적인 부족연구를 하기에는 아직도 인류학 경험이 너무 부족하다는 생각에서 선택했다). 이런 연구들에서 되풀이되는 주제는 토지보유, 전통법 특히 혼인법의 성문화(成文化), 노동이주, 족장들 특히 하위족장들의 위치, 그리고 가구예산 등이다. 전체 부족 체계가 체계적으로 변화되는 방식에 대한 연구를 시도한 영국 인류학자는 하나도 없었으며, 고드프리 윌슨(Godfrey Wilson)과 루시 메어(Lucy Mair)만이 구체적으로 '변동'에 관심을 집중했다. 탕가니카(Tanganyika, 현재의 탄자니아―옮긴이)에서 이루어진 브라운(Gordon Brown)과 헛(Hutt)의 실험은 이런 점에서 시사하는 바가 크다.

고든 브라운은 캐나다인으로 말리노프스키에게서 훈련을 받았다. 그는 탕가니카에서 교육감으로 일했고 인류학자와 행정가가 어떻게 협동할 수 있는지를 모색하던 중 일련의 사건들을 통해 마음이 통하는 지방장관인 헛과 팀을 이루게 되었다. 브라운과 헛은 인류학자와 행정가의 역할을 가능한 한 완전히 분리하기로 의견을 모았다. 브라운은 정책을 비판하지 않기로 했고, 헛은 인류학자가 수집한 사실들을 의문시하지 않으며, 단지 특정 주제에 대한 정보를 요청하고 그가 생각하기에 최선인 방식으로 그 정보를 이용하기로 했다.

그는 무엇에 대해 물었는가? 처음 세 질문은, 결혼 및 이혼의 등록, 일부다처제의 정도, 그리고 살인의 방지책으로서 사형의 효과에 대해서였다. 실험이 계속됨에 따라 1932년에는 질문의 범위가 더 넓어졌다. 그러나 헛은 그 지방의 전체적인 사회적 상황을 분석하려는 브라운의 시도에 대해서는 특별히 반대했다. 그는 연구가 지나치게 '학문적'이 되는 것을 원치 않았던 것이다. 인류학자는 이처럼 오로지 구체적인 직접적 질문들에 대해서 신뢰할 만한 정보를 제공하는 출처로서만 취급되었다. 다른 지방의 장관들은 지역의 신뢰할 만한 서기에게 유사한 질문을 했다.[17]

정부의 위탁으로 상당한 자료를 모아 제출한 인류학자는 정말 드물었다. 예외라면 탕가니카의 정부 인류학자였던 한스 코리(Hans Cory)였다. 또 다른 예외는 샤페라였는데 그는 수년 동안 베추아날랜드 정부와 긴밀한 협력 아래 일했다. 그는 족장들과 법정을 위해 츠와나의 법을 기록했고 이 나라의 다양한 토지보유체계에 대한 설명을 썼으며 이주노동의 영향에 대해 보고했다. 그뿐만 아니라 보다 구체적이고 미묘한 문제들에 대한 기밀보고서도 작성했다. 보다 전형적으로 인류학자들은 정중한 요청을 받았을 때 조그마한 분석을 해주었을 뿐이고, 아마도 대부분은 이런 일을 전혀 하지 않았을 것이다.

고드프리 윌슨은 아프리카의 식민지 정부들을 위해 가끔 행해진 소규모 작업의 전형적인 예 하나를 보고했다. 탕가니카 정부는 1930년대 초에 니아키우사족(Nyakyusa)에 성공적으로 커피를 도입했다. 초기에 성공을 거둔 후, 이 계획은 집을 자주 옮기고 밭을 내팽개치는 니아키우사인들의 습관과 또 토지보유에 관련된 그들의 이상한 관습 덕분에 난관에 처했다. 이에 대처하라는 정부의 압력 아래 족장들은 커피 관목은 재배자들의 '절대적인 소유물'이 되어야 한다는 법을 통과시켰으나 이는 실행 불가능한 것으로 드러났다.

고드프리와 모니카 윌슨은 니아키우사인들 사이에서 현지조사를 했고 고드프리는 1938년에 현지에 있었던 관계로 조언을 요청받았다. 그는 인구의 이동에 대해서는 어떻게 할 도리가 없다는 점을 지적했다. 그는 바나나 나무에 관한 니아키우사법을 모델로 하는 보다 융통성 있는 법을 만드는 것을 해답으로 제안했다. 이것은 새 정착민들이 나무를 돌볼 수 있어야 하나, 처음에 나무를 심은 이들도 수확의 일정 비율로 보상받아야 한다는 것이었다. 관리들은 이 제안에 긍정적인 반응을 보였으나 월슨이 집필중이던 1940년까지도 시행 여부는 결정되지 않았다.

이 짧은 이야기에 대해 몇 가지 짚고 넘어가야 할 점이 있다. 무엇보다도 먼저, 고드프리 월슨은 이 시기 영국 사회인류학계에서 '사회변동'에 대한 전문가에 가장 근접한 인물이었다. 또 그는 응용연구에 깊은 관심을 가지고 있었다. 그는 이 이야기를 쓰기 얼마 전 로즈 리빙스턴연구소의 초대 소장이 되었고, 그와 그의 아내는 기능주의 인류학자로서는 처음으로 사회변동에 대한 이론을 만들려고 시도한 글을 발표했다.[18] 그러나 1940년에 국제아프리카어문연구소가 발행하는 학술잡지인 『아프리카』에 실린 응용인류학에 대한 이 논문에서 그는 그런 연구의 가능성을 예증할 고무적인 이야기를 더 내놓지 못했다. 만약 이러한 주변적인, 아마도 무시되었을 조언 한마디가 자랑할 만한 것이라면, 응용인류학에서 영국 사회인류학자들이 거둔 성적은 분명히 인상적이지 못했다.

실제로 이루어진 연구작업을 검토해보면 식민지 행정관들의 회의주의를 정말 이해할 만하다. 물론 지식인들은 식민지 행정관들의 우쭐거리는 태도, 무엇이든 다 알고 있다는 듯한 오만함, 그리고 '현실주의자'(그들은 자신들을 이렇게 부르기를 좋아했다)와 학자를 대립시키는 속물근성에 질겁했다. 그러나 인류학자들은 그들의 손에 놀아났고 따라서 행정가들이 생각해낸 소규모 연구들에 (일반적으로) 마지못해 참여했을 뿐이며, 자신들은 '현실적인 사람들'이 아니므로 정책에 대해서 소리내어 말해서는 안된다는 견해를 스스로 받아들였다. 사태를 더 악화시킨 것은 말리노프스키가 너무 많은 것을 약속했다는 점이었다. 오드리 리처즈가 고백했듯이, "인류학자는 종종 도움을 주겠다는 제안을 하지만 좀처럼 그것을 실제로 이행할 만큼 자신을 낮추지는 않는다."[19]

인류학자와 식민주의자들의 관계

이러한 상황에 대한 이유는 쉽게 확인된다. 우선, 인류학자가 비록 식민지 정부나 관계자들로부터 종종 자금을 조달받기는 했지만 그들의 미래는 학문연구에 있었다. 영국의 대학들은 전통적으로 기술자보다는 순수한 학자를 보상했고, 이론적 연구에 전념하고 싶어하는 인류학자의 태도는 정책수립에 기여하고 싶은 욕망을 항상 짓눌렀다. 게다가 응용연구가 현지조사 지원금의 주요 조건인 경우는 좀처럼 없었다. 연구지원금을 지급하는 단체들은 학자들이 정한 우선순위를 공유하고 있었고, 언젠가는 정책의 세련화에 도움을 줄 일군의 교사들과 지식의 창고를 확보해 두는 편이 영국에 이로울 것이라는 보다 장기적인 견해를 갖고 있었다. 비교적 장기적인 계약을 맺고 일하는 학자들을 갖춘 사회연구소가 식민지에 여럿 있었던 전후(戰後)에도 응용연구를 주로 한 사람은 거의 없었다. 현지조사자들이 부업으로 하위 족장들의 교육수준 등에 대한 정부의 개괄조사에 필요한 자료를 수집해 달라는 요청을 예전보다 더 자주 받았음에도 불구하고 말이다.

식민행정관 쪽에서는 나름대로 의심스러워할 때가 많았다. 이전에 미국 정부 인류학자로 일한 적이 있는 바넷(H. G. Barnett)은 1956년에 전 세계에 걸쳐 인류학이 행정에서 이룬 진보를 검토하고는 이렇게 결론을 냈다.

"아무리 재치 있게 표현하더라도 진실을 말하자면 인류학자들과 행정가들은 대체로 사이좋게 지내지 못한다."[20]

영국령 아프리카의 식민관리도 예외는 아니었다. 그는 자신이 적절한 사실들을 알고 있다고 믿었으며, 평화와 평정이라는, 또는 보다 이상적으로 '진화적인 발전'이라는 자신의 목표에 인류학자가 동참하고 있는지 의심스러워했다.

많은 지방장관들은 자신들이 '원주민을 알고' 있으며, 수년 동안 경험을 쌓았으므로 불과 일이 년만을 그 지역에서 거주한 인류학자보다 자신들이 훨씬 더 전문가라고 믿었다. 이것은 부분적으로는 폭로당할지도 모른다는 두려움에서 비롯된 방어적인 반응이었겠지만, 거기에는 '자기 부족'에 대한 인류학자의 질투심과 비슷한 그 무엇이 있을 때가 더 많았다. 지방장관들은 자신들의 관할 영토에 있는 모든 외부인을 수상쩍게 여길 때가 많았는데, '문제를 일으킬' 독특한 기회를 가진 인류학자는——특히 그가 내심 '공상적 사회개량가'일 경우에는 ── 걱정거리의 원천이었다. 나이지리아의 지방관이었던 조이스 캐리(Joyce Cary)는 이를 소설로 다루었는데, 여기에 등장하는 어리석은 미국인 여성 인류학자는 자신이 통제할 수 없는 세력들을 선동함으로써 결국 이해심 많은 선량한 지방장관인 애인을 죽음으로 내모는 데 간접적인 역할을 했다.[21)]

인류학자는 아프리카인들과 허물없이 지냄으로써 그 지역 백인들의 여론을 종종 동요시켰다. 보다 전통적인 지방장관들은 ── 특히 남아프리카와 중앙아프리카에서 ── 인류학자들이 거의 원주민처럼 되어서는 자기 백인들을 망신시킨다고 확신하곤 했다. 오드리 리처즈는 인류학자들을 대변해서 이 문제에 대해 다소 방어적일 수밖에 없었다.

사람들이 때때로 주장하는 것처럼 인류학자가 진정으로 원주민 부족의 일원으로 받아들여진다고 가정하는 것은 아마 순전한 낭만주의이겠지만, 인류학자들이 그 지역에 사는 다른 유럽인들보다 훨씬 더 친밀하게 원주민의 삶에 참여하는 것은 사실이다. 예를 들어, 그들은 가장 가까운 유럽인 정주지가 아니라 원주민 마을에 살아야 한다. 원주민의 일과 놀이를 함께 하고 그들의 의식(儀式)에 참여해야 한다. 고위직에 있는 유럽인이나 특정한 교회에 속하는 유럽인들이 인류학자처럼 자유롭게 술자리나 주술의식에 참석하기는 어려울 것이다. 아프리카인 지방관리도 마찬가지로 그에게 요구되는 행동양식에 따라 똑같이 제한받을 수 있다. 이런 이유로 인류학자는 불가피하게 '숲의 야생인'이라는 명성을 곧 얻고 또 '원주민이 되어간다'는 비난을 끊임없이 받는다. 한때 "아랫도리 가리개 차림에 큰 북 주위를 돌면서 춤추는" 것으로 묘사되지 않은 인류학자는 거의 없을 것이다.[22]

인류학자의 생활양식이 단지 거슬리는 정도의 문제만은 아니었다. 인류학자는 또한 어떠한 외부 접촉으로부터도 '그의 부족'을 보호해서 그들을 상업, 정부, 기독교로부터 멋지게 격리된 박물관의 전시물로서 보존하고 싶어하는 낭만적 반동주의자로 간주되었다. 간접통치라는 신화에도 불구하고 식민지 정부들은 모두 현금경제의 확장, 선교사업과 선교교육의 후원(일부 지역을 제외하고), 그리고 새로운 형태의 법과 정부를 설립하는 데에 전념했다.

일반적으로 인류학자의 정치관에 대한 이러한 풍자는 분명히 매우 부당하지만 어느 정도는 현실과 관련이 있었다. 1920년대와 1930년대 대부분의 시기에 식민지 통치업무에 대한 자유주의적 입장은 '변화'가 위험하다는 것이었다. 즉 문화는 모두 나름의 가치가 있으므로 존중되어야 하며, 특히 부족문화들은 외부 세력들과 접촉하게 되면 타락 또는 심지어 붕괴하기 쉽다는 것이다. 따라서 선량한 세력들은 어떤 종류의 급진적인 변화에 대해서도 반대해야 한다는 것이다. 자유주의자들은 특히 아프리카의 이해관계에 이미 상당한 손상을 초래한 변화들 — 백인의 정착, 이주노동 등──에 대항하여 싸웠다. 이러한 자유주의적 입장을 부분적으로나 전적으로 거부했던 많은 인류학자들은 보다 진보적인 행정관들의 견해에 오히려 공감했다. 또 다른 이들은 '그들의' 부족들의 분파적 이해관계를 옹호했으며, 일부는 급진적인 반식민주의자들이 되었다. 그러나 대체로 인류학자들은 식민지 사회들의 구조에 대하여 일관적인 견해를 발전시키지 못했을 뿐만 아니라 기능주의적 지향을 가지고 있었기 때문에 쉽게 정형화되었다.

이런 태도에서 볼 수 있는 긴장은 종전 직후 식민지 문제를 다룬 한 페이비언 협회 논문집에 포티스가 기고한 논문에 나타난다. 그는 한편으로는 인류학자들이 손상되지 않은 아프리카 사회를 박물관 작품으로 보전하고 싶어한다는 신화를 공격했다.

그런 말을 퍼뜨리는 사람들은 자신들이 현대의 인류학적 연구작업에 대하여 무지하고 우리 시대의 역사적 과정에 대하여 충격적일 만큼 이해가 부족하다는 것을 보여줄 뿐이다. 사실상 '때묻지 않은 미개인'에 대한 향수는 원시사회들을 해체하고 미개인들을 '타락시킴'으로써 먹고 사는 사람들──정부관리, 상인, 선교사 등──사이에서 흔히 찾아볼 수 있다.

그러나 그는 다른 한편으로는 서구에서 온 세력이 아프리카 사회에 혁명적인 영향을 미친다고 쓴 다음 아래와 같이 논평했다.

안정적이고 동질적인 원시사회가 가지는 평형성의 중심(重心)은 그 사회의 문화적 가치체계에 있다. 그리고 급속한 사회적 와해를 겪고 있는 원시사회가 공통의 문화적 가치를 더 이상 유지할 수 없게 되면 탐욕스럽거나 착취당하는 개인들로 이루어진 오합지졸이 되거나 비이성적인 폭도적(暴徒的) 충동의 희생물이 되기 쉽다.[23]

　아마 더 많은 인류학자들이 공유했을 자유주의자들의 마지막 믿음은 일단 사실들이 알려지고 나면 선의를 가진 모든 사람들이 선량한 일을 하리라는 것이었다. 따라서 이를테면 뱀바인의 게으름이나 츠와나인의 외설의 원인을 정리하여 밝히는 것은 갈등의 근절과 관용에 기여하는 것이었다. 그러나 혜일리가 종종 지적했듯이 문제는 좀처럼 오해의 문제가 아니었다. 양측은 서로를 정말 너무나 잘 이해하고 있었다.

　대체로, 늦게는 1940년대까지 영연방에서 인류학자들에 대한 식민지와 정착민의 일반적인 태도가 어떠했는지를 가장 잘 보여주는 일은 남아프리카가 전쟁에 뛰어들자마자 연방정부가 보인 반응일 것이다. 연방정부는 즉각 모든 아프리카인 보호구역에 인류학자의 출입을 금지해버렸다. 이것이 식민주의자들이 인류학자들에게 의존하는 것인가?

　인류학적 연구에 대한 재정적 지원이 가장 활발했던 시기인 1950년대가 영국이 식민지적 책임에서 급속하게 벗어난 시기와 일치하는 것은 아이러니이다. 오드리 리처즈와 나중에는 폴러스

(Fallers)와 사우설(Southall)의 지휘 아래 있었던 동아프리카사회연구소(East African Institute of Social Research)와 글럭먼, 콜슨(Colson), 미첼(Mitchell)이 이끌던 로즈 리빙스턴연구소는 민족지적 연구를 전문으로 했다. 이 연구소들에서 최고의 아프리카 지역 민족지 연구가 나왔다. 그 연구원들은 또한 도시에서, 노동조합에서, 환금작물 재배지역에서 나타나는 사회적 추세들에 주의를 기울였다. 그러나 그때까지도 그들의 조언이 자주 요청되지는 않았다. 우간다의 오드리 리처즈는 최고로 식견 높은 총독인 앤드루 코헨 경(Sir Andrew Cohen)과 긴밀한 협력 아래 일했지만 이것은 예외적인 것이다. 경제학자와 농촌개발 전문가가 새로운 지도자였다. 이바단(Ibadan)에서 마케레레(Makerere)까지 대학들이 창설되었을 때 인류학자들은 사회학과에 비집고 들어가야만 했다.

게다가 아프리카 연구가 유행하자―특히 1957년 가나의 독립 후에―다른 사회과학자들이 몰려들었다. 그들은 인류학자들이 사회생활의 모든 측면을 연구하는 것을 보고 인류학자들을 공격함으로써 자신들의 입지를 구축했다. 지금에 와서야 정치학자들, 역사학자들, 심지어는 경제학자들까지 인류학자들이 산출해 낸 연구의 엄청난 가치와 인류학자들의 소박한 방법, 즉 농촌주민들, 도시근로자들과 장기적이고 긴밀하게 접촉하는 방법이 가지는 학문적 이점을 인정하고 있다.

식민지적 환경이 영국 사회인류학의 발전에 미친 영향

응용인류학에 대한 영국 정부나 식민지 정부들의 수요가 대단하지 않았다는 것은 피할 수 없는 결론이다. CSSRC 시절에 평의회 위원들이 사회적으로 유용한 연구에 대해 희망적으로 얘기하던 때조차도 인류학자들은 일반적으로 자신들의 달콤한 학문의 길로 갔다. 다른 식민 세력들은 인류학자들의 도움을 많이 받았는지도 모르나 영국 식민지 당국은 인류학자들을 별로 이용하지 않았다. 또 연구자금을 받으려는 취지에서 썼던 미사여구에도 불구하고 인류학자 자신들도 별로 이용당하고 싶어하지 않았다.

어쩌면 이것은 인류학이 식민지 정권과 제국주의 정책 일반에 주었을지도 모르는 도움의 성격을 너무 좁게 보는 것인지도 모른다. 벨기에 인류학자인 마케(Maquet)는 이렇게 썼다.

분명히 많은 예외가 있겠지만, 식민지 시대에는 대부분의 인류학 연구가──많은 경우에 마지못해 또는 무의식적으로──보수적이었다고 해도 과언이 아닐 것이다. 첫 번째로, 유럽이 식민지 팽창을 정당화할 필요가 있던 바로 그때, 아프리카인들은 '문명화된' 민족들과는 너무 다르고 또 너무 '미개한' 것으로 묘사되었다. 그리고 두 번째로, 나중에 식민 세력들이 진보적인 아프리카인들에 대항하여 보다 전통적인 세력들과 동맹을 맺는 것이 유용했을 때는, 전통문화들의 가치가 과장되었

다. 우리는 이런 사건들의 병행이 우연의 일치에 불과하다고 믿지 않는다.[24)]

이 점은 분명히 해둘 만한 가치가 있다. 비록 제1세대 민족주의 정치가들은 인류학자들보다 훨씬 더 굳은 결의를 가지고 아프리카의 전통적 가치를 정의하고 전통문화들을 찬양했지만 말이다. 많은 인류학자들도 같은 동기, 즉 아프리카의 문화들로부터 속물적인 오명을 제거하고 아프리카인들이 자신들의 유산에 대해 알고 그에 대해 자부심을 가질 수 있도록 하려는 욕망을 지니고 있었다.

더 까다로운 또 한 가지 질문은 이 책의 주제에 더 적절한 것으로서, 식민지 환경은 영국 사회인류학의 발전에 어떤 영향을 미쳤는가라는 물음이다. 단순히 식민지 상황이 인류학이라는 학문을 발생시키지는 않았다. 영국 이외의 유럽의 다른 식민 정권들은 비슷한 종류의 인류학 학파들을 만들어내지 못했고, 스페인과 포르투갈은 어떤 종류의 인류학도 거의 산출해내지 못했다.

또한 간접통치 정책을 따로 떼어내 기능주의이건 다른 종류이건 인류학의 창시자라고 지목할 수도 없다. 이 정책은 영국령 일부에서만 시행되었고 그것도 간접통치 신화가 의미하는 식으로 시행된 적이 결코 없었다. 현장 상황을 보면 영국의 '간접통치'와 프랑스의 '직접통치' 사이의 차이점은 거의 없었으며, 또 개개의 영국령이 서로 크게 달랐다는 것은 역사가들이 일반적으로 인정하는 사실이다. 사실상 거의 모든 식민지에서 아프리카인 지역

지도자들을 신(新) 전통적 근거에서 모집했든 아니든 간에, 어느 정도 토착적인 체계에 따라 지역행정을 담당하도록 이용해야 했다. 왜냐하면 다른 대안은 너무 비용이 많이 들어서 생각할 수도 없었기 때문이었다. 게다가 '간접통치'에 대해 어떻게 말하건 간에 사회변동을 일으키는 중요한 일들이 모든 영국 식민지에서 초기 단계에서부터 의도적으로 시행되었다. 이런 일들에는 특히 세금의 현금 부과, 이주노동 장려, 무력규제에 대한 결정이 포함된다. 1930년대부터 모든 영국 식민지들은 어떤 식의 간접통치주의를 통해서도 설명할 수 없는 개발계획을 정부와 경제 분야에 도입하기 시작했다.

그러나 예를 들어 마케가 시사했던 것처럼 기능주의가 식민주의 인류학 이론으로서 독특하게 적절하지는 않았는가? 이 문제에 대해서 확답을 바랄 수는 없지만 몇 가지 점은 유용하게 짚고 넘어갈 수 있다. 무엇보다도 먼저, 다소 차이는 있지만 대부분의 영국 식민지 행정관들은 진화주의 이론을 의문 없이 받아들였다. 그들은 예비학교에서 로마제국의 전통에 따라 교육을 받았으며, 자신들이 후진 민족들에게 최소한의 해악만 끼치면서 문명의 혜택을 가져다준다고 믿었다. 이 후진 민족을 그대로 내버려둔다면 수세기의 '진화' 이후에야 문명단계에 도달할지도 모를 일이었다.

두 번째로, 전파주의도 그 상황에서 식민주의 이론으로 상당히 좋은 후보였다. 말리노프스키는 아프리카 인류학이라는 신생 분야를 유럽 문화가 아프리카로 어떻게 전파되는지에 대한 연구라고 정의했고, 이 새로운 학문의 기초로서 '문화접촉'에 대한 강좌를 열었다. 이것은 또한 허스코비츠(Herskovits)와 같은 미국인들이 옹호한 접근방식이기도 했다. 말리노프스키가 현대 아프리카에 대한 자신의 견해를 발전시켰을 때 그의 기능주의가 크게 변화되었다는 점은 중요하다. 그의 견해는 기능주의자에 대한 풍자를 조금도 닮지 않았다.

그리고 가장 중요한 점은, 조야한 기능주의적 견해야말로 행정관들이 두 번 생각할 것도 없이 질색한 것이라는 점이다. 그들은 인류학자가 점진적인 변화조차도 지지하기를 꺼리고 상인·선교사·행정관의 존재를 못마땅해한다고 생각하고 그들을 비웃었다. 기능주의가 변화를 다루지 못한다고 해서 식민지 행정관들이 인류학자들을 곱게 봐준 것은 아니었다. 오히려 정반대였다. 식민지 행정관들은 또한 기능주의적 입장에 내포된 상대주의에 대해 움찔했다. 그들은 머리사냥이 그의 부족에게는 매우 유익하다고 주장하고 그것을 부적절한 서구의 도덕기준으로 판단해서는 안 된다고 말한 뉴기니의   아마도 가공의──인류학자를 조롱했다. 식민지 행정관은 진화주의적 이론을 확고히 견지하고 있었으며 이 이론은 가치의 진화단계를 포함하는 것이었다. 그는 자기 백성들이 더 높은 단계로 진화하도록 독려할 의무가 자신에게 있다고 생각했다.

그러나 기능주의가 총체적인 식민지 현실을 역사적인 전망으로 다루기를 암묵적으로 거절한 것으로 볼 수 있다는 그럴듯한 주장이 제기되었다. 이는 식민지 상황이 인류학자를 제한하거나 심지어는 눈멀게 한 탓이라고 여겨졌다. 이런 유의 주장은 사회학에서 기능주의 이론이 함의하는 보다 넓은 맥락을 과소평가하는 것이다. 양차 세계대전 사이에 식민지에서 이루어진 영국 사회인류학의 연구만 기능주의적인 것은 아니었다. 유럽과 미국의 사회학자들과 식민지 바깥에서 일하는 소수의 영국 사회인류학자들도 비슷한 종류의 연구를 했다. 기능주의적 접근방식은 공시적 분석을 가지고 실험한 것으로서 인류학 지성사의 측면에서 볼 때 이해할 만한 것이다. 또 기능주의자들은 이전의 접근방식에 비하면 기능주의가 더 좋은 민족지들을 육성했다고 주장했다. 바로 이런 이유로 화이트(Whyte)는 보스턴의 빈민가 연구에, 아렌즈버그(Arensberg)와 킴벌(Kimball)은 1930년대의 아일랜드 농촌사회를 연구하는 데 이 방법을 채택했다. 또 미국과 독일의 많은 민족학자들이 보여주었듯이, 식민지적 맥락을 고려하지 않고서도 역사적 연구를 쓸 수 있었다는 점도 마찬가지로 강조되어야 한다. 마르크스주의 이론을 고려하지 않으려는 것 ─ 소수의 주목할 만한 예외를 빼놓고는 ─ 또한 식민지 사회인류학에 독특한 것은 아니었다. 이러한 누락은 서구 사회과학 대부분의 특징이었다.

요즘 유행하는 주장들 다수가 조야하며 잘못된 정보에 기초하고 있음에도 불구하고, 식민지 상황이 분명 연구비 조달과 현지조사지로의 접근을 용이하게 한 반면, 이론적인 수준에서는 영국 사회인류학의 발전을 제한했다는 점만큼은 피할 수 없는 사실이다. 이를 엄밀히 검증하기 위해서는 제국의 상실 이후에 영국 사회인류학이 어떻게 되었는가를 확인해야 할 것이다. 1950년대 중반 이후 인류학에서 일어난 급격한 변화는 부분적으로는 정치적 환경에서 일어난 변화의 탓으로 돌려야 한다.

인류학과 식민주의의 관계를 보면 두 가지 결과가 두드러진다. 첫 번째로, 인류학자들은 총체적인 식민지 상황을 학문적인 방식으로 다루지 않았다. 예를 들어, 정착민과 행정관리를 연구한 이는 별로 없었는데, 이는 인류학자들의 연구에서 중요한 차원의 현실 하나를 빼버리는 것이었다. 이것이 아마도 식민지 시대의 위대한 연구들이 친족·부족들의 정치구조·우주론 체계를 다룬 이유일 것이다. 이런 분야들에서는 식민지 환경이 부여하는 제한이 인류학자들의 강점이 되었다.

두 번째로, 영국 사회인류학자들은 기능주의 이전에 있었던 인종주의적이고 진화주의적인 집착을 버리지 못했다. 기능주의자들은 그들의 연구대상이 특별한 유형의 사람, 즉 '원시적'이거나 '미개적'인 사람이라고 정말 생각하지는 않았다. 어쨌든 래드클리프 브라운과 같은 지도적인 인물들은 이런 생각을 거부했다. 그러나 그들은 자신들의 전문분야가 피식민인에 대한 연구라는 것을 슬그머니 받아들이게 되었고 또 피식민인이 진화론자들이 말한 옛날의 '원시인' 또는 '미개인'과 동일시되는 것을 허용했다. 이것은 손쉬운 가정이었으며 엄밀한 정의를 피해가는 편한 방법이었으나, 그 결과로 인류학은 식민주의의 대굴욕과 동일시되게 되었다. 영국 사회인류학자는 식민지 민족들에 대한 전문가였기 때문에 예전에 식민지였던 국가에서 너무 자주 의심의 대상이 된다. 즉 그가 자신의 연구를 실제로는 유색인학이라고 봄으로써 식민지 민족들의 인간성을 평가절하하는 데 기여했기 때문이다.

그러나 이런 일반화와 내가 대략 그린 큰 그림에 들어맞지 않는 예외가 많았다. 패러다임의 제한을 깨뜨린 가치 있는 연구가 상당히 많이 있었다. 남아프리카에서는 글럭먼과 힐다 쿠퍼가 인종 체제를 역동적이고 급진적인 방식으로 검토했고, 헬먼(Hellman)은 아프리카의 도시 근로자에 대한 연구를 개척했다. 로즈 리빙스턴연구소에서는 글럭먼이 로지(Lozi)의 토지 보유 방식에 대한 보고서를 출판했는데, 이 보고서는 소비에트 집단 농장의 구성에 대한 내용을 비교연구의 목적으로 포함하고 있었다. 유럽 출신 정착민들은 글럭먼의 이러한 행동을 폭동교사에 맞먹는 것으로 간주했다. 로즈 리빙스턴연구소의 연구원들은 소수를 제외하고는 전체적으로 정치적 좌파였다. 뉴기니의 하물숭배(荷物崇拜, 멜라네시아 일부 지역에서 나타난 일종의 천년왕국 운동―옮긴이)에 대한 워슬리(Worsley)의 분석은 식민지 정책에 대한 뚜렷한 비판이자 민족주의 운동의 시작에 대한 보고서가 되었다. 미래의 다른 민족주의 정치가들처럼 케냐타(Kenyatta), 부샤(Busia), 그리고 매튜즈(Z. K. Matthews)는 인류학을 공부한 사람들이었는데 이들은 인류학을 통해 자신들의 문화유산에 대한 새로운 존경심과 이해를 배웠다. 이런 예를 계속 들 수 있겠지만, 요점은 단지 이런 복합적이고 폭넓은 문제를 다룰 때는 일반화가 제한적이어야 한다는 것이다.

결론으로 영국의 기능주의적 사회인류학의 한 가지 특징을 강조해야겠다. 말리노프스키 이후 인류학자들은 연구방법의 기초를 참여관찰에 두었는데, 이 방법은 인류학자가 연구대상 집단들과 친밀하고 자유롭게 접촉할 것을 요구했다. 따라서 그들은 대부분의 식민지에 존재했던 흑백차별의 장벽을 무너뜨려야 했고, 모든 식민정권이 가진 기본적인 무언의 가정들에 도전해야만 했다. 세련된 유럽인들이 어떻게 많은 부족적 관습을 기꺼이 채택하고, 빈곤한 문맹인들과 우정을 바탕으로 함께 살 수 있는지를 보여주는 그들 개개인의 예는 정착민들과 많은 식민관리들을 끊임없이 불편하게 했다. 그들의 예는 아직도 시사하는 바가 크다.

제5장 카리스마에서 일상사로

추억에 남을 만한 어느 날, 디너파티가 끝난 후 앤드루 랭(Andrew Lang, 1844~1912, 스코틀랜드 출신의 학자이자 문학가로 동화모음집과 호메로스의 번역 및 연구로 저명했으며, 신화·종교·역사 연구에도 선구적인 업적을 남겼다—옮긴이)을 그가 머물고 있던 머턴(Merton)까지 바래다주러 걸어가고 있을 때 그는 내게 이렇게 말했다.

"만약 내가 그걸로 먹고 살 수만 있었다면 위대한 인류학자가 되었을지도 모르지!"

• 매럿[1]

전후 영국 사회인류학의 급격한 팽창

제2차 세계대전으로 영국 사회인류학의 발전이 완전히 중단되지는 않았다. 일부 인류학자들은 식민지 행정관으로 뽑혀갔는데 그중 특히 에번스 프리처드와 나델이 눈에 띈다. 오드리 리처즈는 식민청에 들어갔다. 일부는 정보부대에서, 또는 특수임무를 맡아 복무했고, 리치는 버마의 게릴라 부대와 모험으로 가득 찬 전쟁을 치렀다. 그러나 왕립인류학회는 강연과 학회를 위한 센터를 계속 유지했고, 얼마 되지 않는 인류학자들끼리는 서로 연락을 하고 지냈다. 더구나 군에서 복무한 젊은이 가운데 일부는 처음으로 아프리카 또는 아시아를 경험했는데, 그들은 이 경험으로 전쟁이 끝나고 난 후 인류학을 공부하기로 결심했다.

전쟁이 끝나자 영국 사회인류학은 상대적으로 극적인 팽창기에 들어갔다. 마침내 연구비가 풍족해졌고 새로운 학과들이 설립되었으며, 새로운 사회연구소들이 식민지에 직원을 두게 되었다. 처음으로 사회인류학이 영국에서 직업이 되었다. 대학원생은 더 이상 미친 도박을 하는 것이 아니라 어엿한 전문직업을 가질 수 있게 되었던 것이다.

식민지사회과학연구평의회(이하 CSSRC)의 설립과 함께 이전의 자금부족은 이제 과잉으로 돌아섰다. 새로 생긴 연구원직 자리를 채울 수 있을 만큼 충분한 숫자의 훈련된 학생들을 찾아내기가 힘들 정도였다. 교직 또한 생기기 시작했다. 아프리카 연구와 동양 연구가 대중적 인기를 누리기 시작했다. 인도와 중동의 민족주의 운동의 힘은 식민지 문제에 대한 새로운 사고를 자극했는데 특히 이때 정권을 잡게 된 노동당에서 그랬다. 이 모든 것이 인류학의 교수직 수를 늘리는 데 유리한 환경이 되었다. 런던 대학 유니버시티 칼리지(스카버러 보고서 이후 크게 확장된)와 동양학·아프리카학 학교(School of Oriental and African Studies), 맨체스터 대학, 그리고 에든버러 대학에 교수직이 새로 생겼다. 인류학자들은 또한 다른 학과나 번듯한 인류학과가 없는 대학에서도 자리를 잡았다. 1953년에 포드(Forde)가 사회인류학 교직에 대한 설문조사를 출판했을 때 영국의 대학에는 38명의 사회인류학 교직이 있었다. 어느 정도라도 인류학 교육을 제공했던 대학은 12개였다. 약 160명 정도의 학생이 사회인류학 학위를 취득하기 위해 공부하고 있었는데, 대략 반 정도가 대학원생이었다. 그리고 약 500명 정도의 학생이 인류학 강좌를 보충과목으로 들었다.

따라서 전후에 인류학을 직업으로 삼게 된 사람의 수는 급격히 늘어났다. 한 가지 좋은 척도는 의미심장하게도 1946년에 설립된 전문협회인 대영사회인류학자협회(Association of Social Anthropologists of Great Britain, 이하 ASA)의 회원수이다. ASA는 처음에는 영국에 기지를 둔 14명과 해외에 기지를 둔 7명의 회원으로 시작했다. 1951년에 이르면 양쪽 모두 회원수가 두 배로 늘어나 있었다. 포드가 영국에 38개의 사회인류학 교직이 있다는 것을 알아낸 해인 1953년에는 60명의 회원이 있었는데 그중 3분의 1은 영국 바깥에 기지를 두고 있었다. 1950년대 말이

되었을 때 회원수는 120명을 넘었고 1968년에 사회과학연구평의회가 영국 사회인류학의 상황을 조사했을 때는 240명의 회원이 있었다. 또 약 150명의 영국 대학원생들이 학업 중이었는데 아마 그중 반은 박사학위까지 받았을 것이다.

새로운 물결을 이룬 이들 신입 인류학자 가운데 많은 이는 미국, 또 아프리카와 아시아 식민지의 신설 대학들, 그리고 '백인 영연방'(white commonwealth) 등의 해외에서 직장을 구했다. 다른 이들은 전후 식민지에서 설립된 사회연구소들, 특히 로즈 리빙스턴연구소, 1950년에 우간다의 마케레레에서 창립된 동아프리카사회연구소, 그리고 나이지리아의 이바단에서 팽창하고 있던 대학의 부설 연구소에서 기회를 찾았다. 영국에서는 '응용인류학' 분야의 자리도 몇 개 생겼다. 그러나 학문의 기지는 여전히 영국 내의 인류학과들이었다. 인류학과의 수에서 또 다른 극적인 증가는 이후 없었고, 1960년대의 대부분의 '판유리 대학들'(즉 신설대학―옮긴이)은 사회학과 개설을 선호했다. 그럼에도 불구하고 기존의 인류학과들은 팽창했고, 또 사회인류학자들은 사회학과에서 취직자리를 찾아냈다. 1960년대 사회학 교직의 대팽창기에는 훈련된 사회학자들이 부족해서 많은 사회학 교수직이 사회인류학자들에게 돌아갔던 것이다.

여러 곳에서 연구기금이 들어와서 CSSRC의 종말은 별 영향을 미치지 못했다. 1961~66년 사이에, 영국에 기지를 둔 80명의 ASA 회원들은 거의 25만 파운드를 연구비로 썼다. 이 연구비의 35퍼센트만이 정부 출원이었다. 35퍼센트는 (때로 미국에 기반

하고 있던) 연구재단들에서 나왔고 나머지는 대학, 국제기구, 산업체 등에서 나왔다.[2)]

이와 같이 전후에 영국 인류학의 인적·재정적 자원은 크게 팽창했다. 인류학은 대학에 꽤 광범한 기반을 가지고 확립되었으며 끊임없이 학생들이 유입되었다. 그 한 가지 결과는 사회인류학이 영국에서 인정받는 전문직업이 된 것으로 이는 조직의 발전에 반영되어 있었다.

인류학계의 묘한 인구학적 특성은 그 구조에 영향을 주었다. 인류학계는 우리시대 내내 결집력을 유지할 수 있을 만큼 작은 규모였으며, 성원들은 뚜렷하게 구분되는 세 단계에서 집중적으로 충원되었다. 첫 번째 단계는 말리노프스키의 학생들이 인류학을 시작한 1920년대 말과 1930년대였다. 그러고는 일시적인 소강기를 거쳐 전후에 상대적으로 큰 유입이 있었다. 아드너(Ardener) 부부가 1961년 ASA 회원등록부를 조사한 후 결론을 내렸듯이, "1915년과 1929년 사이에 태어난 회원들의 현저한 '팽창'은 제2차 세계대전 이후에 인류학으로의 신규입회가 크게 신장했음을 보여주는 진정한 증거로 받아들여질 수 있을 것이다." 그러나 이 집단은

1945년까지는 전쟁복무 경력 외에는 별다른 또는 아무런 기회도 갖지 못했던 상황을 공통점으로 하는 다양한 연령의 사람들을 그 핵심 성원으로 포함하고 있었다. 그 일부는 그 후 몇 년 동안 새로 사회인류학 학위 자격시험을 통과하기 위해 공부했

고, 일부는 이전에 부분적으로 통과했던 자격시험을 끝마쳤다. 1915년에서 1929년 사이에 태어난 사람들은 실질적으로는 거의 같은 시절에 대학에 다니면서 사회인류학에 입문했기 때문에 연령집단의 패턴 하나만으로 상대적으로 갑작스러운 전후 팽창을 설명할 수는 없다.

또 전쟁 전후의 집단들을 비교하면서 아드너 부부는 계속해서 이렇게 말했다.

후자는 자격시험에서 현지조사로, 그리고 나서 출판으로 꾸준히 진전했다. 이 집단은 자격취득 이후 1~2년 이내에 현지에 들어갔고 5년 내에 출판을 했다. 전쟁 이전의 집단은 첫 번째 인류학이나 사회학 자격을 취득하기 이전에(최소한 1920년대와 30년대 초기에) 현지조사를 하는 경향이 많았고 대체로 출판하기까지 시간이 짧은 것 같다.

아드너 부부는 "전쟁 이전 세대가 이루려고 애썼던 인류학의 '전문화'는 '팽창'된 전후 집단에서 확고히 실현되었다"는 결론을 내렸다.[3] 세 번째 집단은 1963년경부터 인류학에 유입되었는데 이때 ASA의 회원수의 증가율은 갑자기 두 배로 늘어났다. 이 집단은 ─ 1938년경 이후에 출생한 ─ 전후, 특히 로빈스 보고서(Robbins report) 이후에 극심한 고등교육 붐이 일어난 결과였다.

1970년경까지는 이 세 세대 인류학자들이 공존했다. 전전 세대는 교수직과 상급 직책을 맡았고 참전 퇴역군인들은 중급 교직을 채웠다. 그리고 1960년대에 들어온 젊은 층은 하급 직책을 채웠고 새로 생긴 사회학과에서 자리를 잡기도 했다. 이런 연령등급 구조(장로들, 무사들, 청년들이라고 할까?)는 제1세대가 1969년에서 1972년 사이에 집단적으로 은퇴할 나이에 이르러 상급 직책을 비워주고 쏟아져 나오는 은퇴기념논문집들과 함께 퇴장하고, 대신 사회학과로 옮기거나 북아메리카 대학들로 유혹되어 가지 않았던 무사들이 그 자리를 채웠을 때 극적으로 분명해졌다.

영국 사회인류학의 중심지와 주역들

개척 세대는 전쟁 직후 수년 내에 집단적으로 교수의 반열에 올랐다. 1944년에는 런던 정경대학의 말리노프스키가 비운 자리에 퍼스(Firth)가 임용되었다. 1945년에는 포드(Daryll Forde)가 런던 대학 유니버시티 칼리지에 임용되었다. 여기서 그는 사실상 무에서부터 학과를 일으켜 세워야 했다. 이는 전쟁 전에 페리가 퇴직한 이후 그때까지 이루어진 것이 거의 없었기 때문이었다. 1946년에는 에번스 프리처드가 옥스퍼드에서 래드클리프 브라운의 뒤를 이었다. 1949년에 글럭먼은 맨체스터에 새로운 학과를 개설하기 위해 교수로 초빙되어 갔다. 1950년에 포티스는 케임브리지의 교수로 임용되었고 샤페라는 케이프타운에서 런던 정경대학으로 옮겨와 퍼스와 합류했다. 런던 정경대학의 학생들은 이제 인류학과를 "우리 티코피아인과 나, 샤페라"(We the Tikopia and I. Schapera)라고 부르기 시작했다(여기서 We the Tikopia는 퍼스의 대표적 저서명이며 I.는 샤페라의 이름인 아이작의 첫 자로서 동음을 사용한 유머임―옮긴이). 나델은 1948년 더럼(Durham)에 인류학 교수이자 첫 학과장으로 갔고, 1950년에는 태평양학연구소(Research School of Pacific Studies)의 인류학·사회학 부문에 새로 생긴 교수직을 맡아 캔버라로 갔다. 1951년에 폰 퓌러 하이멘도르프(von Fürer-Haimendorf)는 동양학·아프리카학 학교(School of Oriental and African Studies)의 아시아인류학 교수에 임명되었다.

이들이 20년 동안 인류학계를 지배했는데 나델 한 사람만이 이 기간이 끝나기 전에 세상을 떠났다. 교수직이 새로 생기는 일도 거의 없었으며 생긴 곳에서도 보통 개인적이거나 보조적인 자리였지 학과장직을 수반하지는 않았다. 이 교수들의 권력은 대단했다. 대부분의 영국 교수들과 마찬가지로 주도적인 인류학자들은 직원의 임녕에 대해, 그리고 종종 하생들 특히 대학원생들의 선택에 대해 결정적인 목소리를 냈다. 교수는 승진, 휴가, 그밖의 특전들을 보류하거나 승인할 수 있었다. 그리고 그의 추천은 연구비나 타 직장을 지원할 때 언제나 매우 중요했다. 그는 일반적으로 대학 당국과 지원금 수여기관들과의 의사소통에서 유일하게 효과적인 매개인이었다.

이러한 기반은 후원금을 배분하는 조직체들에서 직책을 맡음으로써 강화되었다. 조그만 인류학 교수집단이 정부의 지원금 수

여위원회들과 대영학술원(British Academy)의 인류학 분과, 국제아프리카연구소, 사회인류학자협회, 왕립인류학회 등과 같은 주요 기관에서 핵심 직책을 맡았다(비록 왕립인류학회에서는 체질인류학자들과 일부 고고학자들이 함께 권력을 나누고 있었지만). 이러한 영향력의 독점에는 희극적인 면도 있었다. 이 교수들은 왕립인류학회의 회장직과 ASA의 간부직을 서로 연이어 근엄하게 맡았으며, 자신들의 재량 아래 있는 다양한 우수학자상과 포상을 서로에게 나누어주었던 것이다. 그러나 이것은 중대한 일이었다. 그 이유는 교수들이 그들의 개인적 또는 학문적 차이를 막론하고 효과적인 카르텔을 형성하고, 지원금 수여단체들과 자신들의 하위자들에게 단합된 전선을 보여주었기 때문이다.

ASA는 1946년에 설립되었는데, 부분적으로는 왕립인류학회에 아마추어나 사회인류학자가 아닌 이들이 넘쳐흐르는 데 대한 반응이었다. ASA는 명백하게 전문인 단체였으며, 그 첫 번째 위원회는 인류학계의 권력구조를 반영하고 있었다. 회장은 래드클리프 브라운이었는데 이는 그의 계속되는 이론적 지배를 반영하는 영예직이었다. 위원장 겸 간사는 에번스 프리처드였고, 위원회는 퍼스·포드·포티스로 이루어져 있었다. 빠진 사람으로 눈에 띄는 이는 글럭먼뿐이었는데 그도 곧 차례를 맞아 위원장 겸 간사가 되었다. 이러한 권력지도는 20년 동안 그대로 유지되었다.

에드먼드 리치는 이 마술 서클의 바깥에 있었던 걸출한 인물이었다. 그는 킹스칼리지(King's College)의 학료장이 되긴 했지만 한 번도 학과장이 된 적은 없었다. 1972년에 케임브리지는 그에게 석좌교수직을 주었다. 말리노프스키의 세미나에서는 여성들이 두드러졌음에도 불구하고 그중에서 인류학과의 학과장이 된 사람은 아무도 없었다. 이것은 최근까지 대학의 어느 학과에서도 여성이 학과장으로 임명되는 일이 드물었다는 사실에 주목한다면 아마 놀라운 일도 아닐 것이다. 그러나 영국 바깥의 사정은 달랐다. 모니카 윌슨과 아일린 크리헤는 남아프리카에서 교수가 되었고 엘리자베스 콜슨(Elizabeth Colson)과 오드리 리처즈는 영국의 아프리카 식민지에 있는 사회연구소의 소장이 되었다.

지금까지 나는 교수직이 전후의 신진 교수단에게 부여한 권력을 강조했다. 이 권력에는 비물질적인 면도 있었는데, 인류학 분야에 들어온 남녀들이 일반적으로 최소한 일부 교수들의 지적 리더십을 받아들일 준비는 되어 있었기 때문이다. 이 교수들은 임기 대부분 동안 이론적 논쟁 또한 지배했던 것이다.

이것은 교수들이 이론적 문제에서 완전한 합의를 이루고 있었다는 뜻은 아니다. 그들은 자신들의 연구의 본질에 대한 몇 가지 근본적인 가정을 공유하고 있었음에도 불구하고 완전한 합의는 이루지 못했다. 이론적 문제들에 대한 갈등이 빈번했고 논쟁의 교환이야말로 그들이 특히 즐기는 오락이었다. 교수마다 특유의 관심사들을 가지고 있었고 특정 영역을 전문으로 했다. 이러한 상황에서 교수가 지닌 권력을 고려해보면, 뚜렷이 구분되는 학파라고 할 만한 것들이 있었다. 대부분의 교수들은 자신들과 지향성이 같은 스태프를 임명하고 학생들을 배출함으로써 자신의 이미지를 따라서 학과를 발전시켰다. 대략 1950년과 1970년 사이의 영국 인류학의 이론적 지도는 전적으로는 아니더라도 대체로는 주요 인류학과들의 지도와 동일했다.

이 지도의 요충지는 런던에 있는 세 개 학과와 옥스퍼드, 케임브리지, 그리고 맨체스터였다. 퍼스는 런던 정경대학에서 가장 강력한 영향력을 지닌 인물이었는데 리처즈, 나델, 샤페라, 메어(Mair), 리치, 그리고 프리드먼(Freedman)이 한 번씩은 그와 합류했다. 런던 정경대학 인류학과는 확고한 '당파적 노선'을 가지고 있지는 않았지만 말리노프스키식 기능주의의 퍼스식 개정판 쪽으로 기울어져 있었다. 영국의 모든 인류학과들 가운데 이곳이 래드클리프 브라운의 구조주의의 영향력이 가장 약했던 곳이었다. 이곳의 주요 관심사는 정치체계의 개인적인 조작, 경제적 선택의 맥락, 친족체계의 선택영역 등이었다.

포드는 특이한 배경을 가지고 런던 대학 유니버시티 칼리지에 왔다. 그는 캘리포니아에서 크로버(Kroeber)와 로위(Lowie) 밑에서 연구했고, 사회인류학뿐만 아니라 지리학과 고고학에도 전문 지식을 가지고 있었다. 그는 사회인류학뿐만 아니라 인간생물학과 고고학까지도 포함하는 전통적인 인류학관을 미국인들과 공유하고 있었다. 그리고 진화와 생태학에 대해 관심이 많았다. 그가 이끄는 학과는 포괄적인 인류학 교육을 제공하는 것을 전문으로 했다. 포드는 또한 국제아프리카연구소장이 되었으며 그의 학생들은 대부분 그와 마찬가지로 서아프리카에서 현지조사를 했다.

폰 퓌러 하이멘도르프는 영국의 주요 학과들에서 유일한 문화인류학자라고 주장할 만했는데 동양학·아프리카학 학교의 그의 학과는 민족지적·언어학적 능력을 크게 강조했다. 이 학과는 수년 동안 영국에서 유일하게 인도에 깊은 관심을 둔 인류학과였으며 메이어(Adrian Mayer)와 베일리(F. G. Bailey)의 유입으로 이러한 관심이 증폭되었다. 그러나 이 학과와 연관되어 있는 특별한 이론적 강조점은 없었다.

런던 바깥에 있는 주도적인 학과 세 군데는 보다 확실하게 교수들의 견해에 좌우되었다. 옥스퍼드에서 에번스 프리처드는 래드클리프 브라운의 도그마 가운데 많은 부분을 버리고 점점 더 역사주의적 입장으로 옮겨갔다. 그는 인류학자의 주된 작업이 문화적 가치를 인류학자의 문화의 언어로 번역하는 것이라고 보았다. 이것은 본질적으로 과학적 연구라기보다는 인문학적 연구였다. 그는 또한 역사적 시각의 필요성을 주장하게 되었다. 이러한 지향들이 그가 쌓아 올린 옥스퍼드 학파를 지배하게 되자 옥스퍼드의 인류학자들은 『연보』 학파의 고전들에 항상 의거하는 한편, 영국이 다른 인류학자들과 자신들을 구분시키는 관념주의적 입장을 발전시키기 시작했다. 이러한 경향은 에번스 프리처드를 포함하여 이 학과의 여러 구성원들이 로마가톨릭교로 개종한 사람들이었다는 묘한 사실과 연관이 있는지도 모른다. 많은 경우에 옥스퍼드로 오는 학생들은 먼저 유행하는 이론적 입장으로 개종했고, 그 다음에 로마가톨릭교로 개종했다. 교수는 그들의 영세식에서 대부의 역할을 했다. 옥스퍼드의 인류학과(또는 거의 우연히 불렸듯이 '연구소')에는 최근까지 인류학 학부과정이 없었기 때문에 ── 에번스 프리처드가 한때 학교당국을 설득하려 애썼음에도 불구하고 ── 대부분 다른 학문분야로부터 온 대학원 학생들의 교육에 중점을 두었다.

케임브리지에서는 1950년에 메이어 포티스가 기능주의 이전 단계에 머물러 있던 취약한 학과를 맡아서 그것을 변화시키는 작업에 열성적으로 착수했다. 수년 동안 그는 사회이론을 가르치는 초빙교수들 ── 래드클리프 브라운, 탤컷 파슨스, 조지 호먼스(George Homans) ── 의 도움을 받으면서 자신이 대부분의 교육을 담당했다. 그의 초창기 학생들 가운데 상당수가 전문 인류학자가 되었으며 그는 또한 영국에서 가장 우수한 대학원생들을 많이 끌어들였다. 1953년에는 리치가 케임브리지에 왔고, 영연방학 교수였던 오드리 리처즈는 이 인류학자들과 가까이 지냈다. 포티스의 이론적 관심에 가장 근접한 학생이었던 구디(Goody)역시 학과에 합류했다.

대부분의 다른 학과들과는 달리, 케임브리지는 두 갈래의 주된 이론을 가지게 되었는데, 포티스가 대표했던 신 래드클리프 브라운 노선과, 변하지만 항상 흥미로운 리치의 노선이 그것이다. 이러한 분기는 상이한 관심 지역으로 더욱 강화되었다. 포티스와 그의 학생들은 주로 아프리카에 관심을 두었던 반면, 리치와 그의 학생들은 주로 남아시아에서 연구했다. 그러나 이 학과의 모든 성원들은 친족연구가 주요 관심사라는 공통점을 가지고 있었으며 케임브리지는 바로 이 분야를 중심으로 현대 인류학 이론에 자취를 남겼다. 사람들이 이 시기의 케임브리지 학파라고 느슨하게 말할 때는 특정한 이론적 입장보다는 어떤 중심적인 관심, 특히 출계론(出系論, descent theory)의 문제에 대한 관심을 일컫는 것이다.

맨체스터는 또 달랐다. 막스 글럭먼은 로즈 리빙스턴연구소에 연구학교를 세웠고 그곳의 졸업생 여러 명을 맨체스터로 데려왔다. 그들은 자신들의 학위논문을 쓰려고 왔거나, 사이먼 방문 펠로우(visiting Simon Fellow)로 돌아왔거나, 또는 교수로서 학과에 합류했다. 하나의 노선이 다른 어떤 곳에서보다도 훨씬 강력하게 이 학과를 지배했다. 그들은 "여기 우리 모두는 마르크스주의자들이야"라는 농담을 하곤 했다. 주된 관심 지역은 계속 중앙 아프리카였는데 그 정도가 너무 심해서 그 지역에서 연구하지 않은 소수의 사람들은 매우 불리한 입장에 처해 있다고 느낄 정도였다. 이론적인 쟁점 또한 글럭먼의 로즈 리빙스턴연구소 시절부터 계속된 것들—특히 갈등·과정·의례적 통합의 문제—이었다. 그리고 연구방법은 확대된 사례연구(extended-case study)였고 나중에는 연망분석(network analysis)이 추가되었다. 이 학과는 해외에 있는 일부 학과들과, 그리고 이후에는 잉글랜드 북부 지방의 일부 학과들과 긴밀한 연계를 맺었다. 이들이 맨체스터 '제국'을 이루었다.

맨체스터 학파는 결속이 잘되어, 그곳에서 나온 많은 전형적인 출판물에는 이 학과의 다른 회원들만을 인용했다. 또 이 학파에 속하는 사람이 편집한 논문집은 보통 다른 회원들이 쓴 논문만을 포함하고 있었다. 한 가지 좋은 예가 1967년에 출판된 엡스타인(Epstein)의 『사회인류학의 기예』(The Craft of Social Anthropology)이다. 그 기고자 목록을 읽어보면 마치 맨체스터 학파의 점호 같다. 글럭먼, 콜슨, 미첼(Mitchell), 반즈(Barnes), 터너(Turner), 반 벨젠(Van Velsen), A. L. 엡스타인과 T. S. 엡스타인, 그리고 마윅(Marwick)이 그들이다. 중앙아프리카에서 연구하지 않았던 (그래서 어쩌면 사회인류학 기예의 기본이 부족하다는 판결을 받은) 저명한 회원들로는 프랑켄버그(Frankenberg), 피터즈(Peters), 그리고 워슬리가 있었다. 이런 상황에서 예상할 수 있듯이 일탈자와 변절자들은 내부적으로 아주 잔인한 대접을 받았으나 외부인으로부터의 비판은 또 묵인되지 않았다.

1950년대: 옥스퍼드 구조주의 정통설에 대한 도전

영국 인류학은 세계대전이 끝나자 래드클리프 브라운과 그의 옥스퍼드 추종자들의 이론적 입장으로 되돌아갔다. 이들의 이론적 입장을 보여주는 핵심 문헌들은 1940년에 등장했다. 즉 래드클리프 브라운의 '사회구조에 대하여'(On social structure)라는 강연, 포티스와 에번스 프리처드의 『아프리카의 정치체계』, 그리고 에번스 프리처드의 『누에르족』이 그것이다. 그 후에 발전한 움직임들은 이러한 정통설에 관련하여 자신들을 정의해야만 했다. 정통설에 대항하려는 반응들은 더할 나위 없었다. 현지조사는 계속 말리노프스키식 방법으로 이루어졌다. 현지조사는 아직도 기능주의적이었지만 분석과 이론은 구조주의가 지배적이었다.

포티스는 이 정통설을 나름의 방식으로 발전시키면서도 그것에 계속 충실했던 반면, 대부분의 동료 교수들은 곧 정통설에 반발했다. 이 반발은 다양한 형태를 취했다. 좌우로부터 공격이 가해졌다고 말할 수도 있을 것이다. 먼저, 에번스 프리처드는 래드클리프 브라운의 허세적인 과학성을 거부하고 역사주의적 함의를 지닌 관념주의적 입장을 채택했다. 두 번째로, 퍼스는(또 어느 정도는 나델 등도) 구조주의자들의 형식주의에 반발하며 억제할 수 없을 정도로 이기적이고 교활한 개인에게 더 큰 관심을 기울여야 한다고 주장하면서 말리노프스키류의 이론을 부활시켰다. 세 번째로는, 맨체스터 학파의 갈등이론이 있었다. 그리고 마지막으로『사회학연보』전통을 급진적으로 발전시킨 레비 스트로스의 이론이 1950년대부터 시작하여 1960년대에 점점 더 영국 사회인류학으로 유입되었다.

이상은 이 시기의 이론적 입장을 우선 개괄해 본 것이다. 지금 여기서 밝혀두어야 할 점은 이 시기 가장 흥미로웠던 인류학자의 상당수는 이렇게 산뜻하게 분류·정리될 수 없다는 점이다. 그럼에도 불구하고 당분간은 이상과 같은 대강의 초안을 받아들여서 일단 방향을 잡은 후에 보다 자세한 윤곽을 탐구해보기로 하자.

이 장에서 나는 에번스 프리처드, 퍼스, 포티스, 그리고 나델이 1950년대에 취한 입장들과, '정상과학'(normal science)의 주류라고 부를 수 있는 것을 논의하려 한다. 다음 장에서는 핵심적인 비동조자 두 사람, 리치와 글럭먼을 다룰 것이다. 그리고 제7장에서는 레비 스트로스의 구조주의가 영국 사회인류학에 미친 영향을 요약하고자 한다. 이러한 계획은 앞에서는 가능했던 연대순에 따른 직선적 진술에서 벗어나는 것을 의미한다. 유감스럽지만 이는 전후 몇십 년 동안의 복잡한 상황 때문에 어쩔 수 없다. 그러나 이러한 전개방식에도 순차적 요소는 있다. 1950년대 초에는 전후 세대의 주요한 정통 연구서들이 출판되었고 주도적인 교수들의 입장 표명이 있었다. 1950년대 중반에는 리치와 맨체스터 학자들이 영향력을 발휘하게 되었으며 레비 스트로스를 따르는 움직임은 1960년대에 처음으로 중요한 영향을 미쳤다.

에번스 프리처드

에번스 프리처드는 적어도 전쟁 때까지는 래드클리프 브라운의 이론적 입장을 수용했으나 1946년 옥스퍼드에서 그를 승계한 후 곧 반란 선언문을 발표했다. 그런데 이후 몇 년간 일부 동료들은 그의 경력을 뚜렷한 변화 없이 일관되게 지속된 것으로 보여주려 했다. 따라서 그들의 그런 의도가 없었더라면 에번스 프리처드가 쓴 대로 읽으면 될 것을 새삼스럽게 문제 삼을 필요가 있게 되었다.

나는 에번스 프리처드가 동아프리카의 현지 캠프에서 발포(發砲)한 래드클리프 브라운적인 선언문을 이미 인용한 바 있다. 여기서 그는 "자연과학에 필요한 것으로 밝혀진 귀납론적 방법"을 처방하고, "인간사회 전체에 공통적인 일반적 경향들과 기능적 관계들을 발견하기 위해" 비교방법을 사용하자고 주장했다. 그는 또 이렇게 덧붙였다. "나는 문화에 기능적 상호의존이 있다고 가정한다. 만약 그런 것이 없다면 사회인류학은 역사학처럼 인문학의 한 분야라는 위치를 가질 것이다."[4]

13년 후인 1950년에 했던 한 매럿 기념강연에서 그는 생각을 완전히 뒤집었다. 그는 이제(그의 예전 선언문의 말투를 거의 그대로 되풀이하면서) 이렇게 주장했다.

사회인류학은 일종의 역사기술학(historiography)이고 따라서 궁극적으로는 일종의 철학이나 인문학이다……. 그것은 사회들을 자연적 체계들이 아닌 도덕적 체계들로서 연구하며, 과정보다는 의도에 관심이 있고, 따라서 과학적 법칙이 아니라 패턴을 찾고자 하며, 설명보다는 해석을 한다.[5]

중간에 무슨 일이 일어났는지는 알기 어려운데, 우선 생각이 바뀐 실제 날짜를 확실히 *꼬집어낼* 수 없기 때문이다. 어쨌든 1948년에 옥스퍼드에서 한 그의 취임강연은 분명히 정통 래드클리프 브라운파다운 것이었으니 말이다. 에번스 프리처드는 나중에 『맨』에 보낸 편지에서 그 강연에 대해 교묘히 발뺌하려 했는데, 그 편지는 전체를 인용해 볼 만하다.[6]

귀하,
저는 세월이 흐르면서 저의 글에서 입장을 바꾼 것으로 때로 비판받아 왔습니다. 저는 이것이 사실이기를 진정으로 바랍니다. 왜냐하면 일관성은 분명히 과학에서 가장 나쁜 악덕이기 때문입니다. 그러나 제가 옥스퍼드에서 한 취임강연(『사회인류학』, 1948)에 대한 '공식적인' 논평이 필요하다는 것은 인정합니다. 그래서 제가 이 편지를 쓰는 것입니다. 물론 여러 해가 지난 후 그것을 다시 읽어본 결과 아주 달리 말하고 싶다고 생각하지는 않지만 말입니다. 그때 저는 신중했으니까요.

저는 강연문을 쓰면서 무엇보다도 제가 사회인류학 연구소를 대표해야 한다는 견해를 받아들였습니다. 이것은, 지적으로 공감하거나 인정하는 데는 다소 유보하는 바가 있었지만 제가 개인적으로 존경하던 래드클리프 브라운의 가르침으로부터나, 또는 래드클리프 브라운의 의견에 그때도 그 이후도 계속 동의한다는 것을 명백히 발표한 동료 포티스 박사로부터 저 자신을 공식적으로 분리해서는 안 된다는 것을 의미했습니다. 이러한 '집단적인' 태도 외에도 다른 곤란한 문제가 있었는데 여기서 아마도 제가 현명하지 못했나 봅니다.

래드클리프 브라운은 저보다 몇 년 전에 그의 취임연설을 했는데 그것은 재난이었습니다. 그는 지적 기준이 옥스퍼드만큼 높지 않은 세계 여러 곳의 학생들과 대화하는 데 익숙해져 있어서 청중들의 수준을 잘못 판단했던 것입니다. 그래서 그 강연은 출판되지 않았습니다. 퍼스 교수가 대영학술원에 낸 래드클리프 브라운의 부고에서 썼듯이 '의미심장하게' 말입니다. 제가 취임강연을 하려고 왔을 때 래드클리프 브라운은 당황스럽게도 자신의 강연원고를 가지고 와서는 대학에 똑같은 관점을 제시하고 자신이 한 연설의 주요 요점들을 강조한 다음 자기 원고를 없애달라고 요청했습니다. 여기서 래드클리프 브라운에게 불명예가 될 것은 아무것도 없습니다. 아마도 나의 불명예일 뿐일 것입니다. 제가 어떻게 그의 요청을 거절할 수 있었겠습니까? 그러나 어쩌면 제가 그렇게 했어야 했는지도 모릅니다. 이것은 인류학사의 작은 조각에 불과하지만, 귀하께서 읽을 가치가 있다고 생각해주시길 바랍니다.

· 에번스 프리처드

충실한 자기부정을 그린 이 감동적인 묘사는 고작 2년 후에 에번스 프리처드가 똑같이 공식적인 옥스퍼드의 매릿 강연 연단에서 래드클리프 브라운의 의견에 대한 거부의사를 밝혔다는 사실과 조화되기 어렵다. 그러나 이 편지에서는 생각의 변화가 있었다는 것을 암묵적으로나마 인정했다.

에번스 프리처드는 전쟁 동안 지적인 개종을 했는지도 모른다. 내가 생각하기에는 그가 전후에 결정론적 견해들에 반대하는 운동을 점점 더 열정적으로 했다는 것이 1944년에 그가 가톨릭교로 개종한 사실과 관련 있을 가능성이 높다. 가장 가까운 동료인 고드프리 린하르트(Godfrey Lienhardt)는 에번스 프리처드의 변화가 부분적으로는 옥스퍼드의 관행에 동조한 것이었다고 시사한 바 있다.

인류학에 대한 예전의 그의 야심과는 반대로, 사회인류학이 역사기술학, 심지어는 인문학의 한 형태라는 나중의 그의 주장은 어느 정도는 래드클리프 브라운의 '과학적' 원칙들이 얼음을 깨기는커녕 때로는 빙하를 만들어 놓은 학계에서 인류학의 명성을 복원하려는 시도였다.[7]

에번스 프리처드는 역사, 특히 사회사와 사회인류학 사이에 본질적으로 별 차이가 없다는 주장을 하면서 점점 더 역사를 강조했다. 역사에 대한 강조는 좁은 의미의 기능주의와는 확실히 대조적인 것이었지만, 에번스 프리처드가 매럿 강연을 하기 전에도 모니카 헌터(윌슨), 글럭먼, 샤페라 등 여러 학자들은 아프리카 사회를 해석하는 데에 역사적 자료들을 항상 사용했다. 다른 이들은(예를 들어 잭 구디와 I. M. 루이스) 에번스 프리처드의 매럿 강연 이후에 계속 그렇게 했는데, 그렇다고 해서 주류의 관심사들을 포기하지는 않았다. 더구나 1949년에 출간된 사누시족(Sanusi)에 대한 에번스 프리처드의 역사적 연구에서는, 분명히 비역사적이었던 그의 누에르인 연구에서 등장한 것을 많이 상기시키는 구조적인 분석을 했다. 아프리카 민족사에서 진정한 혁명은 잰 반시나(Jan Vansina) 등이 구전(口傳)이 어떻게 이용될 수 있는지를 보여주고 난 뒤 10년 동안에 비로소 일어났다. 구전을 이용한 이런 연구는 출판되고 기록된 출처를 이용한 연구를 선호한 에번스 프리처드가 결코 많이 하지 않았던 것이다.

에번스 프리처드는 항상 그의 자료를 수년에 걸쳐 한 조각씩 출판한 후에 그것들을 모아 한 권의 책으로 만들었다. 그래서 그의 새로운 입장이 함의하는 바가 완전히 드러나기까지는 얼마간의 시간이 걸렸다. 또는 어쩌면 하나씩 출판하는 과정에서 점점 더 반사회학적이 되었는지도 모른다. 그는 자신을 사회인류학자보다는 민족지학자로 그리게 되었고, 1960년대에는 주로 민족지적인 텍스트들을 출판했다. 그의 마지막 저서인 『아잔데족: 역사와 정치제도』(*The Azande: History and Political Institutions*)는 1971년에 나왔는데 거의 심술궂을 정도로 민족사적이고 전파주의적인 책이었다. 이것은 토템의 기원에 대한 상세한 서술로 가득 차 있었지만 사회학적 분석이라고는 없었다. 이 책은 세기 전환기에 나온 책들과 거의 다를 바 없었고 동료학자들에게 무시당했다. 그는 또한 종교에 대한 이론들과 프랑스와 스코틀랜드의 대학자들에 대한 논문들을 발표했는데, 이 논문들은 사회학적 분석의 가치와 일반화의 가능성에 대한 포괄적인 회의를 표현하고 있었다.

나델, 퍼스, 포티스

1951년에 에번스 프리처드는 어느 정도 인기있던 강연 시리즈를 출간했다. 이 강연에서 그는 사회인류학에 대한 자신의 후기 입장을 설명했다. 같은 해에 나델과 퍼스는 인류학의 이론적 기초를 종합하려는 야심찬 시도를 했다. 퍼스와 나델 모두 오래된 옥스퍼드 정통설에 도전했으나 에번스 프리처드와는 다른 노선에서 그랬다. 퍼스와 나델은 모두 나름의 방식으로 신 말리노프스키파였다.

나델의 밀도 높은, 다소 게르만적인 저서인『사회인류학의 기초』(*The Foundations of Social Anthropology*)는 그가 발견한 베버와 또 이전에 그가 심리학에서 받은 훈련을 반영하고 있다. 그럼에도 불구하고 이 저서의 중심 주제는 뚜렷하게 말리노프스키적인 것이었다. 물론 사회체계에 대한 그의 관심이 말리노프스키가 후기에 사회체계에 보인 관심보다는 훨씬 더 컸다. 화려한 철학적인 어구 밑에는 오래된 메시지가 있었다. 즉 제도들은 개인들의 기본적인 욕구들(나델의 용어로는 '타고난 행동 잠재력')을 만족시키기 위해 상호조정된다는 것이다. 나델은 제도들의 논리적 상호연관과 심리학적 이론에 관심을 가졌다는 점에서 말리노프스키를 넘어섰다. 나델과 마찬가지로 탤컷 파슨스도 심리학적 분석을 사회학에 통합하려는 편향을 보이면서 같은 이론 구성요소들을 취해서 훨씬 밀도 높고 뒤틀린 형태의 기능주의를 구성한 것을 보면, 나델이 스스로 인정한 적은 없지만 파슨스식으로 쓴 것인지도 모른다.

1955년에 오스트레일리아로부터 휴가를 얻은 나델은 런던 정경대학을 방문하고 일련의 강연을 했는데 이것은 그가 죽은 후에『사회구조론』(*The Theory of Social Structure*)이라는 책으로 출판되었다. 이 책은 현대 영국 인류학의 두 가지 전통에 대한 그의 의견을 훨씬 분명하게 정의하고 있다. 이 책의 대부분은 '사회구조' 개념의 유용성에 대한 비판이다. 결론으로 그는 이렇게 썼다.

　'구조주의자'는 자신의 준거틀이 유용성·목적·'기능' 등의 개념에 의존하는 다른 준거틀보다 연구도구로서 더 유용하고 유망하며 실제로 더 중요하다고 판단한다…… 나는 이런 판단을 받아들일 수 없으며, 그리고 ……나는 사회적 존재를 분석하는 두 가지 방식을 인정하는 것만으로는 충분하지 않다고 생각한다. 내가 보기에 사회적 존재는 목적과 유용성이라는 개념이 지배하는 담론세계에 속한다. 구조를 통한 접근은 그 개념들에 종속되지 않을 수 없다.[8]

그밖에 그는 이 책과 『사회인류학의 기초』에서 인류학자들이 이전에 시도했던 모든 것을 넘어서는 역할분석이라는 도구를 발전시켰다. 그리고 그는—현재 불리는 학문 명칭으로는—사회심리학을 개발하는 과정에서 이루어지고 있던 실험들과 연망 모델, 수학적 모델들을 지시했다. 그러나 그의 중심 논의는 단지 구조주의적 정통이론이 그것만으로는 부적절하다는 것이었다. 즉 심리학적 이론들을 통합할 기능주의적 전망에 결합되어야만 한다는 것이었다.
　퍼스의 저서인 『사회조직의 요소들』(*Elements of Social Organization*)은 말리노프스키의 이론이라 할 만한 것을 영국 사회인류학의 주류에 다시 접목하려는 훨씬 더 직접적인 시도였으나, 그가 강조한 것은 나델이 강조한 것과는 달랐다. 그는 베이트슨이 말리노프스키의 개념들 중에서 가장 유망하다고 생각했던 '계산적인 인간'에 집중하기를 선호했다. 퍼스는 이 접근방식이 개인의 선택행위에 강박적인 관심이 있다는 점에서 그가 전에 배웠던 케인스 이전의 경제학과 들어맞기 때문에 이 접근방식을 사용할 준비가 되어 있었는지도 모른다. 어쨌든 이러한 접근방식은 당시 유행하고 있던 다소 관념론적인 구조주의에 대해서는 확실히 전복적인 것이었다.

『사회조직의 요소들』의 핵심 구절이라고 할 만한 곳에서 퍼스는 이렇게 말한다.

사회조직은 보통 사회구조와 동의어로 받아들여져왔다. 나의 견해로는 이 둘을 구분할 때가 되었다. 한 사회의 구조를 집단관계나 이상적인 패턴과 같은 추상적인 용어로 생각하면 할수록, 사회조직을 구체적인 활동이라는 면에서 별도로 생각할 필요가 있다. 일반적으로 조직이라는 관념은 사람들이 계획된 행동을 통하여 일을 해낸다는 뜻이다. 이것은 사회적 과정이며 선택된 사회적 목적에 일치하도록 행동을 순차적으로 배열하는 것이다. 이 목적들은 행동에 관련된 사람들에게 공통적으로 중요한 요소들을 어느 정도 지니고 있어야만 한다……. 사회조직은 어느 정도의 통합, 즉 다양한 요소들을 공통의 관계로 함께 모으는 것을 뜻한다. 그러기 위해서는 기존의 구조적 원리들을 이용할 수도 있고 변형된 절차들을 채택할 수도 있다. 이것은 선택을 하고 결정을 내리는 행동을 수반한다.[9]

이 같은 주요 명제와 함께, 에번스 프리처드가 말한 의미의 역사에 대한 관심은 아니었지만 사회와 문화의 변동에 대한 (후기 말리노프스키적인) 관심이 있었다.

동료교수들은 유보적 태도를 밝히거나 반기를 들었지만 포티스는 원래의 옥스퍼드 구조주의자들의 중심 교의를 계속 발전시켜나갔다. 그는 1953년에 자신의 입장을 밝히는 몇 개의 성명서를 발표했는데, 여기서 그는 정통설을 옹호하고 중심적인 조직개념으로서 '사회구조'의 역할을 강조했으며, '문화'와 개인적 변이에 대한 연구를 종속적인 위치로 격하시켰다. 또 에번스 프리처드가 진정한 신앙으로부터 타락해버린 데 대해 정력적으로 공격했다.

외부인의 입장에서 본 영국 사회인류학의 한계

이런 갈등의 소리에도 불구하고 외부인에게 비치는 영국 사회인류학의 현저한 특징은 단결력이었다. 외부의 도전 앞에서 영국인들은 힘을 합했다. 1951년의 머독(Murdock)의 비평은 이런 도전 가운데 가장 영향력이 컸던 것 중의 하나로서 고려해 볼 만하다. 머독의 비평은 1950년대에 활동한 모든 영국 사회인류학자들의 한계를 극적으로 보여주기 때문이다.

미국 인류학에서 주도적인 인물이었던 머독은 인류학 학술지인『미국 인류학자』(American Anthropologist)에 영국 사회인류학에 대한 공격을 실었다. 이것은『아프리카의 친족과 혼인체계』

(1950) 심포지엄 때문에 촉발된 것으로 당시 미국 인류학자들 사이에서 퍼져 있던, 영국 사회인류학자들의 연구에 대한 감탄과 불만이 뒤섞인 감정을 드러냈다. 그는 이렇게 썼다.

> 영국 사회인류학자들의 서술적이고 분석적인 저술은 아마도 민족지적 역량과 이론적 시사성에서 세상의 어떤 다른 집단도 필적할 수 없을 수준에 평균적으로 도달해 있다. 따라서 그들이 그렇게 널리 존경받는 것도 당연하다. 그러나 영국 바깥의 많은 동료 전문가들이 이해하기 어렵고 옹호할 수 없다고 여기는 많은 특별한 제한점들이 이런 장점들을 상쇄한다.[10)

그는 이런 제한점들로 "친족과 그것에 직접적으로 관련된 주제들, 예를 들어 혼인·재산·정부에 배타적으로" 집중한 점, 그리고 영국의 식민지에 지리적으로 집중한 결과 민족지 연구지역 범위가 광범위하지 못한 점을 들었다. 머독은 나아가서 그들이 "다른 나라의 인류학자들이 쓴 서술적인 저술에 대해서 무관심한 것만큼이나 그들의 이론적인 저술에도 무관심하다"고 지적했다. 그리고 역사·문화변동·심리학에 대한 다른 나라 인류학자들의 관심을 무시했다고 말했다. 머독은 그 책임이 누구에게 있는지 명백히 밝혔다. "이런 여러 제한점들은 래드클리프 브라운의 영향이 압도적이었음을 반영한다." 머독은 이 모든 것이 초래한 결과로 영국 사회인류학자들은 전혀 인류학자가 아니라고 말했다. 즉 '문화' 개념을 무시함으로써 그들은 사회학자, 그것도 다소 구식의 사회학자가 되었다는 것이다.

논쟁적인 수식어만 벗겨버리면 이 묘사는 상당히 정확했다. 퍼스와 포티스는 어느 정도 이 비판을 받아들였지만 영국 사회인류학의 자원이 제한되어 있다는 점을 고려할 때 야망이 제한적인 것은 정당하다고 응수했다. 또는 보다 긍정적으로 표현하자면, 영국 사회인류학자들은 제한된 쟁점들에 집중하기로 결정했고 그들의 연구에는 스스로 부과한 이런 제한점들이 가지는 강점이 있다는 것이다. 실제로 이 대화는 어떤 의미에서는 사회인류학자들과 문화인류학자들 사이의 대화였다. 즉 영국 사회인류학이 래드클리프 브라운 밑에서 따랐던 진로와, 프레이저나 타일러 또는 보아스가 정했던 진로 사이의 대화였다.

영국 인류학자들은 아무런 후회 없이 당시 미국에서 한창 유행하던 문화와 인성 연구나, 아메리칸인디언들에 대해 계속된 '구제'(salvage) 민족학적 연구, 또는 머독 자신의 다소 무비판적인 통계적 비교문화 연구들을 무시했다. 그들은 자신들의 에너지를 한 곳에 집중할 수밖에 없다고 믿었을 뿐만 아니라, 더 나아가 결과들을 보면 자신들이 사회관계의 구조에 집중한 것이 옳은 선택이었다는 것이 증명된다고 믿었다. 제2차 세계대전 후 그들의 제자가 된 학생들도 스승이 하는 대로 따르도록 훈련받았고 실제 그렇게 했다.

1950년대 영국 사회인류학의 주류: 옥스퍼드 정통파 연구

전후 새로이 채용된 학자들이 1950년대에 펴낸 연구서들은 분명히 공통점이 많았다. 두 가지 쟁점이 지배적이었다. 첫 번째로, 다소 차이는 있지만『아프리카의 정치체계』가 입안한 방식에 따른 정치연구가 이루어졌다. 핵심적인 문제는 분절적 체계와 국가에서 종족(lineage)이 담당하는 정치적 역할이었는데, 사실상 이 시기에 나온 거의 모든 연구서들이 이 문제와 씨름했다. 후기 말리노프스키류 학자들의 아프리카 국가들에 대한 훌륭한 연구들은 찬사를 받았지만 그에 필적하는 이론적 관심을 불러일으키지는 않았다. 그런 연구들로는 나델의『검은 비잔티움』(*A Black Byzantium*, 1942), 크리헤(Krige) 부부의『비의 여왕의 왕국』(*The Realm of a Rain-Queen*, 1943), 힐다 쿠퍼의『아프리카의 귀족』(*An African Aristocracy*, 1947) 등이 대표적이다. 이들 연구는 모두 약간의 차이는 있지만 아프리카 국가들의 지배계급 조직에 주된 관심을 두고 있었는데, 이는 ─ 분명히 어떤 문제든 그것의 정치적인 측면을 이해하는 데 중요했음에도 불구하고 ─ 옥스퍼드에서 나온 연구들로부터 영감을 받은 이들에게는 별 흥미가 없는 문제였다.

1950년대 내내 옥스퍼드 정통파 연구들이 연이어 나왔다. 1954년에 반즈(Barnes)는 은고니국(Ngoni state)이 어떻게 고전적인 형태로 분파하고 성장하면서 남아프리카 전체로 확장되어가는지를 보여주는 연구를 펴냈다. 같은 해에 리치는 카친

(Kachin)의 정치체계에 대한 급진적인 분석을 펴냈는데, 이 연구는 매우 독창적이었음에도 불구하고 연구의 중심 문제는 같은 용어로 정의되었다. 즉 카친의 정치공동체들은 분절체계와 국가체계를 포함하고 있었다. 리치는 한 유형이 어떻게 다른 유형으로 변하는가 하는 문제에 주의를 집중했다. 폴러스(Fallers)는 1956년에 우간다의 소가족(Soga)에 대한 저서를 펴냈는데 여기서 그는 소가국(Soga State)에서 일어나는 관료화가 씨족과 종족의 전통적인 정치적 역할과 기능에 영향을 미치는 방식을 연구했다. 같은 해에 사우설(Southall)은 역시 우간다에 있는 사회인 알루르족(Alur)에 대한 분석을 펴냈다. 그는 알루르족이 종족에 기반한 고전적인 분절사회나 중앙집권적인 국가가 아니라, 고전적인 이 두 유형이 결합된 중간형태인 '분절적 국가'(segmentary state)라는 사실을 큰 쟁점으로 삼았다. 미첼이 쓴 『야오족의 마을』(The Yao Village)도 1956년에 나왔다. 이 책은 말라위(Malawi)의 이 중앙집권적인 부족에서 권위를 둘러싼 경쟁이 서로 밀집하게 연결된 두 가지 경쟁의 장(場)인 모계 종족과 공직체계 내에서 동시에 일어나는 방식을 연구했다. 또 1956년에 나온 스미스(M. G. Smith)의 논문인 「분절적 종족체계에 대하여」(On segmentary lineage systems)는 당시의 쟁점들을 보다 일반적인 수준에서 유의(有意)한 것으로 끌어올리려는 시도를 했다. 이 논문에서 스미스는, 비록 일부 체계들에서는 분절화가 종족을 기반으로 일어난다는 사실이 중요한 결과를 초래하지만, 분절화는 모든 정치적 행동의 특징이라고 주장했다. 스미스는 또 『잣자우

의 정부』(*Government in Zazzau*, 1960)에서 정통 연구들 가운데 가장 복잡한 연구를 했지만, 여전히 그의 주된 관심사 중 하나는 중앙집권적인 행정과, 종족을 기반으로 하는 경쟁·분열 사이의 관계였다. 미들턴(Middleton)과 테이트(Tait)는 1958년에 아프리카의 정치제도에 대한 새로운 논문집인 『통치자 없는 부족들』(*Tribes Without Rulers*)을 편집했다. 이 책은 이 책의 원형(『아프리카의 정치체계』–옮긴이)보다 훨씬 더 종족조직의 문제에 한정되어 있었다. 그 기고자들은 모두 전후 기간요원단의 일원이었는데 이 책은 이들이 수행한 연구에서 종족이론이 차지하는 절대적인 중요성을 반영하고 있었다.

이상과 같은 1950년대의 옥스퍼드 정통파 연구는 두 가지 점에서 1940년대에 에번스 프리처드와 포티스가 내놓은 연구저서들과 중요한 차이가 있었다. 첫 번째는 역사적인 자료들을 매우 일반적으로 이용했는데, 이는 어느 정도는 에번스 프리처드의 영향 덕분에 이룬 발전이었다. 두 번째 차이점은 관료주의에 대해 관심을 가지게 된 것이다. 이 관심은 부분적으로는 식민지 시대 후기에 '국가 내의 국가'라는 문제들 때문에 시사된 적이 있었지만, 베버의 영향으로 자라난 것이기도 했다.

이 시기의 또 다른 주된 관심사는, 이미 그 당시 다소 구식이 되어버린 용어를 쓰자면 '주술-종교' 체계에 대한 것이었다. 이런 종류의 연구는 보통 두 가지 주요 쟁점 중 하나를 다루었는데, 두 가지 모두 에번스 프리처드가 연구서의 형태로 이미 상술한 것이었다. 첫 번째 쟁점은 마술이라는 문제 전반에 관한 것이었다.

1950년대의 연구들은 마술이 불운에 대한 사회적으로 적절한 원인을 찾아내는 방식의 하나라는 에번스 프리처드의 의견을 지지했다. 이 연구들은 마술과 요술 고발이 사회적 긴장상태를 극화하고 변화시키는 방식을 검토했다. 이런 분석은 종종 당시의 연구서들에서 ── 예를 들어 야오족에 대한 미첼의 연구나 터너의 『한 아프리카 사회의 분열과 연속』(Schism and Continuity in an African Society)에서 ── 부차적인 주제로서 등장했다. 이런 분석은 때로는 분절적 종족체계에 대한 전통적 연구와 통합되어 마술 고발을 종족 분열과정의 한 측면으로 보았다. 세와족(Cewa)에 대한 마윅의 연구는 종족체계의 스트레스를 요술 고발이라는 프리즘을 통해서 본 분석이었다. 이 연구분야는 결국 미들턴과 윈터(Winter)의 『동아프리카의 마술과 요술』(Witchcraft and Sorcery in East Africa, 1963)이라는 논문집으로 종합되었다.

두 번째 쟁점은 종교체계 자체에 대한 연구라는 보다 큰 문제로서 말리노프스키와 그의 제자들이 등한시했던 분야였다. 여기서 핵심적인 교재는 「종교와 사회」(Religion and society, 1945)라는 래드클리프 브라운의 논문과 누에르족의 종교에 관한 에번스 프리처드의 논문들이었다. 에번스 프리처드의 논문들은 1956년에 한 권의 책으로 묶여 나왔다. 래드클리프 브라운의 입장은 본질적으로 결정론적인 것이었다. 예를 들어, 조상숭배는 특정 종류의 종족체계에 기능적으로 필수적인 요소로 보아야 했다. 에번스 프리처드는 종교가 그것이 처한 사회적 환경에 제약받는다는 사실을 받아들였지만, 잔데의 마술에 관한 그의 연구에서 볼 수 있듯이, 그들의 우주론적 개념들의 논리적 상호관계를 탐구하는 데 관심이 더 많았다. 이러한 두 입장에는 각각 추종자들이 있었지만, 이 둘 사이의 차이점은 사실 강조점의 차이일 뿐이었다. 미들턴의 『룹가라 종교』(*Lubgara Religion*, 1960)는 우간다에 있는 한 부족의 조상숭배를 동시대 일부 학자들이 마술을 다룬 방식과 거의 같은 방식으로 다루었다. 즉 조상숭배는 종족구조의 함수이며, 조상숭배 관행은 종족 분파과정을 반영한다고 보았던 것이다. 린하르트의 『신성과 경험: 딩카족의 종교』(*Divinity and Experience: The Religion of the Dinka*, 1961)는 에번스 프리처드의 『누에르족의 종교』를 멋지게 보완하는 연구였다(두 부족은 수단에 있는 이웃 부족들이었다).

아프리카의 국가들에서 나타나는, 왕의 직위를 둘러싼 갈등의 례에 대한 글럭먼의 분석들은 마술과 조상숭배를 긴장된 사회관계를 집행하고 조정하는 양식으로 다루는 연구들과 일치하는 것이었다. 여기서도 다시 한 번 에번스 프리처드가 그의 논문 「쉴룩족의 신성한 왕」(The devine kingship of the Shilluk, 1948)에서 패러다임이 되는 분석을 제공했다.

역사적 증거에 대한 평가와 관련된 경우를 제외하고는 이 시기에는 신화에 대한 말리노프스키식 몰두가 별로 두드러지지 않았다. 한 가지 예외가 『버마 고지의 정치체계』(*Political Systems of Highland Burma*, 1954)에서 리치가 신화의 정치적 기능들을 신말리노프스키식으로 분석한 것이다. 리치의 분석에는 계보의 조작에 관한 종족이론가들의 연구에서 받은 영향도 있지만 말이다.

276

이 시기에 영국에서 이루어지고 있던 연구에서는 레비 스트로스가 신화분석에서 일으킬 혁명을 예견하는 전조가 전혀 없었다.

어쩌면 예상 밖으로 1950년 『아프리카의 친족과 혼인체계』의 출간 이후, 친족연구는 상대적으로 등한시되었다. 머독의 견해와는 반대로 친족보다는 정치조직이 우선적인 관심사였고, 친족이론의 문제는 주로 출계론과 관련하여 연구되었다. 예를 들어 포티스의 논문인 「시간과 사회구조」(Time and social structure, 1949)를 시작으로 유사한 연구들이 잇따라 나왔다. 이 연구들은 가내 집단의 발전 주기에 관심을 두었으나, 정치적-법적(politico-jural) 체계가 부과하는 제약들이라는 측면에서 이 주기를 파악했다. 이런 종류의 분석은 많은 저서에서 부차적인 주제로서 다루어졌으며, 케임브리지 대학의 인류학과가 1958년부터 발행한 새로운 사회인류학 논문 시리즈 제1권에서는 중심적인 주제였다. 관심을 요한 또 다른 쟁점은 글럭먼이 『아프리카의 친족과 혼인체계』에서 제기했다. 글럭먼은 이 책에서 이혼율이 종족구조의 함수라고 주장했다. 고진적인 순수한 친족연구 주제들——친족용어, 혼인 규칙, 근친상간과 외혼, 친족 개인간 역할——은 등한시되었다. 이런 주제들은 1950년대 말이 되어서야, 즉 리치와 포티스 사이의 논쟁 하나 때문에 레비 스트로스의 이론이 주목받게 되었을 때, 그리고 퍼스, 프리먼(Freeman), 리치가 비단계(非單系) 친족체계의 문제와 친족집단 형성에서 선택이 차지하는 역할에 대한 질문을 제기했을 때, 비로소 다시 부각되었다.

물론 이 시기에 다른 문제들에 대한 저술과 연구도 이루어지고 있었다. CSSRC는 토지보유, 예산, 그리고 기타 경제적 문제들에 관한 보고서를 의뢰했고 일부 식민지 정부들은 이주노동에 대한 연구를 요청했다. 이런 연구들 중 일부는 동시대인들에게 영향을 미쳤는데, 아마도 가장 주목할 만한 연구로는 이주노동이 반드시 사회구조에 파괴적이지는 않음을 보여준 샤페라와 왓슨의 연구일 것이다. 그러나 일반적으로 경제문제에 대한 연구보고서는 관심을 별로 끌지 못했으며, 경제인류학 이론에서도 거의 발전이 없었다. 퍼스만이 이것을 중심적인 관심사로 만들었으며, 그의 영향을 받은 소수의 학생들이 경제이론을 이국적인 상황에 적용하려고 노력했다. 말리노프스키가 일찍이 경제학과 생태학이 일차적으로 중요하다고 생각했음에도 불구하고 이 분야가 본격적인 쟁점으로서 인류학에 재등장하기 시작한 것은 1960년대가 되어서였다.

식민지 정부에게 법은 중요한 또 다른 분야였고, 법인류학적 연구나 '사회통제'에 관한 다수의 연구가 이 시기에 등장했다. 이 중 몇몇은 구디와 보하난(Bohannan)의 연구처럼 사실상 분절적 종족체계에 대한 연구의 일부였다. 한편, 법제의 문제에 중점을 둔 연구들도 있었는데 특히 글럭먼과 샤페라의 연구가 그랬다. 그러나 여기서도 마찬가지로 법은 그 자체로서 큰 관심을 끈 분야는 아니었다.

머독이 구체적인 사항들에서는 틀렸더라도 현대 영국 사회인류학자들의 관심 범위가 제한적이었음을 꼬집어낸 점은 대체로 옳았다고 할 수 있다. 특히 그들의 연구가 지리적으로 제한적이었음을 강조한 것은 확실히 옳은 판단이었다. 1950년대에는 이런 추세가 계속되었다. 이것은 어느 정도는 학과가 전문화한 결과이자 '노장들'이 식민지의 연구소들이나 대학들과 맺어놓은 연줄 때문이었다. 일부는 중동과 유럽의 가톨릭교 신봉지역을 탐구하기도 했지만, 옥스퍼드의 인류학자들은 수단으로 계속 갔다. 케임브리지 대학은 리처즈가 소장으로 있었고 나중에는 사우설과 스테닝(Stenning)이 소장을 역임한 동아프리카사회연구소와 강력한 연계를 맺었으나, 포티스의 학생 다수는 계속 가나에서 연구했고, 리치는 자신의 학생들을 동남아시아로 이끌었다. 맨체스터 대학은 로즈 리빙스턴연구소와 긴밀한 제휴관계를 계속 유지했고, 맨체스터 학생들은 압도적으로 중앙아프리카에서 작업을 했다. 런던의 교수들도 자신들이 현지조사를 했던 지역으로 학생들을 보내는 경향이 있었다. 그래서 포드의 학생들은 나이지리아로, 퍼스의 학생들은 말레이반도와 오세아니아로 갔다. 그밖의 다른 곳을 보면, 오스트레일리아의 인류학과들은 자연히 오스드레일리아 원주민들에게 관심을 집중했으나 1950년대에는 뉴기니 고지(高地)의 새로운 민족지 지역으로 관심을 옮겼다.

나는 곧이어 1950년대와 1960년대 초의 반주류적 경향에 대해 검토해 볼 것이다. 그러나 현대 영국 사회인류학이 1950년대에 작은 범위의 쟁점들에 얼마나 일관적이고 예리하게 초점을 맞추고 있었는지를 보면 놀랍다. 이것은 인류학계의 규모가 작고, 교수단이 압도적인 권력을 가진 결과였다. 전후 처음 몇 년 동안 이루어진 급속한 팽창이 인류학을 새롭게 자극했으나, 전쟁 직전

몇 년 동안 옥스퍼드에서 정립된 관점이 영국 인류학을 이론적으로 지배하는 현실을 바꾸어 놓지는 못했다.

제6장 리치와 글럭먼

법과 질서는 그것들이 지배하는 과정 바로 그곳에서 생긴다. 그러나 법과 질서는 경직되어 있지 않으며, 또 어떤 관성이나 영구적인 틀에서 나오는 것도 아니다. 반대로 그것들은 법에 대항하려는 인간의 열정뿐만 아니라 법 원칙들 사이의 끊임없는 투쟁의 결과로서 통용되고 있다.

• 말리노프스키[1]

1950년대와 1960년대 비주류의 지도자들

앞장에서는 주로 주류, 즉 래드클리프 브라운과 말리노프스키가 정립한 정통파 내부에서 이루어진 발전을 다루었다. 1950년대와 1960년대 내내 주류를 거슬러 움직이는 소용돌이와 조류가 있었는데, 이번 장에서 나는 비주류의 주도자였던 E. R. 리치와 막스 글럭먼 두 사람에 대해 논의하려 한다. 이 두 사람은 모두 1940년대에 자신들의 첫 주요 논문들을 발표했지만, 그들의 위치는 1950년대에야 확고해졌다.

리치와 글럭먼을 한꺼번에 고려하는 데 대해 약간의 저항이 있을 수도 있다. 리치는 글럭먼을 "이론적인 문제에서 가장 정력적인 나의 반대자"라고 묘사한 적이 있으며,[2] 자신이 거부했던 종류의 유기적 평형이론(organic equilibrium theory)을 가장 후회 없이 지지하는 이에 속한다고 그를 표현했다. 래드클리프 브라운이 뒤르켐에 대해 그랬던 것처럼 리치는, 비록 나중에는 변절했지만, 주로 레비 스트로스의 영국인 예언자로 간주되기도 했다. 그러나 글럭먼은 신구조주의자들의 주요 관심사에 아무런 흥미도 보인 적이 없었다. 그래도 리치의 레비 스트로스 시기는 부차적인 발전이었고 그의 주요 연구업적과 진정으로 융합된 적이 없다고 보는 것이 아마도 더 정확할 것이다. 그는 한 번은 이렇게 말했다.

말리노프스키가 발전시킨 이론의 한계점들을 인정하지만,

나 자신이 한때는 말리노프스키의 학생이었으며, 아직도 마음 깊숙이는 '기능주의자'이다. 특정 문화체계의 특징을 밝혀내기 위해 때로 레비 스트로스의 '구조주의적' 방법을 사용해왔지만 나의 일반적 입장과 레비 스트로스의 입장에는 큰 차이가 있다.[3)]

레비 스트로스의 연구가 영국 인류학자들에게 미친 영향을 다룰 다음 장에서는 리치가 돋보인다. 이 장에서는 리치의 연구주제였던, 넓게 봐서 정치적인 논제들에 관심을 둘 것이다. 글럭먼과의 합치나 분리가 흥미로운 것도 바로 이 분야에서이다.

1910년생인 리치와 1911년생인 글럭먼은 가까스로 영국 인류학자들 가운데 연장자 집단에 속한다. 두 사람 모두 대부분의 1세대들이 박사훈련을 마쳤고, 말리노프스키의 영향이 래드클리프 브라운에게 길을 내주고 있던 시기인 1930년대 중반에 영국에서 인류학 공부를 시작했다. 두 사람 다 이 시기에 말리노프스키의 세미나에 참석했다. 글럭먼은 공식적으로는 옥스퍼드에서 매럿의 지도 아래 있으면서 런던 정경대학으로 통학했고, 리치는 런던 정경대학의 학생이었다. 글럭먼은 나중에 특히 에번스 프리처드의 초기 연구에 감화되어 새로운 옥스퍼드 구조주의의 영향을 받게 된다. 리치는 래드클리프 브라운이나 에번스 프리처드의 영향을 크게 받은 적이 없었으며 말리노프스키가 떠난 후에는 런던 정경대학의 퍼스와 가장 가까웠다.

그들은 주요한 두 학파의 뛰어난 새 회원으로서 각자 자기 스승들의 통찰을 새로운 방식으로 발전시키고자 했다. 리치는 대부분의 저술에서 눈에 띌 정도로 말리노프스키파로 남아 있었고 글럭먼은 기본적으로 항상 옥스퍼드 구조주의자였지만, 이들 사이에는 진정한 관심의 일치가 있었다. 두 사람 모두 규범의 상충과 규칙의 조작 문제에 끌렸고 이 문제를 연구하기 위해 역사적 시각과 확대된 사례연구 방법을 사용했다(더하여 슬픈 우연이지만 두 사람은 모두 전쟁에서 자신들이 이룬 가장 중요한 연구의 현지노트를 잃어버렸다). 리치의 제자 가운데 레비 스트로스의 관심사를 추구했던 이들을 제외하면, 이 둘의 제자들은 비슷한 문제들을 다루었다. 바스(Barth)와 반즈(Barnes), 그리고 베일리(Bailey)―1950년대와 1960년대에 가장 활약을 많이 한 인류학자들 가운데 세 명―는 그들의 연구에서 리치와 글럭먼의 궁극적인 수렴점을 보여주었다.

보다 완전하고 섬세한 비교는 두 학자의 연구가 상세히 재검토될 때까지 기다려야 할 것이다. 지금 단계에서는 개척 세대와 전후 세대를 이어주는 인물인 리치와 글럭먼이 1930년대에 정립되었던 이론들의 범위를 넓히고 그 짜임새를 예리하게 가다듬는 데 주로 관심이 있었다는 점을 지적하는 것으로 충분하다. 이러한 작업 때문에 이후에 새로운 선택들이 가능했다. 결국 그들의 기여는 상호 지지적이었다고 볼 수 있다. 두 사람이 퍼뜨리려고 했던 메시지를 한 문장으로 요약한다면 다음과 같을 것이다.

사회체계들의 중심 동력은, 종종 상충하거나 애매모호한 규칙들이 만들어낸 틀 속에서 자신들의 재력과 지위를 향상시키기 위해 서로 경쟁하는 사람들, 즉 그들이 행하는 정치적 활동이다.

독자들은 또한 두 사람 모두 몸집이 크고 감정이입을 잘하며 헌신적이고 솔직했던 '카리스마적인' 인물이었음을 알아야 한다. 둘 다 강한 개인적 충성심을 불러일으켰지만 참을성이 없고 때로는 위압적이기도 했기 때문에 불가피하게 일부 동료들과 소원해지기도 했다.

'갈등'에 대한 글럭먼의 구조적 분석

글럭먼은 요하네스버그에서 러시아계 유대인 부모에게서 태어났다. 그는 처음에는 비트바테르스란트 대학에서 횐레(A. W. Hoernlé) 부인 밑에서 사회인류학을 공부했다. 그녀는 우수한 선생이었다. 제자 여러 명이 계속 공부하여 전문 인류학자가 되었으며, 글럭먼의 동기생으로는 엘렌 헬먼과 힐다 비머(쿠퍼), 그리고 아일린 젠슨(크리헤) 등이 있었다. 글럭먼은 위니프레드 횐레가 갈등이론에 대한 자신의 관심을 키워주었다는 듯 말했으나, 그녀의 연구나 다른 제자들의 연구 어디서도 이를 시사하는 부분은 없다. 케임브리지에서 수학한 그녀는 래드클리프 브라운의 추종자였는데, 그녀에 대한 글럭먼의 후한 찬사는 부분적으로는 자신의 지적 계보를 이 모계 선조와 관련시킴으로써 개별화하려는 시도로 읽을 수도 있다. 그러나 횐레 부인이 제자들에게 남아프리카에 있는 대학에서는 별로 강하게 표현되지 않았던 학문의 가치에 대한 생각을 심어준 것은 틀림없다. 이 학생 집단은 또한 자신들이 인류학에 투신한 것을 부분적으로 정치적인 측면에서 보았다. 영국에 기지를 둔 동시대 인류학자들이 식민지 사회의 권력과 결핍의 현실로부터 눈을 돌리는 경향이 있던 시기에, 그들은 자신들이 조사하는 체계의 맥락을 무시하기 힘들다는 사실을 깨달았다.

글럭먼은 1934년에 로즈(Rhodes) 장학생(로즈 장학금은 영국의 남아프리카 식민지 재정가·정치가인 C. J. 로즈의 유지에 따라 옥스퍼드 대학에 설치된 장학금—옮긴이)으로 옥스퍼드에 가서 1936년에 박사학위를 받았다. 그는 1936년에서 1938년 사이에 줄룰란드(Zululand)에서 현지조사를 했다. 1940년에 그의 첫 번째 주요 논문들이 나왔는데, 『아프리카의 정치체계』의 줄루인에 관한 장(章)과 『현대 줄룰란드의 한 사회상황에 대한 분석』(*Analysis of a Social Situation in Modern Zululand*)이라는 짧은 저서의 첫 부분이 그것들이다. 이 논문들에서 그는 옥스퍼드 이론의 중심 문제였던 분절적 대립(segmentary opposition)을 다루었으나, 다른 형태의 대립과 갈등에 대해서도 관심을 보였으며 이것이 후에 그가 더욱 매진한 문제였다.

글럭먼은 『아프리카의 정치체계』에 기고한 논문에서 식민지시대 이전 줄루사회의 두 단계를 기술하고 다음과 같이 주장했다.

묘사된 두 체계의 공통적 본질은 유사한 집단 간의 대립과, 사람들이 여러 다른 권위에 대해 가지는 잠재적으로 상충하는 충성심이다. 국가는 안정된 조직이었는데 그 이유는 이러한 대립이 주로 왕의 통치 아래 묶여 있던 부족들 사이에서 일어났기 때문이었다……. 실제 행정에서는 사람들의 충성심과 관리들의 경쟁이 자주 충돌하지는 않았다. 다른 유형의 집단들의 우두머리들을 통해서 행정기구가 작동했기 때문이다. 즉 주된 대립은 같은 유형의 집단들 사이에 존재했고 이 집단들은 하나의 더 큰 집단의 부분들로서 협동했던 것이다.

이런 분절적 대립은 결집과 평형을 초래했다. 갈등의 발생은 누에르인들의 반목처럼 긍정적으로 기능하기까지 했다. 그러나 글럭먼은 나아가서 이런 안정적인 체계들을 그가 현지에서 발견한 상황과 대비했다.

오늘날 이 체계는 불안정한데 그 이유는 줄루인의 삶이 여러 요인들에 의해 끊임없이 영향을 받고 변화하고 있을 뿐만 아니라, 여러 다른 권위체들이 완전히 다른, 심지어는 모순적인 가치들을 대표하고 있기 때문이다……. 줄룰란드의 현대 정치조직은 특정 권위체들이 대표하는 두 개의 피부색 집단 간의 대립이다. ……이 두 집단 간의 대립은 균형을 이루고 있지 못한데, 그 이유는 궁극적으로 그것이 정부라는 상위 세력의 지배를 받고 있기 때문이다……. 이 세력이 주는 위협은 이 체계가 돌아가는 데 필요하다. 왜냐하면 줄루인과 유럽인은 가치와 이해관계에서 너무 대립되어 있어서 줄루인들은 자신들과 자신들의 왕과 족장 사이에 존재했고 지금도 존재하는 강한 도덕적 관계를 자신들과 정부 사이에서는 인정하지 않기 때문이다. 그들은 대개 정부가 자신들의 이익을 무시한 채 자신들을 착취하려 든다고 생각한다.[4]

이것이 『아프리카의 정치체계』 전체에서 유일하게 인종적 지배라는 맥락을 다룬 분석이다.

『현대 줄룰란드의 한 사회상황에 대한 분석』[5]은 식민지적 지배 또는 정착민의 지배에 의해 형성된 복수 정치사회가 어떻게 지방의 '부족' 체계를 이해하는 틀이 되어야 하는지를 보여주었다는 점에서 더 진전된 것이다. 글럭먼은 새로운 형태의 제시방법을 사용하여 아주 자세하게 줄룰란드의 교각 개통식 장면 ─ 왕래활동, 연설, 평가, 차 마시기 ─ 하나를 묘사하면서 백인 행정장관과 그의 수행원들에서부터 족장과 그의 추종자들에 이르기까지, 심지어는 인류학자 자신에 이르기까지 행위자들의 사회적 충성심이 어디에 있는지에 항상 주목했다. 글럭먼이 강조하고자 한 바는 비록 피부색이 다른 집단의 성원들이 상징적으로 그리고 실제적으로 모든 점에서 분리되어 대립하고 있어도, 이해관계가 일치하는 영역에서는 어쩔 수 없이 상호작용하게 된다는 것이었다.

이것은 상황이 안정적이라는 뜻은 아니었다. 반대로 선을 가로지르는 유대가 존재함에도 불구하고, 현대 줄룰란드는 급진적인 구조적 변화 없이는 갈등이 적절하게 해결될 수 없는 유형의 사회체계를 대표하고 있었다. 이런 유형의 체계는 식민시대 이전의 줄루사회와는 대조적이다. 후자의 경우에는 종종 상당히 과격한 변화가 있었음에도 불구하고, 체계가 낳은 갈등이 체계에 흡수될 수 있었을 때는 장기간의 상대적인 안정기가 있었다. 글럭먼은 사회인류학자는 사회체계가 평형상태에 접근했을 때인 이런 상대적인 안정기들을 연구해야 한다고 주장했다.

글럭먼의 입장이 발전함에 따라 나온 핵심 논지는, 사회적 평형이 집단이나 규범이 깔끔하게 통합된 데서 나온 단순한 문제가 아니라는 것이다. 반대로 사회적 평형은 대립들이 변증법적인 과정에서 균형을 잡는 데서 발생한다. 글럭먼과 콜슨(Colson)이 썼듯이, 사회집단들에는 "분파하고 또 그런 다음에는 파를 가로지르는 동맹으로 함께 결합하는 내재적인 경향"이 있어서 "……한 세트의 관계에서 일어나는 갈등은 그것을 상쇄하는 관계에서 흡수되고 시정된다."[6] 마찬가지로 사회생활을 지배하는 규범들은 종종 결정적으로 애매모호하거나 심지어는 상충하기도 한다. 예를 들어 족장직의 승계규칙은 종종 그 직책을 둘러싸고 경쟁할 '정당한' 권리자들이 불가피하게 여러 명 나오게 한다. 그러나 족장직의 중심 가치를 드높이려 단합하는 것이 모든 권리자들의 이해에 부합되므로, 규칙이 낳은 경쟁 자체가 족장직의 가치에 대한 합의를 강화할 것이다. 글럭먼은 의례에서도 일종의 초월적 단합뿐만 아니라 갈등도 표현되는 것을 보았다. 그러나 그러한 갈등을 표현함으로써 사회는 일시적으로 정화되었다. 그는 의례를 다음과 같이 보았다.

(의례는) 뒤르켐과 래드클리프 브라운의 이론에서처럼 결집을 표현하고 사회의 가치와 그 가치의 사회적 정서를 주민들에게 이해시킬 뿐만 아니라, 사회적 규칙들의 현실적인 충돌을 과장하고 이런 충돌에도 불구하고 화합이 있음을 확인하는 것이다.[7)]

이런 종류의 분석은 갈등에 대한 자제된 표현을 통한 합의와 사회적 평형의 성취에 초점을 맞추는데, 사회학자들에게는 독일 학자 지멜(Simmel)의 작업을 통해 잘 알려져 있다. 그러나 글럭먼은 지멜의 연구를 모르는 상태에서 자신의 견해를 발전시켰다. 베버(Weber)조차도 제2차 세계대전 이후까지는 영국 인류학자들에게 사실상 알려지지 않았다. 또한 글럭먼의 일부 연구에서는 프로이트의 양가감정 개념의 영향을 감지할 수도 있을지 모르겠는데, 분명히 그는 프로이트의 사상을 잘 알고 있었고 그것에 호의적이었다. 베이트슨의 분열생성 분석에 대해서는 훨씬 더 직접적으로 끌렸다. 그렇지만 지적적인 영감은 더 가까운 곳, 즉 옥스퍼드 구조주의자들의 연구에서 받았다.

래드클리프 브라운은 '대립원리'를 표현했고, 에번스 프리처드는 누에르인의 분파와 반목에 대한 분석에서 이 아이디어를 발전시켰다. 에번스 프리처드는 아누악족(Anuak) 정치분석에서, 그리고 1948년에 출판된 걸출한 논문인 「쉴룩족의 신성한 왕권」에서는 훨씬 더 멀리 나아갔다. 여기서 그는 나중에 글럭먼도 사용하는 용어를 사용해 이렇게 썼다.

쉴룩의 반란은 왕권에 대항하여 일어난 것이 아니었다. 반대로 그것들은 약화되어 가던 왕권에 구현된 가치들을 보존하기 위하여 일어난 것이었다. 또는 그런 것이라고 왕위에 있던 자는 믿었다. 그것들은 혁명이 아니고 왕권의 이름을 걸고 일어난, 왕에 대한 반란이었다.[8]

또한 에번스 프리처드의 추종자 가운데 일부는 역사를 다시 쓰려는 시도에서, 그리고 에번스 프리처드를 영국적인 지적 연관으로부터 분리해내려는 시도에서, 그의 주요 분석들에서 파생되어 나온 많은 연구들, 특히 글럭먼의 연구와의 관계를 인정하지 않으려 애썼다. 예를 들어 파콕(Pocock)은 래드클리프 브라운과 글럭먼이 '대립'의 개념이 가지는 두 가지 의미인 적대관계와 구조적 병렬을 혼동했다고 주장한다. 에번스 프리처드를 논하면서 파콕(과 뒤몽Dumont)은 '대립'을 두 집단의 대결의 수준에서보다는 집단들의 분류의 수준에서 일어나는 과정으로 보는 현대 프랑스 구조주의자들과 에번스 프리처드를 같은 선상에 두려고 노력했다. 이처럼 파콕은 글럭먼이 에번스 프리처드의 모델을 비속화했으며 거기에 왜곡된 기능주의적 강조를 부과했다고 주장한다.[9]

나는 에번스 프리처드의 아이디어들을 글럭먼이 정통으로 발전시켰는지의 여부를 논하는 것이 유익하다고 생각하지 않는다. 그가 따른 발전 노선이 전후의 에번스 프리처드의 학생 다수가 따른 노선과 다르다는 것은 분명하지만, 그리고 보면 전후에는 에번스 프리처드 자신의 의견이 상당히 과감하게 변했다. 단지 나의 요점은 글럭먼의 이론이 그가 옥스퍼드에서 래드클리프 브라운과 에번스 프리처드로부터 배운 아이디어들이 발전할 수 있는 한 가지 방향이었다는 것이다.

글럭먼의 이론이 발전하는 과정에서 나타난 가장 큰 취약점은 그가 반복적으로 발생한다고 본 것을 사회체계의 변화에 대립적인 것으로 여기고 그것에 초점을 맞춘 점이다. 이 때문에 그는 때로 우스꽝스러운 극단까지 치달았고, 나중에는 자신의 입장을 수정했다. 1963년에 그는 1940년대와 1950년대에 자신이 발전시킨 견해들을 논의하면서, "나는 그때까지도 제도들이 — 결국에는 하나의 제도일 수 있는 시민전쟁까지도 — 다소 경직적으로 고안된 사회구조의 유지에 기여한다는 조야한 기능적 측면에서 생각하고 있었다"고 했다.[10] 그는 이러한 강조가 백인 통치 아래에 있는 줄룰란드에 대한 그의 연구에서 발전되어 나왔다고 설명하면서, "이곳은 미해결의, 그리고 해결 불가능한 갈등이 많음에도 불구하고 '작동하고 있었고'", 그로 히어금 "어떻게 사회체계들이 그것들 모두에 존재하는 깊은 갈등들을 견제할 수 있었는지"를 고려하게 만들었다고 했다.[11]

글럭먼의 기여

글럭먼은 줄루에 대한 논문들에서 그가 1939년에 로즈 리빙스턴연구소의 고드프리 윌슨과 합류했을 때 중앙아프리카로 가져갔던 사회학적 관념들을 전개했다. 그는 1941년에 연구소장 대행이 되었으며, 1942년에서 1947년까지 연구소장으로 일했다. 이때는 연구소의 활동이 활발한 시기였고, 글럭먼의 아이디어들은 그때 현지조사를 하러 온 연구원들에게 채택되었다. 글럭먼의 견해는 전쟁 전의 옥스퍼드 구조주의자들의 입장에서 완전히 벗어났다기보다는 강조점이 변화한 것이었지만, 그것들의 채택은 중요한 결과를 초래했다. 글럭먼의 영향을 받은 현지조사자들은 사회적 실재를 에번스 프리처드와 포티스의 학생들이 가졌던 좀더 전통적인 견해와는 현저하게 다른 방식으로 생각하게 되었다. 그 결과 중앙아프리카의 로즈 리빙스턴연구소 연구원들의 연구는 독특했으며, 동아프리카와 서아프리카의 옥스퍼드와 케임브리지 인류학자들의 연구 대부분과 첨예한 대조를 이루었다.

1945년에 연구소의 연구계획을 개관하면서 글럭먼은 백인과 인디언을 포함하는 그 지역의 전체 사회체계에 대한 관심을 강조했다. 그는 이렇게 썼다.

나는 진행중인 사회적 과정들이 완전히 와해적이라고는 보지 않음을 강조해야겠다…… 문제에 대한 나의 공식 전체는 유럽인과 아프리카인이라는 이질적인 문화집단들로 이루어진, 갈등과 부적응이 많기는 하지만 뚜렷한 사회구조와 행위 규범을 가진, 중앙아프리카 사회 하나가 있다는 것을 인정하는데서 나온다.[12]

이 논리를 따르면 농촌지역뿐만 아니라 도시지역도 연구할 필요가 있었고, 또 타운에 있는 아프리카인 노동자를 단순히 이농민으로서가 아니라 산업화된 도시의 사회체계 내에 있는 노동자로서도 볼 필요가 있었다. 이러한 야심적인 프로그램은 국제아프리카연구소가 10년 전에 출간한 연구계획과 첨예하게 대조되었다. 백인과 아시아인 지역사회에 대해 약속했던 연구는 불행히도 이루어지지 않았지만, 로즈 리빙스턴에서 나온 연구들이 정착민과 행정관료를 다루었다는 점은 당시의 인류학적 보고서에서는 분명히 예사롭지 않은 것이었다.

이러한 지향성이 제기한 문제 하나는 지역구 행정을 담당하는 하급 관리들로서 외부인인 당국의 요구와 지역 주민의 요구 사이에 끼여 있는 마을 촌장의 역할에 관한 것이었다. 이것은 식민지 행정에 내재한 갈등들이 노출되는 상황이었고 글럭먼이 줄루 연구에서 탐구했던 문제였다. 대부분의 로즈 리빙스턴 연구원은 언제고 한 번은 이 문제를 다루었다.

줄룰란드에서 일어나는 하나의 '시회적 상황'에 대한 글럭먼의 상세한 분석에는 예증적인 민족지적 자료를 제시하는 전통적인 방식에 대한 불만족이 담겨 있었다. 그것은 말리노프스키식의 '적절한 예증' 기법이 지니는 선택성에 대한 반대였다. 미첼은 『칼렐라 춤』(The Kalela Dance)에서 '사회적 상황' 접근법을 사용했으나 다른 연구원들은 대안을 찾아 나섰다. 그들의 실험은 터너의 '사회극'(social drama)의 사용에서 결실을 보게 되었다. 후에 '확대된 사례연구'라고 불리게 되는 이 기법은 특히 갈등과 갈등해소의 과정을 연구하는 데 적합했다. 연구원들은 또한 대부분의 동시대 학자들보다 통계적 방법을 더 성공적으로 그리고 양심적으로 사용했고, 반즈와 미첼은 인류학 연구의 급선무를 해결하기 위해서 통계적 방법을 세련화하는 데 진전을 이루었다. 마지막으로, 분석 가능하며 현재의 상황과 비교될 수 있는 상대적인 안정·평형 단계들을 확인하기 위해 역사적 자료를 사용한 글럭먼의 예는 또한 모방과 발전을 고무했는데, 특히 반즈에게서 그랬다.

이와 같이 글럭먼은 갈등이 사회과정에서 가지는 역할에 대한 그의 이론뿐만 아니라 전체적인 정치상황이 고려되어야 한다는 주장과 방법론적 혁신에 대한 개방성을 중앙아프리카 사회연구에 가져왔다. 그는 세미나에서의 긴밀하고 끊임없는 상호교환, 현지방문, 그리고 또 연구소 정기간행물에 기고한 글과 총괄 논문들을 통해 그의 생각을 연구소에 퍼뜨렸다.

그러나 이 시기 그 자신의 주요 연구는 그가 고무했던 종류의 연구로부터 약간 비껴나가고 있었다. 로지(Lozi)의 법에 대한 연구가 그것이다. 그는 법률 훈련을 좀 받았는데 그의 주된 관심은 바로체족(Barotses)이 사용한 법 원리와, 그것과 유럽의 법 원리 사이의 수렴이었다. 이 연구는 법인류학 발전에 큰 영향을 미쳤으나, 카퍼벨트(Copperbelt, 중앙아프리카의 잠비아와 콩고 국경지대에 있는 구리 산출지대―옮긴이)에서 이루어진 엡스타인의 연구를 제외하고는 로즈 리빙스턴 연구원들의 연구에 별 영향을 미치지 못했다.

맨체스터 학파의 농촌사회 연구

1947년에 글럭먼은 로즈 리빙스턴연구소를 떠나서 옥스퍼드에서 가르치게 되었다. 또 2년 후에는 맨체스터 대학에 인류학과를 개설하러 갔다. 그러나 이제 그의 동료들(처음에는 엘리자베스 콜슨, 나중에는 미첼)이 통제하고 있던 로즈 리빙스턴연구소와도 계속 긴밀한 연계를 유지했다. 로즈 리빙스턴 연구원 다수가 나중에 맨체스터 인류학과와 관계를 가지게 되었다. 수년 동안 긴밀한 관계를 유지한 이들뿐만 아니라 '맨체스터 학파'의 교의를 그리 오래 따르지는 않았던 이들까지도 마찬가지였다. 이 연구원들 가운데 가장 잘 알려진 이는 아마 반즈, 커니슨(Cunnison), 엡스타인, 마윅, 터너, 반 벨젠, 그리고 왓슨(W. Watson)일 것이다. 중앙아프리카에서 연구했던 다른 이들도 이 동아리에 합류했다. 행정관인 화이트(C. M. N. White)와 농업경제학자인 앨런(Allan)은 그중 보다 동정적인 인물들이었다.

이들이 펴낸 연구는 놀라울 정도의 획일성을 보여준다. 가끔 커니슨을 제외하면 그들의 연구를 보면 거의 항상 주제와 영감에서 '맨체스터' 학파라는 것을 쉽게 확인할 수 있다. 아마도 이것은 그들이 인류학 학파들의 형성에서 특별한 경우이기 때문일 것이다. 대부분의 학파는 대학에서 교수의 지적 지배를 통해 발전한다. 그러나 이 학파는 현지에서 모든 성원이 유사한 어려운 문제들과 씨름하면서 보다 큰 동지애와 평등한 관계를 나누는 상황에서 등장했다. 물론 숨은 갈등이 없지는 않았지만 이렇게 해서 발전된 결집력은 분명히 특이한 것이었다.

이 학파의 성원들이 펴낸 중앙아프리카 농촌사회에 대한 모든 연구서는 사실상 마을구조에 집중했고, 지역사회 구조에 내재된 갈등과 갈등해소의 과정들을 분석했다. 또한 지역 행정에서 '사이에 삽입된' 존재인 촌장의 위치를 검토했으며, 마술과 의례를 사회적 갈등의 표현과 해소를 위한 통로로서 연구했고, 또 통계적 자료와 확대된 사례 자료를 가지고 실험했다. 각각의 저서에는 특정한 초점이 있었다. 예를 들어 터너는 마을의 분열을, 미첼은 야오족의 수직적인 정치적 통합을, 왓슨은 이주노동을, 마윅은 요술 고발을 연구했다. 그러나 각각의 저서는 그들이 글럭먼에게서 받아들여서 공유했던 근본적인 모델이 특수하게 투사된 것으로 볼 수 있다.

긴장 상태의 도시지역에서는 연구가 덜 이루어졌으나, 엡스타인과 미첼은 카퍼벨트에 대한 연구를 했고, 왓슨은 농촌 쪽에서 본 이주노동에 대한 분석을 내놓았다. 여기서도 이 학파 특유의 관심사를 분명히 볼 수 있다. 이 분석들은 때로는 공통된 이해관계에 의해 무효화되기도 하는, 상황적으로 정의되는 구조적 대립을 보여주었다. 이는 이전에 농촌 지역사회에서 분석되었던 사항이다.

은뎀부족에 대한 터너의 연구인 『한 아프리카 사회의 분열과 연속』(*Schism and Continuity in an African Society*, 1957)은 이런 연구들 중에서 가장 만족스러운 것이었다. 터너는 말리노프스키가 제기했고 리처즈가 중앙아프리카의 모계사회들을 이해하기 위해 몇 년 전에 분석했던 문제에서 시작했다. 이는 모계사회는 모계종족의 성원이자 오빠(남동생)이며 남편이고 형부이기도 한 남성들의 상충하는 이해관계를 어떻게 조정하는가 하는 문제였다. 은뎀부의 마을은 남성 모계친족원을 중심으로 이루어진다. 이 남자들은 보통 아내를 자신의 집에 데리고 와서 살고, 그들의 누이는 집을 떠나 자기 남편과 산다. 그러나 모든 남자의 승계자는 누이의 아들이므로, 어떤 단계가 되면 이 누이의 아들은 모계 쪽으로 관련된 남자들로 이루어지는 핵심 지역사회로 영입되어야 한다. 야심적인 남자들은 자신의 지역사회를 구축하려고 노력하는데, 이 목적을 위해서 그들은 누이의 자식들을 데려올 뿐만 아니라 자기 자식들을 집에 두려고 애쓴다. 그 결과 가족과 모계종족의 견인력 사이에 생기는 갈등이 은뎀부 사회의 기본 문제였다. "이와 같이 결혼생활과 마을, 두 가지 모두 본래부터 불안정하며, 인척들은 여성들과 자식들에 대한 통제권을 두고 끊임없이 싸운다."[13] 이런 상황에서 유일한 결속 단위는 모중심 가족이었는데, 이 집단은 어머니 한 사람의 자식들로 이루어졌다. 아버지와 외삼촌은 바로 이 단위를 대상으로 경쟁하고 있는 것이다.

구조적으로 발생한 다른 갈등도 있었다. 모계종족 내에서 서로 다른 경제적 역할과 기능을 수행하는 남자들과 여자들 사이에, 또 핵심 모계 지역사회 자체에서 권위와 재산을 두고 마을 내에서 경쟁하는 남자들 사이에 발생하는 갈등이다. 터너는 그 결과 나타나는 관계유형에 대해 다수 마을들의 구성을 통계적으로 조사함으로써 폭넓게 분석하는 동시에 한 마을 내의 갈등에 대한 고찰을 통해 깊이 있게 분석했다.

터너는 그가 '사회극'이라고 부른 것을 사용하여 이러한 갈등들이 마을에서 해결되는 방식을 분석했다. 그는 공공연한 갈등은 사회체계의 바탕에 깔려 있는 긴장을 나타내며, 따라서 구조에 내재한 스트레스들을 극화한다고 주장했다. 동일한 행위자들이 관련된 일련의 대결 상황들을 다룸으로써 갈등이 전개되고 해결되는 방식을 볼 수 있었고 근본적인 분석도 시험해볼 수 있었다. 그 결과 싸움·긴장·해결에 관한 긴 이야기가 전반에 흐르는 새로운 종류의 연구서가 나왔다. 반즈는 이런 종류의 연구를 등장인물들이 다양하고 동기가 복잡하다는 점에서 — 읽을 수 없는 이름들로 가득 차 있는 것은 말할 것도 없고 — 러시아 소설에 비유했다.

그의 이론적 분석은 글럭먼의 틀을 따라 이루어졌다. 예를 들면,

사람들은 모계 친척이기 때문에 함께 살지만, 또 바로 모계 친척이기 때문에 직책과 재산상속을 두고 충돌한다. 친족이라는 도그마는 모계 친족원이 서로의 존재에 관여하라고 하고, 친족 규범에 따르면 모계 친족원은 항상 서로 도와야 하므로, 그들 사이에 공공연한 물리적 폭력은 좀처럼 일어나지 않는다. 그들의 투쟁은 요술·마술이라는 관례와 정령숭배적인 신앙으로 표현된다……. 갈등은 사회구조에 고유한 병이지만 갈등 자

체가 집단의 단결을 공고히하도록 압력을 가하는 일련의 기제들이 존재한다.[14]

터너는 자신이 글럭먼으로부터 지적 영향을 받았음을 스스럼없이 인정했고, 이 학파의 많은 연구업적들과 마찬가지로, 이 책에는 글럭먼의 추천 서문이 실려 있다. 터너의 분석은 또한 옥스퍼드 구조주의자들의 연구도 직접 참고했는데, 종족분파에 대한 분석과 종족 외부에서 작동하는 친족유대에 대한 분석에서는 포티스의 탈렌시 연구를 특히 참조했다.

터너의 분석이(후에 그의 은뎀부의 의례에 대한 연구와는 달리) 이론적으로 혁신적인 것은 아니었다고 말하는 것이 옳지만, 이 사례자료의 질과 그것을 제시하고 분석하는 데 기울인 정성 때문에 이 저서는 나름의 독보적인 위치를 차지한다. 독자들은 이국적인 사회적 맥락에서 일어나는 개인관계의 게임을 새롭고 복합적으로 이해하게 되었고, 주인공들을 알게 되었으며, 그들이 자신들의 역할을 수행하는 것을 보았고, 그들이 직면한 갈등들을 공감할 수 있었다. 은뎀부의 마을생활에 대한 터너의 설명에는 말리노프스키의 산만한 저서들이나 구조주의자들의 지나치게 질서정연한 저서들은 완전히 가질 수 없었던 확신이 실려 있었다. 초점이 ─규정된 역할을 담당하고 있는─ 개인들에게 주어졌기 때문에, 이런 종류의 연구는 연망분석, 게임이론, 그리고 일상생활의 전략을 개념화하는 다른 방식들로 향하는 길을 터 주었다. 로즈 리빙스턴연구원들은 구조주의자들로부터 멀어져서 '방법론적 개인주의'라고 불리는 것을 향해 나아가기 시작했다. 그러나 이러한 동향은 1950년대에는 아직 완전히 분명하게 드러나지 않았다.

맨체스터 학파의 도시연구

엡스타인과 미첼의 도시연구에서 보이는 중심적인 구조적 대립은 물론 줄룰란드에서와 마찬가지로 백인과 흑인 사이에 있었다. 카퍼벨트의 타운들은 광산을 중심으로 조직되어 있었다. 타운들은 백인이 사는 시와 아프리카인이 사는 읍으로 나누어져 있었고, 아프리카인은 정부관리가 따로 통치했다. 여러 국가와 70개가 넘는 부족에서 온 아프리카인들은 다시 두 가지 방식으로, 즉 출신부족에 따라, 그리고 직업 또는 도시거주에 따르는 위세에 따라 구분되었다.

백인들은 그들의 농촌행정 경험과 아프리카인에 대한 고정관념 때문에 아프리카인은 타운에서도 '부족적' 기반에서 통치되어야 한다고 믿었다. 도시행정은 '부족장로'라 할 만한 사람들을 통해 이루어져야 한다는 것이다. 그러나 아프리카인들은 일반적으로 어떤 문제에 대해서는 기꺼이 이런 '장로들'의 조언을 구했으나 산업문제에 대해서는 이들의 지도권을 받아들이지 않았다. '장로들'은 백인과 내통한다는 비난을 받았으며, 1935년에 카퍼벨트에서 노동자 폭동이 일어났을 때, 혐오의 대상이었던 흑인 경찰관들과 마찬가지로, 선출된 '부족 장로들'도 백인들의 보호를 받아야 했다.

사실 어떤 맥락에서는 직업적 유대가 부족적 충성심보다 우선했다. 그러나 고용구조는 그 자체의 긴장을 낳았다. 백인은 최고의 권력과 위세를 가진 지위를 점유했고, 개인이 달성하고자 하는 포부의 기준을 세웠다. 교육받은 서구화된 아프리카인은 유색인 중에서는 가장 보수가 높은 화이트칼라 직종에 종사했다. 자연히 이 집단에서 아프리카인 지도자가 많이 나왔으나, 그들의 생활양식은 동료 아프리카인들과 많이 달랐다. 비교적 특권적인 지위 때문에 하층 노동자들이 파업을 하면 그들은 딜레마에 빠졌다. 그래서 '장로들'이 물러난 후에는 그들이 세운 노동조합이 지도력을 발휘했지만, 그들도 교육수준은 낮지만 더 호전적인 지하노동자들에게 지도권을 빼앗기게 되었다.

이러한 상황은 다른 요인들 때문에 더 복잡해졌다. 먼저, 출신 부족과 '계급'적 지위 사이에 상당한 중복이 있었다. 어떤 '부족'은 특정 직업에 몰려 있었는데 그것은 그들이 출신지역에서 교육적 이점을 누리고 있었기 때문이다. 이것은 어떤 상황에서는 집단 사이의 경계선을 흐리게 했고 어떤 상황에서는 강화하는 역할을 했다. 두 번째로, '부족적' 신원의 의미가 도시와 농촌지역에서 아주 달랐다. 도시에서는 그것이 귀속적으로 부여되는 권위직 체계를 수용하는 것을 의미하기보다는, 사람들을 친구가 될 만한 자와 적이 될 만한 자로 분류하는 일차적인 방식으로 작용했다. 마지막으로 엡스타인과 미첼은 도시생활에서는 상황에 따라 사람들이 다양한 정체성을 주장한다는 것을 보여주었다. 한 사람이 어떤 때는 벰바족이 아닌 사람에 반대하여 벰바족의 편을 들고, 어떤 때는 지하 노동자들에 반대하여 사무원들의 편에 서고, 또 어떤 때는 백인 광산회사나 정부에 대립하여 동료 아프리카인들 편에 설 수도 있었다.

엡스타인과 미첼이 발전시킨 부차적인 주제들 가운데 많은 부분은 그들과 동료들이 중앙아프리카의 농촌지역에서 조사했던 주제들이 변형된 것이다. 농촌사회 연구에서는 상충하는 규범들과 경쟁하는 이해관계가 연구주제였으나, 도시지역 연구에서는 대안적인 행동유형과 대립하는 인종적 구획이 연구주제였다. 이는 그들로 하여금 충성심의 향배와 그에 따르는 행위양식의 상황적 선택에 특히 주의를 집중하게 했다. '계급'과 '부족' 조직, 그리고 궁극적으로는 지배적인 백인집단이 부과한 총괄적 구조가 이러한 선택으로 이끌었다.

글럭먼의 아이디어의 발전과 그가 로즈 리빙스턴연구소에서 고무했던 연구를 분리하기는 어렵다. 이 둘은 1950년대에 영국 구조주의의 독특한 돌연변이가 된 '맨체스터 학파'가 내놓은 연구에서 융합되었다. 같은 시기에 리치는 다른 출발점에서 홀로 일하고 있었다. 그러나 나는 리치가 이룬 발전이, 지금 되돌아 봐서 알 수 있는 것이지만, 어느 정도는 '맨체스터 학파'의 연구와 수렴했다고 본다.

리치의 사회구조 변동연구

리치는 '전통적인' 중상층 배경을 가진 소수의 전쟁 전 출신 영국 인류학자 가운데 한 명이다. 그는 케임브리지에서 공학을 공부했다. 그 후 몇 년을 동양, 즉 중국에서 보낸 후 1930년대 중반에 그의 첫 번째 직업을 그만두고 런던 정경대학에 말리노프스키의 학생으로 들어갔다. 그는 1938년에 쿠르드족(Kurd)에 대해 현지조사를 하면서 여러 주를 보냈다. 그는 그곳으로 다시 돌아갈 예정이었으나 전쟁 때문에 버마의 카친족(Kachin)에 대한 더 야심적인 현지연구에 착수하게 되었다. 그는 전쟁 기간을 비정규 부대원으로서 때로 카친족과 함께 보냈다. 그는 현지노트를 잃어버렸으나, 결국 출판된 자료들을 기초로 전후에 학위논문을 준비했다. 그는 퍼스가 주도하고 있던 런던 정경대학에서 교수가 되었는데 그곳에서 한동안 물질문화에 대한 전문가로 간주되었다. 1953년에 그는 케임브리지 대학 교수가 되었으며, 몇 년 후 실론(현재의 스리랑카―옮긴이)에서 추가로 현지연구를 했다. 그가 학부생일 때 속했던 클래어 칼리지(Clare College)는 그의 호전적인 무신론을 이유로 그를 펠로우로 받아들이기를 거절했으나 킹스 칼리지에서 펠로우로 선출되었고 나중에 그곳의 학료장이 되었다. 1972년에 그는 뒤늦게 석좌교수직을 받았다.

리치의 첫 번째 연구서인 『로완두즈 쿠르드족의 사회경제 조직』(*Social and Economic Organisation of the Rowanduz Kurds*)은 1940년에 나왔다. 불과 5주간의 현지 체류에 기초한 시험적인 이 연구는 당시에 다소 무시당했다. 하기는 이해에 누에르족과 아누악족에 대한 에번스 프리처드의 정치적 연구와 『아프리카의 정치체계』(여기에는 다른 논문들과 함께 줄루에 대한 글럭먼의 첫 번째 논문이 들어 있었다)가 나왔다. 그래도 리치의 책은 짧았지만 시사하는 바가 많았고, 그가 후에 계속 발전시킬 아이디어 일부를 포함하고 있었다. 이 책은 또한 퍼스가 내놓았던 신 말리노프스키적 입장과 나중에 동료들을 매료시킬 리치의 탐구를 연결하는 굳건한 고리가 되었다.

리치의 관찰에 의하면, 쿠르드족은 외부의 행정 개입으로 급속한 변화를 겪고 있었다. 그는 "현존 부족조직 형태를 수정하기보다는 전면적으로 파괴하고 해체하려는 강력하고 어쩌면 불가항력적인 세력들이 작용하고 있음"을 지적했다.[15] 이러한 형세는 자신이 연구하는 체계가 잘 통합되어 있고 평형상태에 있다는 기본 전제를 가진 기능주의자에게 문제가 되었다. 글럭먼은 사회체계의 역동성을 인지하고 있었으나, 다수 전통적인 방법으로 연구될 수 있는 세력 간의 상대적인 평온, 그리고 평형기의 존재를 상정했다. 리치는 이를 거부했다. 모든 사회는 어떤 때라도 불안정한 균형만을 유지하고 있을 뿐이며, 사실은 "끊임없는 변화와 잠재적 변동상황"에 놓여 있다는 것이다. 현존 규범은 안정적인 것도 불변하는 것도 아니다. "문화적 규범에 대한 절대적인 순응이란 결코 있을 수 없으며, 사실 규범 자체가 상충하는 이해관계나 상이한 태도 간의 긴장관계로서 존재할 뿐이다." 여기서 바로 역동성의 원천을 확인할 수 있다. "문화변동의 기제는 차별적인 경제적·정치적 이해관계에 대한 개인들의 반응에서 찾아볼 수 있다."[16]

그래서 리치는 다음과 같이 주장했다.

이해 가능한 서술을 하기 위해서 어느 정도의 이상화는 필수적인 것 같다. 그러므로 나는 쿠르드 사회를 하나의 기능하는 총체인 것처럼 기술한 후, 현존 상황들을 이러한 이상화된 규범으로부터의 변이로서 보여줄 것이다.[17]

따라서 분석은 두 개의 수준에서 이루어져야 한다. 먼저 인류학자는 사회가 평형상태에 있고 잘 통합되어 있다는 가정 아래 어떻게 작동할지를 예측하는 모델을 만든다. 그러나 이러한 이상화는 제한적 가치만을 지닌다. 역사적 현실로 되돌아가기 위해서는, 일시적인 균형만을 이룰 수 있으며 머지않아 반드시 체계를 변화시키는 개인적 이해관계들 사이의 상호작용을 살펴보아야 한다.

변동에 대한 강조와 개인적 요구의 창조적 힘에 대한 강조, 그리고 '규범'을 이해관계의 일시적인 형상에 기반하고 있는 불안정한 이상(理想)으로 보는 견해는 모두 말리노프스키적인 입장으로 거슬러 올라간다. 리치가 덧붙인 것은 모델, 즉 제한적인 발견적 목적을 위해 추상화된 이상적 전형을 사용한 것이다. 글럭먼은 래드클리프 브라운식의 구조주의에 존재했지만 부차적이었던 경쟁적인 이해관계들과 상충하는 규범들이 담당하는 역할을 포착했다. 리치는 '계산적인 인간'의 변덕에 너무 집착하고 있던 말리노프스키식 분석을 돕기 위해, 고도로 세련된 구조적 접근방식을 도입했다.

제2차 세계대전 전후에 리치는 카친 사회에 대한 박사학위 논문을 썼고, 1954년에 탁월한 저서인 『버마 고지의 정치체계』(*Political Systems of Highland Burma*)를 펴냈다. 박사학위 논문을 발전시킨 이 책에서는 1940년에 제시했던 상대적으로 조잡한 주장이 보다 성숙하고 정교한 형태로 재등장했다. 크게 카친과 샨(Shan)으로 분류되는 버마 고지의 지역사회들은 놀라우리만치 다양한 언어적·문화적·정치적 단위들을 형성하고 있었다. 리치는 고립적으로 존재하는 '부족'이라는 개념은 상황을 이해하는데 아무 소용이 없다고 주장했다. 상호작용하는 지역사회들 전체가 어떤 의미에서는 하나의 단일한 사회체계를 이루고 있는 것으로 보아야 했다. 그러나 그것은 평형상태에 있는 체계는 아니었다. 1940년에 주장했듯이, 그는 이번에도 평형은 특정 수준에서의 분석을 목적으로 해서만 가정될 수 있다고 주장했다. 연구자는 이런 가정의 허구적인 본질을 의식하고 "현실 상황은 대부분 모순들로 가득 차 있으며 바로 이런 모순들이 우리에게 사회변동의 과정에 대한 이해를 제공해 줄 수 있다"는 점을 인지하고 있어야 했다.[18]

인류학자가 연구의 오리엔테이션으로서 이상적 패턴을 필요로 했다면 사람들의 경우도 마찬가지였다. 사람들의 경우에는 "개인과 집단 사이의 사회적으로 승인된 '적절한' 관계의 체계"

를 때로 상징적으로 표현한 의례(ritual)에서 그것이 드러났다. 의례는 "여느 때는 가정(假定)인 것을 일시적으로 명백한 것으로 드러낸다".[19] 그러나 의례적 표현——이런 측면은 모든 행위에 있다고 대체로 생각된다——과 그것을 가능하게 하는 문화적 상징들은 규범적인 행위규칙들에 부합되지 않았다. 그것들은 지나치게 모호했으며 너무 돌발적으로 환기되었다. 의례와 상징의 모호성, 의례적·문화적 의사소통에 고유한 여러 겹의 불확실성은 행위자들에게 합법적인 선택의 범위를 허용하기 때문에 사실 필요한 것이었다.

그러므로 인류학자의 구조적 분석과 사람들의 의례는 둘 다 이상화된 추상물로서, 끊임없이 변하는 사회생활에 허구적인 것 같지만 이해할 수 있는 질서를 부여하려는 시도이다. 이렇게 공식화하려는 시도 밑에는 권력을 추구하는 개인들이라는 현실이 깔려 있다. 이렇게 계속되는 경쟁과정에서 행위자들은 일련의 선택을 하고, 이러한 선택은 그들의 사회구조를 축적적으로 변화시킬 수도 있다.

카친 구릉지역에는 세 가지 기본적인 정치체계 유형이 있었다. 평등적인, 거의 무정부적인 체계인 굼라오(gumlao) 카친, 일종의 소국가로 불안정한, 중간적인 굼사(gumsa) 형태, 그리고 샨 국가(Shan state)가 그것이다. 이들은 이상적인 유형이지만 주민들과 인류학자들이 실제의 지역사회들을 분류하는 데 유용했다. 지역사회들은 한 유형에서 다른 유형으로 왔다갔다 했는데, 굼사 지역사회들이 특히 불안정했다. 리치는 이런 체계들을 기술하기 위해 주민들이 사용한 범주를 깊이 검토했는데, 그 범주들은 같은 세트의 상징들이 여러 다른 방식으로 조합되어 표현된 것임을 보여주었다. 하나의 지역사회가 정치적 활동의 결과로 한 유형에서 다른 유형으로 옮겨갈 때, 사람들은 어떤 의미에서는 동일한 의례적 언어를 여전히 사용하면서도 다양한 상징들의 가치를 다르게 평가할 수도 있었다.

이런 체계들의 차이점은 친족기반 사회와 국가 사이의 고전적인 인류학적 대립을 생각나게 한다. 이러한 대립은 포티스와 에번스 프리처드가 말한, 분절적인 종족체계에 의해 조직되는 무국가사회와 국가 사이의 대립의 기초였다. 리치 자신이 말한 것처럼 리치의 개념은 이들의 개념과 관련되어 있었으나, 그의 분석은 특히 어떤 기제들 때문에 한 '유형'의 체계가 다른 유형의 체계로 변형되는지에 관심을 두고 있었다.

카친의 종족은 서로 상대적인 서열이 매겨져 있다는 점에서 아프리카식 정형(stereotype)과는 다르디. 시열은 혼인동맹체계에 의해 정해진다. 이에 따르면 아내의 출신 종족에게 자기 종족의 여자를 아내로 줄 수 없으며, 자기 종족의 여자를 아내로 준 종족에게서 아내를 취할 수 없다. 이 규칙은 아내를 주는 종족이 아내를 취하는 종족보다 우월하고, 아내를 취하는 종족이 아내를 주는 종족에 종속적인, 이상적인 종족서열을 가능하게 한다. 굼사체계가 가지는 불안정성의 근원에는 이러한 종족과 서열의 조합이 있다. 리치는 이 입장을 이렇게 요약했다.

굼사의 이상적 질서는 관련된 종족들이 이루는 연망으로 이루어져 있으나, 또한 서열적 종족연망이기도 하다. 종족분열의 과정이 진행됨에 따라 서열원칙과 친족원리 가운데 우선해야 할 것을 선택해야 할 지점에 다다른다. 서열은 비대칭적인 관계를 함의한다……. 친족은 대칭적인 관계를 함의한다……. 굼사 체계의 약점은 성공적인 족장이 추종자들과의 친족연계를 거부하고 그들을 마치 예속된 노예인 것처럼 취급하고 싶은 유혹을 느낀다는 점이다. 굼라오의 관점에서 보자면 이것이 바로 반란을 정당화할 수 있는 상황이다.[20]

굼라오 체계의 핵심에도 동일한 구조적 결함이 있다. 리치는 이렇게 쓰고 있다.

굼라오 지역사회는 하나의 계단식 관개논의 구획과 같은 고정된 영토적 중심지를 둘러싸고 형성된 경우를 제외하고는 보통 구성종족들을 평등한 시위에서 함께 묶어줄 수단이 없다. 따라서 이러한 굼라오 사회는 분열을 통해 아주 해체되어버리거나, 종족집단 간의 지위 차이로 인해 체계가 다시 굼사 패턴으로 돌아갈 것이다.[21]

두 경우 모두에서, 변동의 원동력은 권력을 두고 경쟁하는 개인들에서 나온다. 어느 정도의 지위를 물려받은 사람으로서 불만을 품은 자는 위계체계 내에서 정권을 잡기로 결심할 수도 있고,

위계를 거부하기로 결심할 수도 있다. 즉 현재 족장에 대해 반역자가 되기로 결심할 수도 있고, 굼사 체계에 대항하는 혁명가가 되기로 결심할 수도 있다. 굼라오 체계에서 영향력이 있는 인물은 민주주의를 거부하고 자신의 지역사회를 굼사 구조 쪽으로 돌리려는 선택을 할 수도 있다. 각 체계는 내부에 반명제의 씨앗을 지니고 있으며, 지역사회들은 굼라오와 굼사 두 극단 사이를 왔다갔다 한다.

리치는 카친 구릉지역의 지역사회들이 파레토(Pareto)가 말한 사자와 여우의 계승 같은 것의 예가 된다는 자신의 명제를 증명하는 과정에서 심각한 어려움에 봉착했다. 그는 두 가지 방법을 사용했다. 먼저, 불안정한 작은 굼사 사회 하나가 1940년에 보여준 모습에 대해 자세히 분석하고 이런 결론을 내렸다.

내 견해로는 1940년의 흐팔랑(Hpalang) 사회가 굼사에서 굼라오 유형의 조직으로 변하는 과정에 있었던 것 같다. 굼라오 체계를 원칙적으로 반대하는 관리들을 거느린 최고 권력자의 전제적인 명령만이 이러한 변화가 완성되지 못하도록 제지하고 있었다.[22]

이는 결코 결정적인 결론이라고 할 수 없었다. 그가 두 번째로 시험해 본 것은 역사적인 방법이었으나 역사적 사료들이 만족스럽지 못했다. 사료들은 불안정과 변동을 촉진하는 세력에 대한 단서를 보여주었다. 즉 신화에서 굼라오 지도자는 "출생순서라는 우연만 아니었으면 족장이 되었을지도 모르는 야심과 능력을 지닌 소귀족"으로 나타나는데, "이 내용은 실제 굼라오 지도자들과 부합하는 기술이다"[23]. 그러나 그의 명제 전체에 관한 한, 리치는 "이 지역의 역사에는 나의 해석과 상충되는 부분이 전혀 없다"는 것만 보여줄 수 있었을 뿐이다.[24]

그러나 이 명제가 역사적 자료에 의해 반증될 수도 있었다고 보기는 어렵다. 리치는 1964년에 나온 이 책 재판의 서문에서 "역사적 사건에서 체계적인 순서를 찾으려는 나의 시도는 언어적 범주에 대한 평가가 어떻게 달라지는가에 기초하고 있는데, 최종적으로 분석해 볼 때 이것은 환상이다".[25] 그 이유는 한 지역사회가 굼사에서 굼라오로 변할 때 무엇이 변하는가를 보면 알 수 있다(원문은 '굼라오에서 굼사로'이나 저자가 '굼사에서 굼라오'가 정확한 표현임을 확인해 주었다—옮긴이). 그가 연구한 흐팔랑 지역사회를 논하면서 그는 이렇게 언급했다.

이 사회의 친속구성은 지난 40년 동안 큰 변화 없이 유지되어왔던 반면, 내부의 권위구조에는 급진적인 변화가 있었다. 이 사회의 지도자들은 집단과 개인의 지위를 서술할 때 여전히 굼사 범주들을 사용했다. 즉 그들은 귀족이라는 개념, 족장이라는 직함, 그리고 족장의 권리에 중요성을 부여했다…… 그러나 이 모든 것은 대체로 가장(假裝)하기였다. 이 사회가 귀족·족장·공물세 등이 없는 굼라오 원칙에 따라 조직되어 있었더라도 실제 상황은 거의 동일했을 것이다. 이것은 굼사와

굼라오 사이의 대조가 경험적 사실이라기보다는 이상적 질서의 차이임을 보여준다.[26]

이것이 이 책이 제기하는 중심 문제를 보여준다. 만약 '이상적 질서'와 '경험적 사실' 사이에 그런 차이가 있다면 ―이념과 행동의 차이에 비견한다고 추측되는 차이가 있다면 ― 리치는 이 가운데 어느 수준에 관심을 두고 있는가? 아니면 그는 이 두 수준 사이의 복합적이고 역동적인 상호작용을 분석하려고 시도하는가? 아마도 후자일 것이고 이 책은 그런 식으로 읽힐 수 있다. 그러나 이 책에는 상당한 불확실성이 존재하고 이는 중요한 문제이다. 이후의 리치의 저술은 사회구조에 대한 관념주의적인 견해와 구조를 권력관계의 지도(地圖)로 보는 입장, 두 극단 사이를 오락가락했다. 그는 정치적 관계가 어떤 면에서는 일차적이라고 대체로 주장했지만, 후에 쓴 신구조주의적 논문들과 『풀 엘리야』(Pul Eliya) 같은 연구 사이의 거리는 언뜻 보기에 매우 현저하다.

그의 연구에 고차원적 통일성이 있다면, 그것은 주민들의 모델은 일종의 가리개이며, 그 뒤에서 지역사회 생활의 실제 경쟁관계들이 일어난다는 말리노프스키적인 전제에서 찾을 수 있다. 주민들의 모델은 엄밀하지 않은 상징적인 용어로 표현되므로, 대안들을 마음놓고 조작할 수 있고 명백한 모순들을 이념적인 수준에서 해결할 수 있다. 인류학자의 모델 또한 경험적 사실에서 몇 단계 떨어져 있을 수밖에 없다. 그것은 평형상태를 가정하는 모델로서 주민들이 사용하는 종류의 모델과는 주로 모델 범주의 정확성에서 차이가 난다. 그러나 인류학자의 모델에 필수적인 이러한 정확성은 모델을 동결시켜버리며 변화를 수용할 수 없다. 실제로는 끊임없이 변화하는 사회관계를 이해하기 위해서 인류학자는 민속 모델에서 보이는 예외들과 모순들을 고려해야 하며, 야심적인 개인들이 정치적 자원을 조작하는 방식을 찾아내야 한다.

이를 볼 때 『버마 고지의 정치체계』는 난해하지만 대담하고 실험적인 책이기도 했다. 특히 주기적 변화 모델은 그랬다. 그럼에도 불구하고 이 책에는 1961년에 나온 리치의 다음 책인 『풀 엘리야』가 보인 공격적이고 혁명적인 어조가 결여되어 있었다. 『풀 엘리야』는 래드클리프 브라운, 포티스, 에번스 프리처드로 대표되는(리치의 요약에 의하면), 그가 '옥스퍼드 구조주의자들'이라고 부른 이들에 대한 명백한 정면 공격이었다.

리치는 '관습'이 개인의 행위를 제한하는 방식에 대한 연구가 사회인류학이라는 정의와 함께 책의 서두를 열었다. 그는 이 문제에 대한 접근방식으로 세 가지를 확인했는데 모두가 궁극적으로 뒤르켐에게서 도출된 것이다. 첫 번째는 옥스퍼드 모델로서 사회를 역할의 집합으로 분석했다. 여기서 역할 담당자들은 자신의 역할을 다하라는 도덕적·법적 강제 아래 있다. 두 번째 접근방식은 뒤르켐의 『자살론』(*Suicide*)에서 도출된 것으로 통계적인 규범을 기본적인 논거로 취했다. 이것은 말리노프스키적인 입장이다. 즉 "관습은 사람들, 즉 정상적인 사람들, 평균적인 사람들이 하는 행동이다."[27] 이상의 두 접근방식은 각자 다른 방식에서 부족했다. 첫 번째 접근방식은 개인적 변이를 전혀 다룰 수 없었으며, 두 번째 접근방식은 어떻게 규범 자체가 성립되며 제도화되는지의 문제를 회피했다.

리치는 다소 불안정하나마 뒤르켐의 집합표상 개념에서 세 번째 접근방식을 도출했다.

여기서는 '성스러운 것'과 '속된' 것이 별개의 언어적·비언어적 행위범주들이며 전자가 후자의 '모델'이라는 것이 명제이다. 이런 주장이 발전하여 일부는 의례가 개인이 일상행위의 방향을 잡는 틀인 '개괄 계획'을 제공한다고 본다. 그러므로 어떤 표준적인 규범으로부터 개인의 행위가 이탈되는 것은 도덕적 실수나 무지한 사욕 때문이 아니라, 여러 개인들이 다른 방식으로 아주 합법적으로 이상적 틀의 세부내용을 채워넣기 때문인 것이다.[28]

이는 리치가 한편으로는 '의례'가 일상적 행위의 한 측면으로서 '성스러운' 맥락에만 국한되는 것이 아니라는 점을 강조하면서 『버마 고지의 정치체계』에서 기본적으로 취했던 노선이다. 『풀 엘리야』에서 주민들이 삶의 지향을 잡기 위해 사용하는 상징들의 세트는 친족에 기반하고 있다. 그러나 여기서 리치는 이념적인 지향 이면의 객관적인 현실을 확인하려 했다. 카친 연구에서는 권력관계에 의해 행동이 형성되었는데, 풀 엘리야의 신할라족(Sinhala, 스리랑카 인구의 다수를 구성하는 민족집단―옮긴이) 마을에서는 기본 제약이 훨씬 더 소박했다. 즉 쉽게 변화될 수 없었던 마을의 경작지와 관개시설의 배치가 마을 사람들이 그에 맞춰 자신들의 행위를 적응시켜야 하는 객관적인 제약이었다. 분석이라는 목적상 '관습'은 여전히 통계적인 규범이고 이상적 규범은 그에 대한 주석이다. 그러나 이해관계와 선택을 결정하는 것은 생태적 조건이다.

리치는 '친족'을 중심적인 쟁점으로 삼아 이 명제를 가다듬었다. 친족이론은 당시에 포티스가 지배하고 있었는데, 그는 법적 측면으로 — 즉 특정한 친족역할에 해당되는 규칙·권리·임무의 체계로서 — 친족을 보는 친족체계의 평형 모델에 입각하여 연구했다. 사회체계의 지속은 영속적인 종족집단, 즉 특정의 '자산' 을 중심으로 한 권리와 의무 집합체의 영속을 통해 유지될 수 있었다.

이에 반대하여 리치는 최소한 실론의 건조지대에 있는 이 마을 은 무엇보다도 물질적인 요인들에 의해 질서지어져 있다는 견해 를 냈다. "영속집단의 기초를 형성하는 것은 출계라기보다는 지역성"[29]이라는 것이다.

집단 자체는 규칙을 가질 필요가 없다. 집단이란 단지 특정 한 방식으로 배치되어 있는 영토로부터 생계를 꾸리는 개인 의 집합에 불과할지도 모른다. 지속되는 존재는 풀 엘리야 사회 가 아니라 풀 엘리야 자체이다. 즉 마을의 저수지, 간고다(gan-goda) 지역, 구 경작지……[30]

친족은 재산 소유관계의 부수현상으로서 사람들이 재산 소유 관계를 얘기할 때 사용하는 융통성 있고 상당히 모호한 관용어였다. '친족체계'가 행위를 제약하지는 않았다. 그보다 그것은 물질적 요인들에 의해 제약되는 선택들을 기술하는 방식이었다.

이러한 주장은 맨체스터 학파가 발전시킨 확대된 사례연구 방법을 통해 증명되었다(비록 리치는 자기가 이 방법을 만들어냈다는 암시를 하는 것 같지만). 수십 년 동안 보존되어온 마을의 상세한 토지보유 기록 덕택에 리치는 특정한 조작행위들과 그런 행위들이 나중에 어떤 결과를 가져오는지를 검토할 수 있었다. 그가 언제나 내린 결론에 따르면, 친족 규칙들은 마을 주민들이 적응적·경제적 선택을 할 수 있도록 변경되거나 재해석되었다. 예를 들어 바리가(variga, '하위 카스트')를 논의하면서 그는 이렇게 썼다.

이상적으로는, 토지가 바리가 외부로 넘어가는 것을 허용치 않는 것이 기본 규칙이다. 토지의 판매와 선물은 같은 바리가 성원끼리만 해야 한다. 만약 이 규칙이 항상 유지된다면 바리가의 상속인은 반드시 바리가 안에 있을 것이다……. 과거에 바리가 법정은 바리가 성원에게 허용되는 배우자도 모두 실제 출신과 상관없이 바리가 성원으로 취급되도록 보장하기 위해 운영되었다. 이처럼 법적 허구에 의해 바리가 내혼의 규칙이 유지되었고 상속된 토지는 반드시 바리가 내부에 머물렀다.[31]

이것을 버마 저서에서 한 주장과 비교해 보는 것이 유익하다. 그 저서에서는 행위자들이 지역사회의 권력 모델에 의거해 선택했고 권력을 극대화하고자 했다. 문화적 상징이 모든 대안들을 정의했고, 그로 인해 행위자들은 실제의 구조가 무엇이든지 그것을 전통적인 의미에서 이해할 수 있었다. 풀 엘리야에서는, 행위자의 선택이 농업자원의 실제 배치에 의해 제약을 받았고 행위자들은 부를 최대화하고자 했다(두 사회 모두에서 궁극적인 목표는 사회적 지위의 향상이라고 주장할 수도 있을 것이다. 권력과 부는 서로 전환될 수 있다). 풀 엘리야에서 문화적 상징, 특히 '친족'은 선택을 논의하고 궁극적으로 합법화할 수 있는 관용어를 제공했다.

『풀 엘리야』에서는 카친 연구에서보다 '의례적' 차원에 자율성을 덜 부여했다. 이것은 옥스퍼드 '관념주의'에 대한 리치의 공격에서 보이는 논쟁적 어조와는 조화를 이루고 있었으나 그의 해석을 약화시켜버렸다. 포티스가 반격에서 보여주었듯이, 친족 범주와 규칙이 그 자체로서 어떻게 선택을 제약하는 역할을 하는지를 리치 자신의 자료가 보여주고 있기 때문이다.[32] 그럼에도 불구하고 그의 주장은 내적으로도, 그의 이전 연구들과 관련해서도 일관적이었으며 말리노프스키의 입장을 발전시킨 것이었다. 사회적 상황의 '실재'는 만족을 극대화하고 있는 개인들이 창조한 통계적 패턴이다. '이상적' 규범들은 행동을 개념화하거나 지향시키는 대략적인 편리한 양식에 불과하며, 그것들의 유용성은 그것들의 모호성에 의존한다.

지금까지 나는 리치의 저술 가운데 한 가지 측면에만 관심을 두었다. 리치는 특히 그의 논문들에서 '의례적' 차원 자체에 더 관심을 기울일 때가 많았다. 이 때문에 그는 언뜻 보기에는 그의 기본적인 접근방식과 매우 이질적인 레비 스트로스의 구조주의적 방법을 오랫동안 만지작거렸다. 리치는 이 쟁점을 일찍이 1945년에 논문인 「징파우 친족용어」(Jinghpaw kinship terminology)에서 정의했는데, 그때 사용한 용어들이 16년 후 『풀 엘리야』에 반향되어 있다. 그는 이와 같이 썼다.

나는 나 자신의 현지조사에서 사회학적 규범들을 확정해내기가 극도로 어렵다는 것을 알게 되었다……. 현지조사자는 행위 패턴에서 독특하게 다른 세 가지의 '수준'을 고려해야 한다. 첫 번째는 개인들의 실제 행위이다. 두 번째는 이런 개인의 행위 패턴 모두의 평균인데, 이를 '규범'이라고 기술할 수도 있다. 한편, 세 번째 패턴은 원주민이 자신과 자신의 사회에 대해 하는 묘사로서 '이상'(理想)을 구성한다. 현지조사자는 시간이 충분하지 않고 또 제한된 수의 정보제공자에 의존해야 하기 때문에, 항상 두 번째 패턴을 세 번째 패턴과 동일시하고 싶은 유혹을 느낀다. 규범은 분명히 이상의 영향을 강하게 받지만, 나는 이 두 가지가 정확히 일치할 때가 있는지 의문스럽다. 이것은 친족연구에서 중요한 구분인데, 그 이유는 친족체계에 대한 어떤 구조적 분석도 필연적으로 규범적 행위가 아닌 이상적 행위에 대한 논의이기 때문이다.

그러나 관념적인 진술들은 단순히 통계적인 규범들을 반영하지는 않았지만 내적으로 일관된 하나의 체계로서 유용하게 취급될 수 있었다. 그러므로 예를 들어 징파우 친족용어가 다음과 같다는 것을 보여줄 수 있을 것이다.

피상적으로는 극히 복잡해 보이지만, 아주 단순한 특정 규칙에 따라 조직된 이상사회에 사는 사람에게는 단순하고 일관적으로 보일 것이다. 징파우 사회의 이상적 패턴은 이 규칙들로 이루어지며, 실제 사회는 현재 그리고 아마 늘 이상적 패턴과는 다소 거리가 있는 근사물일 것이다.[33]

리치는 징파우 친족용어에 대한 논문에서 체계분석을 위한 나름의 방법을 고안했다. 후에 레비 스트로스가 쓴 방법들을 채택한 이유는 그것들이 관념체계를 분석하는 더 나은 수단이라고 보았기 때문이다. 그는 계속 별 이탈 없이 자신이 기능주의자라고 명명한 상태로 남아 있었다. 그 이유는 레비 스트로스와는 대조적으로, 관념체계의 구조가 개인들이 역동적인 사회적·생태적 맥락에서 채택한 선택들의 총합에 의해 출현하는 통계적 패턴과 일치한다고 생각하지 않았기 때문이다.

그러나 이것은 여전히 이야기의 일부일 뿐이다. 리치는 꾸준하게 정설에 도전하는 망치의 역할을 하는 사람이기도 했다. 그래서 어떠한 기존 관념에 대해서도 도전할 준비가 되어 있었다. 그는 동료들에게 그들의 기본적인 범주 가정들을 다시 생각하고 친숙한 사실들을 과감하게 재고하고 또 대안적인 절차들을 실험하라고 촉구했다. 리치는 1959년에 '인류학을 재고하면서' (Rethinking anthropology)라는 도발적인 제목의 첫 번째 말리노프스키 기념강연을 하면서, 청중들에게 사회에 대해서 수학적으로 생각하라는 도전을 던졌다. 인류학판 나비수집에 불과한 유형학에 대한 강박관념을 버려야 한다는 것이다. 비교를 그만두고 일반화를 해야 한다고 주장했다. 이것은 "모든 사회에 존재하는 조직개념들이 수학적 패턴을 이루는 것으로 생각함으로써" 달성될 수 있었다.[34] 강연에서 그는 우행을 저지른 본보기로서 3명의 현존 인류학자를 지적했다. 그들은 케임브리지의 선배 동료학자인 포티스, 구디, 리처즈였다! 최소한 10년 동안 그는 이런 논쟁에서 레비 스트로스의 명성을 무기 삼아 휘두르면서 동료들이 이 프랑스 학자의 연구가 가진 중요성을 무시하는 점에서 국지적이고 독선적이며 후진적이라고 주장했다.

리치가 행한 우상파괴의 사회학적 배경을 제시하는 이가 있을지도 모른다. 그는 글럭먼과 마찬가지로 말리노프스키의 첫 학생들로 이루어진 세대와 전후 세대 사이에 존재한 인물이었다. 그는 또한 영국에서 가장 탁월한 고참 인류학자로서 학과장이 되지 못한 사람이었다(의심할 바 없이 선택에 의해). 그의 현저하게 뛰어난 사회적 배경은 당시 사회인류학자 가운데서는 다소 예외적인 것이라고 스스로 지적한 바 있다. 따라서 그는 구조적으로 외부인 같은 존재였다. 외부인으로서는 아주 순조롭게 케임브리지 대학 킹스 칼리지의 학료장이 될 수 있었지만 말이다. 그는 분명히 이런 지위를 즐겼으며, 그의 논쟁은 자신감으로 가득 차 있었다. 아마도 이러한 자신감 때문에 그가 전통적인 노선으로부터 대담하게 이탈할 수 있었을 것이다.

터너, 바스, 베일리

리치의 연구와 맨체스터 학파 사이의 평행선을 내가 과장했는가? 이 둘의 유사점은 어느 정도는 틀림없이 같은 시기에 같은 직업적 환경에서 작업한 결과일 것이다. 그리고 둘 사이에는 현저한 차이점도 분명히 있다. 그러나 내재적인 모순과 개인들의 끊임없는 자기 이익추구에도 불구하고 사회체계가 어떻게든 분간할 수 있을 정도로 존속하는 방식에 대해 공유한 관심이 그들이 한 모든 연구의 핵심에 있었다. 리치는 말리노프스키처럼 개인의 규칙 조작을 강조하는 경향이 있었던 반면, 글럭먼은 옥스퍼드 구조주의자들처럼 규칙과 가치의 강제적인 힘을 더 강조했다. 그러나 이들은 각자 물려받은 입장으로부터 조금씩 떨어져나와서 알지 못하는 사이에 서로를 향해 다가가고 있었다. 리치가 사회관계의 '의례적' 측면을 연구했을 때 글럭먼은 '법적' 측면을 강조했다는 것은 분명히 흥미롭지만, 둘 사이의 수렴점은 분명히 있었다. 어쩌면 개인의 이해관계와 '사회'가 전파하는 가치 사이의 이러한 긴장영역이야말로 래드클리프 브라운과 말리노프스키의 이분되는 주장들을 통합시킨 후에 연구해야 할 분야였을 것이다.

터너는 아마도 글럭먼을 중심으로 형성된 중앙아프리카-맨체스터 그룹에서 가장 창조적인 인물이었을 것이다. 그는 1960년대에 은뎀부의 의례에 대한 분석을 발전시켰는데, 여기서 그는 리치의 방식으로 은뎀부의 의례를 보았다. 즉 의례는 구조적 관계에 대한 진술을 전달하기 위한 언어이나, 이 언어는 무한히 암시적이고 모호해서 사회적 갈등을 변형시키기에 알맞았다. 리치의 가장 독창적인 동료 중 하나인 바스는 또 다른 주제를 발전시켰다. 그는 개인의 전략과 가치의 조작에 관심을 돌리고 사회관계에 대한 '거래적' 모델을 정교화했다. 글럭먼의 학생이었던 베일리는 리치와 신구조주의자들의 지역인 인도에서 연구했기 때문에 또 다른 중간적인 인물이었는데, 다른 줄기의 맨체스터 이론을 발전시켜서 결국 바스와 만나게 되었다. 글럭먼의 일부 학생과 리치 사이에 일어난 이러한 수렴은 내가 그들의 연구 사이에서 보여준 유사점들이 표면적인 우연의 일치만은 아니라는 것을 시사한다.

리치, 글럭먼, 그리고 그들의 제자들은 1950년대 말과 1960년대 영국 사회인류학에서 주도적인 인물이었다. 그들은 함께(협력 아래 그런 것은 아니지만) 말리노프스키의 명제와 래드클리프 브라운의 반명제로부터 새로운 합명제의 기초를 만들어냈다. 그러나 영국 정통 인류학에 대한 색다른 또 하나의 도전이 영국해협 저편에서 동시에 전개되고 있었는데, 가장 정열적이고 창조적으로 이 새로운 이론에 관여한 영국 인류학자는 에드먼드 리치였다.

제7장 레비 스트로스와 영국 신구조주의

인류학에서는 언어학에서와 마찬가지로…… 비교에 의해 일반화에 도달하는 것이 아니고 일반화가 비교를 가능하게 한다. 만일 우리가 믿는 것처럼 정신의 무의식적인 활동이 내용에 형식들을 부여하는 것이라면, 그리고 이 형식들이 근본적으로 모든 정신—고대와 현대, 원시와 문명—에서 동일하다면(언어에 표현된 상징기능에 대한 연구가 뚜렷하게 보여주는 것처럼), 다른 제도들과 관습들에 타당한 해석 원칙을 얻기 위해서는 각각의 제도와 관습에 깔려 있는 무의식적 구조를 파악하는 것이 필요충분조건이다. 물론 상당히 깊이 있는 분석을 한다는 전제하에서 말이다.

• 레비 스트로스[1]

개관: 영국 신구조주의 인류학

말리노프스키가 밝혔던 세 가지 수준의 사회적 현실은 각각 서로 다른 사회연구 전략을 요구한다. 사람들은 자신들의 이해관계를 경쟁적으로도, 또 협동적으로도 추구함을 관찰할 수 있다. 그들은 서로에게 할 일을 말하고, 민족지학자에게는 일들이 어떻게 마땅히 행해져야 하는지를 설명한다. 그리고 그들은 레비 스트로스의 말처럼 사회-논리적으로(socio-logically), 즉 그들의 문화가 제공하는 범주와 이미지들을 사용하여 사고한다.

"실제로 무슨 일이 일어나는가"에 대한 말리노프스키적 강박관념은 옥스퍼드의 구조주의 움직임 후에도 살아남았고 영국 사회인류학에서 중심적인 가닥의 하나로서 지속되었다. 1940년대의 옥스퍼드 학파는 게임의 규칙, 즉 명시적인 사회적 행위규범에 주로 관심이 있었다. 그러나 기능주의 이전의 영국학자들의 연구에서 매우 중심적인 위치를 점했던 문제인, 사람들이 어떻게 생각하는지, 즉 심리학적 문제들이라고 칭해졌던 신앙과 신화의 논리에 대한 관심은 영국 사회인류학에서 한 세대 동안 사실상 찾아볼 수 없었다. 이것은 머독의 지적처럼, 사회학적 지향을 선택한 결과 타일러의 전통과 문화개념을 무시한 대가였다. 타일러식 전통에 직접적으로 연결될 수 있는 중요한 연구서로서 레비 스트로스 시절에 가장 근접하여 나온 것이 에번스 프리처드가 쓴 고전인 『아잔데족의 마술, 신탁 그리고 주술』(1937)이었다. 레비 스트로스는 이런 범주의 관심들을 영국 사회인류학에 재도입했다. 그는 후기 뒤르켐과 모스로부터 출발하는 적절한 분석적 전통을 부활시켰으며, 제2차 세계대전 동안 뉴욕에서 함께 일했던 미국 문화인류학자들의 연구와 언어학 이론도 참고했다.

영국 사회인류학은 언제나 사실들(facts)을 대영제국에서 끌어냈으나, 그 이론들은 전통적으로 프랑스에서 왔다. 래드클리프 브라운은 뒤르켐의 이론들을 영국에 옮겨 심었다. 물론 뒤르켐의 개념들이 영국해협을 건너면서 다소 빈약해졌다고는 할 수 있다. 래드클리프 브라운은 상당히 영국적인 뒤르켐을 창조했다. 즉 '원시사회들'의 사회집단이 어떻게 적절한 정서의 극적인 재창조와 규범의 집행을 통해 결집하는가를 설명하는 건실한 이론을 가진, 난센스를 싫어하는, 진솔한 사람을 창조해냈던 것이다. 이 영국적 뒤르켐에 따르면 종교와 어쩌면 우주론의 모든 측면들이 궁극적으로 집단 구조의 부수현상이었다.

레비 스트로스가 받아들인 뒤르켐(그는 자신이 뒤르켐의 '변덕스러운 제자'라고 고백했다)은 영국적 뒤르켐과 매우 다른 인물이었다. 레비 스트로스의 모스는 더욱 그렇다. 물론 두 가지 뒤르켐 사이에 어느 정도 대체적인 유사성은 있었다. 아마도 이것이 헷갈리는 이 새로운 골 사람(Gaul, 프랑스인을 일컬음. 즉 여기서는 레비 스트로스―옮긴이)이 영국학계로 침투하는 것을 약간 더 수월하게 만들었을 것이다.

레비 스트로스가 발전시킨 『연보』 학파의 전통은 '원시적 분류'와 '원시적 논리'에 관심이 있었다. 바로 이것이 모스의 교환 이론과 함께 레비 스트로스에게 최초의 자극이 되었다(이 두 이론 사이의 관계는 나중에 드러나게 될 것이다). 레비 스트로스는 이 변종들과 1940년대 미국 망명시절에 습득한 다른 종류의 변종들 — 야콥슨(Jakobson)과 프라하 학파의 구조언어학과 문화인류학의 보아스적 전통 — 을 결합시켰다.

여기서 나의 목적은 레비 스트로스의 총체적인 기여를 개괄하는 것이 아니고, 그가 영국 사회인류학에 미친 영향을 검토하는 것이다. 영국에서 레비 스트로스의 영향은 1950년대에, 즉 인도의 분리와 가나의 독립 사이의 어느 시점에서 싹트기 시작해서 1960년경에는 분명해진다. 때가 무르익었던 것이다. 전통적인 이론에 대한 권태도 어느 정도 있었고 제국도 무너지고 있었다. 그리고 일부 사람들이 느끼기에는 제국의 붕괴와 함께 인류학의 전통적인 실험실이 무너지고 있었다. 많은 이들이 규범과 행동으로부터 상징체계로 관심을 옮길 준비가 되어 있었다. 그리고 이들은 이론적 지향에서 전환할 채비가 되어 있었다.

새로이 등장한 영국 '구조주의'의 지도자는 리치와 니덤(Needham), 그리고 매리 디글러스(Mary Douglas)이다. 이들이 당시에 가장 뛰어난 학생 가운데 일부를 성공적으로 전향시킬 수 있었던 것은 레비 스트로스의 일부 지지자가 보여준 거의 종교적인 열광 덕분이었다. '구조주의'는 천년왕국운동의 기세와 같은 힘을 가지게 되었고, 그 추종자 가운데 어떤 이들은 자신들이 눈 먼 사람들의 세상에서 눈뜬 사람들로 구성된 비밀결사를 형성하고 있다고 생각했다. 전향은 새로운 패러다임을 수용하는 데서 그치는 문제가 아니었다. 그것은 거의 구원의 문제였다.

나는 1965년에 레비 스트로스가 런던에서 한 헉슬리 기념강연(Huxley Memorial Lecture)에 참석했던 기억이 난다. 당시는 영국의 일반 대중들이 구조주의, 즉 파리에서 온 후기 사르트르(post-Sartre)의 영향을 인식하기 시작했던 때여서 강당은 사람들로 꽉 찼다. 레비 스트로스는 넋을 잃은 청중들에게 친족연구의 앞날에 대해, 훌륭하지만 상당히 난해한 강연을 했다. 이 강연에 대한 감사의 말을 하기 위해 초청된 리치는 그 자신과 손에 꼽을 수 있는 몇 명의 사람들만이 이해할 수 있었을 이 강연에 왜 이렇게 많은 사람들이 참석했는지 알 수가 없다고 서두를 꺼냈다. 같은 맥락에서, 그는 토테미즘과 신화에 관한 레비 스트로스의 이론들을 다룬 영국 사회인류학자들이 쓴 논문집을 소개하면서, 일부 기고자들은 레비 스트로스를 읽은 것 같지도 않으며 그들의 비판은 "영국인의 오만이나 순전한 오보에" 의존하고 있다는 논평을 덧붙였다.[2]

레비 스트로스의 첫 번째 주요 연구인 『친족의 기본구조』(*Les Structures Élémentaires de la Parenté*)는 1949년에 프랑스어로 나왔다. 이 책에 대한 반향은 아이러니하게도 1969년에 영어 번역판이 나올 때까지 계속 영국 사회인류학에서 감지될 수 있었다. 1960년대 초에 레비 스트로스는 그가 '야생의 사고'(la pensée sauvage)라고 명명한 것을 광범위하게 다루는 두 권의 책을 펴냈다. 마지막으로 1960년대 중반에 그는 남아메리카의 신화에 대한 시리즈의 첫 번째 책을 펴냈고, 시리즈의 네 번째이자 마지막 책인 『벌거벗은 인간』(*L'Homme nu*)은 1971년에 나왔다. 다른 곳에서와 마찬가지로 영국에서도 1950년대부터 1960년대 초까지 줄곧, 다수의 재능 있는 인류학자들이 레비 스트로스의 자극적이고 논쟁적인 친족이론들을 흡수하고 발전시키는 데에 관심을 쏟았다. 사고구조에 대한 그의 분석도 많은 새로운 연구를 고무했다. 그러나 신화학의 분야에서는 레비 스트로스의 연구가 영국에서 별로 눈에 띌 만한 영향을 미치지 못했다. 리치가 레비 스트로스의 신화논리(mytho-logic)를 발전시키려고 진지하게 노력한 유일한 영국 인류학자였다.

레비 스트로스의 친족연구

레비 스트로스는 뒤르켐으로부터 유사하거나 유사하지 않은 부분들로 이루어져 있고 기계적이거나 유기적인 연대의 힘으로 통합되는 사회라는 모델을 가져왔다. 그는 모스로부터는 호혜성의 구조, 즉 부분들을 동맹으로 함께 묶는 교환체계를 세움으로써 이러한 연대가 가장 잘 달성될 수 있음을 배웠다. 교환은 세 가지 매체, 즉 재화와 용역, 언어와 상징, 그리고 최고의 선물인 여자, 이 셋 중 하나를 통해 이루어질 수 있다. 어떤 교환체계라도 그 밑에는 모든 선물은 답례를 요구한다는 호혜성의 규칙이 깔려 있다. 답례는 직접적일 수도 있고 간접적일 수도 있는데, 직접적인 경우는 한정된 교환체계를 이루고, 간접적인 경우는 일반화된 교환체계를 이룬다.

레비 스트로스는 친족체계란 혼인에서 여성의 교환을 조직하는 방식이므로 호혜성의 원칙이 친족체계를 이해하는 열쇠라고 주장했다. 이런 체계의 선결 조건은 근친상간을 금지하는 규칙이었다. 일단 남자들이 자기 집단의 여자들을 즐기지 못하도록 금지당하고 그 여자들을 다른 집단의 여자들과 교환해야만 한다면, 그들은 사회를 조직하는 기본원리를 제공하는 교환체계를 만들 수밖에 없게 된다. 근친상간 금기는 또한 문화의 시발점이기도 한데, 자연적인 충동에 제동을 거는 첫 번째 규칙이 바로 이것이기 때문이다.

『친족의 기본구조』의 대부분은 레비 스트로스가 근친상간 금기의 이면이라고 본 것, 즉 남자가 어떤 여자와 결혼해야만 하는지를 지정하는 규칙들에 관한 것이다. 어떤 사회에서는 근친상간 금기로 금지되지 않은 여성이라면 누구와도 결혼할 수 있지만, 어떤 사회에서는 결혼 가능한 여자의 범주가 구체적으로 정확하게 지정된다. 남자는 특정의 친족 범주에 속하는 여자와——예를 들면 '어머니의 남자형제의 딸'과——결혼해야만 한다. 또는 남자는 전통적으로 자기 집단의 남자들에게 아내를 제공하는 집단으로부터 여자를 취해야 한다. 이런 '적극적인 혼인규칙'(뒤몽의 표현을 쓰자면)이 있는 사회들에는 레비 스트로스가 단순친족체계(simple kinship systems)라고 부른 것이 존재한다. 금지규정만 있지 적극적인 혼인규칙이 없는 사회들에는 복합친족체계(complex kinship systems)가 존재한다. 부시먼 사회와 같은 아주 단순한 사회들에는 이런 의미에서 복합친족체계가 존재한다.

레비 스트로스는 자신이 조악한 진화론적 반명제를 만들려는 것이 아니라고 주장했다(그럼에도 불구하고 레비 스트로스가 만든 세련된 구조주의 기계는, 뒤르켐의 『종교생활의 기초형태』 *Elementary Forms of the Religious Life*를 암묵적으로 참조하는 데서, 또 오스트레일리아 원주민을 중요한 사례연구로 쓰는 데서, 또한 그밖의 다른 방식을 통해 오래된 진화주의 궤도 안에서 꽤 수월하게 움직였다).

만일 적극적인 혼인규칙이 존재한다면 그 형태는 일반화된 형태의 교환과 한정된 형태의 교환에 상응하는 두 가지 주요 모습 가운데 하나를 취할 수 있다. 일반 교환체계에서는 A가 그의 누이를 B에게 아내로 주고, B는 그의 누이를 C에게 주는데, 이런 과정이 어느 단계에서(형식화하고 단순화하자면) 연쇄적 고리상의 누군가가 여자를 A에게 줌으로써 환(環)이 완성될 때까지 계속된다. 이것은 교환을 통해 일어나는 유연하면서도 고도로 효율적인 형태의 통합이다. 왜냐하면 집단의 수에 상관없이 모두 이 환에 포함될 수 있고, 새로운 집단이 언제라도 기존 체계를 흩트리지 않으면서 끼어들 수 있기 때문이다.

일단, 이런 형태의 혼인교환은 남자들이 자신들의 어머니의 남형제의 딸들(외사촌누이―옮긴이)과 혼인하는 체계에 상당하는 것으로 생각할 수 있다. 만약 모든 남자가 그렇게 한다면 일반화된 교환체계가 나올 것이다. 그리고 이런 적극적인 혼인규칙을 가진 사회에서는 어머니의 남형제의 딸과 혼인한다는 것으로 자체의 혼인규칙을 설명하는 경향이 있다. 그러나 형식적인 측면에서 보자면, 이런 체계가 발달하는 데 필요한 유일한 규칙은 어떤 남자도 자기 집단의 남자들이 아내를 취하는 집단에게는 여자를 줄 수 없고, 자기 집단의 남자들이 여자를 주는 집단으로부터는 아내를 취할 수 없다는 것이다.

대조적으로 한정교환은 두 집단만이 관련되는 대칭적 거래이다. A는 B에게 여자를 주고, B는 A에게 여자를 준다. 이런 '누이교환' 체계는 외혼 반족들로 나누어진 사회들에서 전형적으로 나타나지만, 외혼 반족이 없이도 발생할 수 있으며, '이중 교차사촌'(교차사촌은 부모의 형제자매 중 부모와 성별이 다른 형제자매를 통해 이루어지는 사촌이다. 예를 들면 외삼촌의 자녀 또는 고모의 자녀―옮긴이)과의 혼인으로, 즉 외삼촌의 딸인 동시에 고모의 딸인 여자와의 혼인으로 생각할 수 있다.

레비 스트로스는 이 두 가지 주된 교환형태들 사이에서 거북하게 균형을 잡고 있는 것으로서, 지연된 호혜성을 수반하는 잡종형태 하나가 있다고 보았다. A는 B에게 아내를 주고 다음 세대에서 B는 A 또는 A의 아들에게 아내를 갚아준다. 이것은 고모의 딸과 혼인하는 것의 한 형태라고 표현할 수 있다. 나중에 논평가들은 세대들을 별개의 계급(class)으로 명확하게 나누는 또 다른 규칙이 없는 한, 이런 형태의 혼인규칙은 제대로 실행될 수 없다는 주장을 때때로 폈다. 그런 규칙이 없이는 이런 타입의 체계는 직접적인 대칭적 교환체계로 무너져버릴 것이라는 것이다.

레비 스트로스는 이와는 다른 문제들을 확인했다. 지연된 호혜적 교환이 가지는 문제점은 그것이 두 집단만을 함께 묶기 때문에 사회체계 전체에 걸친 연대관계를 성립시키는 데는 덜 효과적이라는 것이다. 그러나 일반 교환에도 위험은 있었다. 즉 일반 교환은 본질적으로 투기적이었는데, 왜냐하면 A는 자신이 C나 D나 E로부터 답례로 아내를 받을 것이라는 가정 아래 B에게 여자를 주기 때문이다. 그러나 그는 둘 또는 심지어는 그보다 많은 상대로부터 아내를 요구하려 들 수도 있다. 그 결과 어떤 집단들은 다른 집단들을 희생시켜 많은 아내를 얻을 수 있는데, 카친족─리치가 연구한 부족─을 분석하면서 레비 스트로스는 이것이 그들이 처하게 된 슬픈 형세라고 시사했다. 일반화된 교환의 평등주의적 가정들이 그것의 귀족주의적 결과들 때문에 침식되었다는 것이다. 만일 당시에 『버마 고지의 정치체계』가 벌써 나와 있었더라면 이것 때문에 굼라오에서 굼사 구조로 전환이 일어난다고 그가 제안했을는지도 모른다(그리고 리치가 레비 스트로스의 이 카친 분석에서 어느 정도 힌트를 얻은 것이 분명하다). 일반화된 교환체계가 가진 또 하나의 관련된 문제점은 아내를 되돌려 받을지 미심쩍게 여기는 이들이 이 방법을 버리고 덜 통합적이기는 하지만 더 믿을 수 있는 직접교환을 택할지도 모른다는 점이다.

이상과 같이 혼인교환에는 세 가지 유형이 있고, 이들 각각은 계보적 용어로 표현하자면 교차사촌혼의 한 양식으로 볼 수 있다. 내가 비록 수수하고 단순한 용어로 이 모델을 서술했지만 질문들이 제기될 수 있다. 즉 이 모델은 행위자들이 체계를 개념화하거나 규칙들을 공식화하는 방식인가? 아니면 관찰자의 모델인가? 사람들은 이 규칙들을 따르는가? 그리고 이러한 여자의 교환이 이루어지는 단위들은 무엇인가? 레비 스트로스의 저서가 자극한 많은 출간물들은 이 같은 질문들을 다루고, 그가 정말 무엇을 의미했는지에 대해 검토하고 있다. 레비 스트로스는 『친족의 기본구조』의 후기 판들과 헉슬리 강연에서 이런 질문들 몇몇을 다시 다루었는데, 그러면서 리치와 니덤의 해석을 거부했다.

　나는 이런 쟁점들에 대해 이루어진 극도로 복잡하고 기술적인 논쟁들을 해결하려는 시도는 하지 않겠다. 그보다는 보다 큰 문제, 즉 레비 스트로스가 단순한 혼인체계들을 찾아서 실시한 길고도 뛰어난, 그리고 종종 불가해한 오스트레일리아·극동·인도 탐구의 목적이 무엇이었는가에 집중하려 한다. 특히 말리노프스키식의 질문을 다시 던진다면 그가 관심이 있었던 것은 주민들이 말하는 것이었는가, 아니면 그들이 하는 행동이었는가, 아니면 그들이 생각하는 것이었는가?

　일부 논평가들의 단언에도 불구하고 레비 스트로스는 자신이 친족이론에서 언어적 범주의 세트들과 그것들의 상호관계만을 다루고 있다고는 생각하지 않았다. 그는 이 이론이 혼인금지와 지정('금지'는 혼인할 수 없는 대상에 대한 규정이며 '지정'은 혼인해야 하는 대상에 대한 규정임-옮긴이), 그리고 실제로 일어나는 혼인선택, 이 두 가지 모두에 적용된다고 확신했다. 이것은 실제의 선택 패턴이 규칙들의 제약을 직접적으로 받기 때문이 아니다. 그보다는 규칙들과 통계적 패턴, 이 두 가지 모두가 대립과 호혜성이라는, 저변에 깔려 있는 무의식적인 단일한 문법이 다소 독립적으로 굴절된 모습들이기 때문이었다. 이러한 가정 아래서는 주민들의 모델에 대한 분석을 통해서든, 혼인선택들의 통계적 분포에 대한 분석을 통해서든 기본 문법에 도달할 수 있었다. 그러나 그는 실제로 일어나는 혼인선택들은 외부의 정치적·경제적·인구적 요인들의 영향도 받기 때문에 이 요인들을 추출해 없애야만 저변에 깔린 패턴이 분명해진다는 점을 인정했다. 그러므로 주민들의 모델이 체계로 들어가는 최상의 입구인 것이다.

그러나 모델들과 선택들이 기본 문법의 독립적인 표현이라면, 명시적인 규칙이 없는 곳에서도 선택의 패턴을 찾아낼 수 있을 것이다. 이 때문에 레비 스트로스는 단순친족체계들에 대한 자신의 분석을 혼인지정이 없는 복합친족체계들을 조망하는 데 어떻게 사용할 수 있는지를 제시할 수 있었다. 그러기 위해서는 우선 어떤 혼인체계라도 호혜성에 기초를 두고 있으므로, 세 가지의 교환방식들 중 하나를 반영할 것이라는 가정이 필요하다. 그리고 여기서 우리의 관심 대상은 복잡하고 확산된 교환 패턴이므로 그것은 일반화된 교환체계일 것이다. 예를 들어 프랑스인의 혼인에서 추출한 큰 표본 하나에서, 어머니 쪽의 먼 친척과 결혼하는 경향이 혼인이 무작위로 발생할 경우 기대되는 확률보다 더 크다는 사실을 발견했다고 하자. 만일 그렇다면 특정한 혼인선택의 객관적인 비율은,

그 사회의 성원들이 의식하고 있지 않을 수도 있겠지만, 그 체계의 특정한 구조적 특성을 표현한다. 나는 이 특성들이, 동일한 '선호'를 보다 체계적으로, 즉 지정의 형태로 보여주는 사회들에서 우리가 직접적으로 볼 수 있는 특성들과 동형일 것이라고 생각한다.

이것은 "문제의 사회를 모든 사람이 규칙에 따라 혼인하는 이론적 사회와 동일한 부류에 놓기에 충분하며, 이 사회는 이론적 사회의 근사치로서 가장 잘 이해될 수" 있을 것이다.[3]

레비 스트로스는 실제로 일어나는 혼인선택의 통계적 패턴들에서 중요한 구조적 특징들을 확인할 수 있다고 생각하면서도, 실제 행위의 흐름 '뒤'로 들어가서 무의식적인 발생구조에 도달하는 데에 더 관심이 있다. 레비 스트로스의 생각으로는 이야말로 표면의 모습이 얼마나 오도하는지를 이해하기 위해서 반드시 파고들어야 할 수준이다. 그러나 이것은 단지 작업의 한 단계일 뿐이기도 하다. 무의식적인 모델들을 넘어서면 인간정신이 놓여 있으며, 최종 목표는 인간정신의 보편적인 원칙들을 밝히는 것이다. 친족체계들은 무엇보다도 이 목표에 접근하는 방식이었다. 촘스키(Chomsky)에게 언어들이 그러한 것처럼 말이다.

후일 레비 스트로스는 친족연구가 인간 정신의 보편성을 이해하기 위한 왕도가 아닐지도 모른다고 믿게 되었다. 그러나 그 문제에 들어가기 전에 그의 친족이론이 영국 사회인류학자들에게 미친 영향을 고찰해보기로 하자.

니덤과 리치의 친족연구

레비 스트로스의 이론이 알려지자, 니덤은 친족의 '결연' 이론에 대한 정통 해석이라고 스스로 생각한 것을 발전시켰다. 니덤은 단순체계들을 찾아내려고 끊임없이 노력했으며 또 문헌에 정통했다. 그 결과 다양한 '지정적 결연' 체계들에 대한 일련의 독창적인 해석이 나왔다. 그러나 니덤은 이 이론이 지정적 혼인규칙이 있는 체계에만 적용되지, 특정 범주의 친족원 사이의 혼인이 더 자주 일어나는 통계적인 경향만 있는 체계에는 적용되지 않는다는 근거에서, '지정적' 체계와 '우선적' 체계의 구분을 주장했다. 이것은 이 이론의 적용범위를 제한하기 위해서였는데, 알려진 모든 체계들 중에서 엄밀한 의미에서 지정적인 체계들이 차지하는 비율은 명백히 아주 적기 때문이었다. 사실 니덤의 분석이 진행되면서 이 비율이 줄어드는 경향이 뚜렷이 보였다.

니덤은 또한 이상적 모델을 융통성 없이 너무 그대로 믿었고, 그것이 실제 사회에서 일어나는 관행들과 직접적으로 상응한다고 가정했다. 그는 특정의 민족지적 자료가 그의 가정들에 부합하지 않을 때는 문제의 사회를 지정적 체계의 성역에서 쫓아내 버리거나 관찰의 타당성을 의문시했다. 그를 가장 집요하게 비평한 사람 가운데 하나인 데이비드 슈나이더(David Schneider)는 다음과 같이 지적했는데, 타당한 지적이었다.

니덤은 그가 말하는 전형을 정확하게 복제하는 구체적인 체계를 자연에서 그대로 발견하기를 기대한다. 만약 그 전형이 X, Y, Z라는 특성들을 순서대로 지니고 있다면, 니덤은 푸룸족 (Purum)이나 라멧족(Lamet)이 X, Y, Z라는 특성들을 그 순서 대로 지니고 있는 것을 발견하리라 기대한다. 니덤은 마치 이 전형이 일종의 '잃어버린 고리'인 것처럼, 좋은 사냥꾼인 정 말로 훌륭한 민족지학자라면 ─ 어쩌면 숨바족(Sumba)에서 나 구 쿠키족(Old Kuki)에서 ─ 발견할 수 있을 실체인 것처 럼, 이 전형을 취급한다. 일단 이 전형을 실제 사회에서 발견하 고 나면 우리는 "……그 체계가 실제로 어떻게 움직이는지"(니 덤)를 보게 될 것이라는 것이다.[4]

니덤이 쓴 논쟁적인 글들이 십 년 동안 나온 후 레비 스트로스 는 슈나이더가 윤곽을 그렸던 것과 유사한 근거에서 니덤의 해석 을 거부했다. 레비 스트로스는 이 '모델'이 원주민들과 인류학자 의 마음에 있다고 주장했다. 경험적인 현실은 항상 거기서 벗어 나 있을 것이다. 이른바 지정적 체계와 우선적 체계 사이의 이분 법은 불필요했다. 모든 체계들은 규칙의 수준에서는 지정적이고, 실제 선택의 수준에서는 우선적이었다. 그러므로 이 모델은 니덤 이 허용했던 것보다 더 광범한 적실성을 가지고 있었는데, 그 까 닭은 그것이 적극적인 혼인규칙이 없는 사회에도 적용되어야 하 기 때문이었다.

이 이론에서 매우 이단적이고도 유쾌한 또 다른 주요한 발 전이 이루어졌다. 그것은 리치와 그의 제자 일부의, 특히 얄먼

(Yalman)의 연구였다. 그들은 사회를 '의사소통' 체계로 보는 레비 스트로스의 견해를 채용했다. 여자들은 일종의 집단 간의 메시지로서 '교환'되었으며 이런 교환들은 다른 형태의 의사소통들, 특히 재화와 지위상징의 의사소통과 연계되어 있었다.

리치는 사회에서 일어나는 교환의 형태들, 특히 혼인선택의 체계가 정치적·경제적 상황에 적응했다고 주장한 점에서 레비 스트로스에서 벗어났다. 만일 아내를 주는 쪽이 아내를 받는 쪽보다 체계적으로 높은 지위에 있다면(또는 그 반대라면), 이것은 관련된 집단들의 정치적·경제적 지위의 차이와 상관관계가 있다는 것이다. 이러한 강조는 리치의 일차적인 관심이 심리적인 보편성이 아니라 특정한 사회체계에 있었음을 반영한다. 레비 스트로스는 보편적인 인간과 사회에 관심이 있었지만, 리치는 특정 사회의 행위자들에 대한 연구를 선호했다. 그러므로 혼인교환의 모델은 총체적인 사회상황을 밝히는 데 사용되어야 하며, 인간 정신의 보편성에 대한 단서를 얻기 위해 거기서 비친족적 요소들을 인소해서는 안 되는 것이었다.

리치는 또한 모델이 보다 굳건하게 현실에 기초하도록 만들었다. 레비 스트로스가 애매하게 말했던 여자교환의 단위는 무엇이었는가? 리치는 래드클리프 브라운의 오스트레일리아 연구를 묘하게도 암묵적으로 참조하면서, 보편적으로 여자교환의 단위는 출계를 통해 모아진 성인 남자들로 이루어지는 지역 집단들이라고 제안했다.

출계론 대 결연론

'결연론'(alliance theory)이 영국 정통의 '출계론'과 직접적으로 충돌한 것은 바로 이런 형태에서였다. 출계론은 특히 포티스의 손에서 고도로 세련되게 체계화되었으나, 결연론과 마찬가지로 궁극적으로는 널리 보급되어 있던 행위자 모델에서 나왔으며, 역시 결연론과 마찬가지로 뒤르켐적인 틀 속에서 만들어졌다. 주민들의 모델들은 (이들 저자에 따르면) 단계(單系) 출계를 기초로 성원이 모집되고 내적으로 조직되는 영구적인 영속집단들(corporations)의 존재를 상정한다. 이 집단들은 정치적·법적 단위들이다. 이 집단들은 어떻게 사회적으로 결합하는가? 뒤르켐이 내놓은 기계적 연대 개념이 선호되었기 때문에 교환과 호혜성을 통한 모스의 해결책은 무시되었다. 통합은 구조의 모든 수준에서 서로 균형을 잡고 있는 유사한 분절들 간의 대립으로부터 나온다. 이것이 『누에르족』을 지배했던 관점이다. 포티스는 또 다른 기제가 작동하나 이것은 가내(家內), 개인관계의 수준에서 작동하고 있다고 강조했다. 출계를 통해 이루어지는 집단들을 가로지르는 친족관계망이 그것이다. 단계 출계원칙을 많이 사용하는 사회들에서조차도 친족관계는 양변적으로 따진다. 이처럼 통합원리는 '보완적 친족관계'——부계체계에서 어머니를 통해, 또는 모계체계에서 아버지를 통해 따지는 관계를 사용하는 것——이다.

결연론자들은 여기에 반대하여 친족체계들이 일련의 여자교환을 통해서 사회적 결속을 제공한다고 주장했다. 무엇이 중요한 요인이었는가? 아내를 얻기 위한 누이의 교환, 동맹, 그리고 인척관계가 중요한가? 아니면 사람과 사물에 대한 권리의 세대 간 전승, 그러니까 출계가 중요한가? 이것이 1950년대 말에 『맨』(*Man*)에 게재되어 널리 알려진 일련의 논쟁에서 리치와 포티스가 몰두한 질문이었다. 리치는 포티스가 "인척관계의 유대가 출계의 유대에 비견할 만큼 중요하다는 점을 인정하면서도 인척관계의 유대를 '보완적 친족관계'라는 표현으로 위장한다"고 주장했다.[5] 포티스는 이에 대해 이렇게 반박했다.

리치는 카친형의 체계에서는 혼인관계와 그에 수반하는 인척관계가 영속적인 출계집단들 사이에 '중요한' 연계를 형성한다고 생각한다. 나라면 그것을 반대방향으로 표현하여, 혼인과 인척관계는 구조적으로 선행하는 정치적-법적 동맹과 연합이 표현되고 확인되는 매체라고 말하겠다. 그리고 혼인과 인척관계가 모변적 친족 유대를 발생시키기 때문에 그런 매체로서 효과적이라고 주장하겠다. 이것은 첫 번째 원리들로부터 나오는 주장이지 리치가 제시한 자료에서 나오는 주장이 아니다.[6]

어떤 비평가들은 포티스와 리치의 차이점은 그들이 상이한 민족지 지역에 관심을 두고 있다는 데서 나오는 것이라고 시사했다. 출계론은 대부분의 아프리카 지역에서 유용할 수 있고, 결연론은 여러 동남아시아 사회에서 들어맞는 것 같다는 것이다. 그러나 리치는 일반적인 이론적 쟁점이 문제라고 주장하며 이 논쟁을 그 특유의 정력을 가지고 추구했다. 그러나 결연론에 대한 리치의 태도는 본질적으로 실용적인 것이었다. 결연론은 다양한 친족체계를 설명하는 데 유용했고, 특히 그의 카친 자료를 해명했다.

돌이켜볼 때 이 논쟁의 가장 흥미로운 특징 중 하나는 친족체계들의 단위들이 일반적으로 외혼 종족들(exogamous lineages)이라는, 역사는 오래 되었지만 점점 더 의문이 가는 가정에 대해 일반적으로 동의했다는 점이다.

레비 스트로스, 인간 사고의 보편적 구조 탐구

레비 스트로스는 특정의 공식이나 분석에 관한 비판은 암묵적으로 받아들였지만, 1949년에 출간했던 친족이론을 포기한 적이 없었다. 그러나 1960년대에 이르러 사고체계에 대해 보다 직접적인 관심을 보이는 방향으로 변화했다. 나중에 그가 『날것과 익힌 것』(*Le Cru et le Cuit*, 1964)의 '서장'에서 언급했듯이,

『친족의 기본구조』에서 우리는 혼인규칙들의 외관상 피상적인 우연성과 비일관적인 다양성으로부터 소수의 간단한 원칙들을 도출해냈다. 이 원칙들 때문에 아주 복합적인 관례와 관습의 총체가 하나의 의미 있는 체계로 엮였다. 비록 이 원칙들이 처음에는 불합리하게 보이고, 또 일반적으로 그렇다고 여겨

졌지만 말이다. 한편 이러한 제약들이 정신 내적 기원에서 발생한다고 보장해주는 것은 아무것도 없었다. 이 제약들은, 사회생활의 특정 요구들이 제도들로 객체화되어서 사람들의 마음속에 반영된 것에 불과할 가능성이 아주 컸다. 그렇다면 그것들이 정신의 수준에 울리는 반향은 심적 기제의 효과였을 것이고, 이 기제들의 작동방식만이 앞으로 밝혀져야 할 과제이다.

그러므로 친족은 아마도 사회적 행동에 너무 깊이 박혀 있어서 정신 작용에 대한 확실한 지침을 제공할 수 없었을 것이다. 다음 단계는 사회적 사고를 보다 순수하게 표현하는 것을 찾아보는 것이었다. 신화가 그것이었는데, 신화에서는 "자신과의 대화를 위해 자유로워진, 그리고 대상들을 다루어야 하는 의무로부터 해방된 정신이 어쩌다 보니 스스로를 하나의 대상으로서 모방하는 지경에 이르고 말았다."[7]

그러나 레비 스트로스는 스스로 말했듯이 친족체계에 대한 것과 신화에 대한 것, 이 두 가지 주요 프로젝트들 사이에 잠시 멈춰 서서 그때까지 무엇을 성취했으며, 앞으로 무엇을 시도해야 할 것인지에 대해 숙고했다. 이 짧은 평가 기간 동안에 그는 분류체계들에 대한 비교적 짧은 책 두 권을 출간했는데, 1962년에 나온 『토테미즘』(*Totemism*)과 『야생의 사고』(*La Pensée Sauvage*)가 그것이다. 이 두 책에서 그는 사회적·자연적 환경이 언어적 범주들에 의해 조직되는 방식을 검토했다. 우리는 일상생활의 평범한 요소들로부터 우리 자신의 '구체의 논리'를 만든다는 것이다. 이 두 권은 그의 저서들 가운데 가장 뒤르켐적이었으며,『연보』학파의 이론들을 흡수했던 영국 사회인류학자들에게는 그의 세계로 들어가는 가장 직접적인 입문서였다. 여기서는 구조주의적 방법을 혼인이나 신화에 대한 생소한 가정들 없이 사용했음을 볼수 있다.

이 두 저서에서 레비 스트로스는 인간 사고의 가장 일반적인 양식은 논리적이라기보다는 유추적이라고 주장했다. 이는 '원시정신'뿐만 아니라 비과학적이거나 비수학적인 모든 사고에 해당되는 사실이다. 우리는 자연적·사회적 환경에 있는 대상들을 분류함으로써 우리 세계에 패턴을 부여한다. 이런 범주들의 경계선은 자의적이다. 예를 들어 우리는 살아 있는 생물들을 날짐승 대 육지동물로, 또는 포유류 대 비포유류로, 또는 육식종 대 채식종 등으로 분류할 수 있다. 이처럼 범주들은 어떤 세트의 피상적인 유사점이나 반대점에 기초해서도 만들어질 수 있다.

그러나 용어들은 자의적이더라도 용어들 사이의 관계는 보다 보편적인 성격을 지닌다. 체계의 용어들은 대립쌍들로 분류되며, 이 쌍들이 서로 연관지어져 대립들로 이루어진 하나의 체계를 이룬다. 예를 들어 어떤 가상의 사회에서 주민들은 남자와 여자, 하늘과 땅, 나는 것과 땅위에 사는 것, 오른손과 왼손 등을 대립시키고, 이 세트들을 다시 서로 연관시킨다. 즉 수컷들, '위', 그리고 오른손이 모두 하나의 세트로 연결되어서, 암컷들, '아래', 그리고 왼손으로 이루어진 세트와 대립하게 된다. 이런 식으로 대립들은 사회집단들의 관계와 같은 다른 종류의 관계들에 "대해 생각"하는 데 사용할 수 있는 체계의 구성요소들이 된다.

이 가상의 사회에서는 주민들이 '씨족들'로 나뉜다고 하자. 각 '씨족'이 특정한 자연의 종을 토템으로 삼으면 이 문화가 자신이 정의한 종들 사이에 존재한다고 단언한 관계들이 사회집단들 사이의 관계에 대해 생각하는 방식이 된다.

여기서 기본적인 개념은, 인간들은 각각 구체적 지시물을 가지는 일련의 기본 대립들을 만들고는 이 대립들을 관련시킴으로써 사고한다는 것이다. 레비 스트로스는 이 접근방식을 야콥슨과 프라하 구조주의 언어학파의 연구에서 따왔다고 항상 말했다. 이 접근방식은 또한 인공두뇌학에서 사용하는 접근방식들과도 관련이 있다. 그러나 이 방식은 사회과학과 철학에서는 꽤 익숙한 방법이다. 래드클리프 브라운은 토테미즘에 대한 그의 두 번째 주요 논문에서 유사한 접근방법을 사용했다. 이 논문을 논평하면서 레비 스트로스는 이렇게 썼다.

대립과 상관관계라는 개념과 대립물의 쌍이라는 개념은 긴 역사를 가지고 있다. 그러나 이 개념들을 인문과학의 어휘로 재활시킨 것은 구조주의 언어학과 그 다음에 온 구조주의 인류학이다. 이 개념들을 이것들이 가진 모든 함의와 함께 래드클리프 브라운의 저술에서 만나는 것은 인상적이다. 그는 우리가 보았듯이 이 개념들 때문에 자연주의와 경험주의의 각인이 여전히 찍혀 있던 이전의 그의 입장들을 버리게 되었다.

그러나 레비 스트로스는 래드클리프 브라운이 자연주의적 오류를 완전히 벗어나지는 못했다고 생각했다. 왜냐하면 래드클리프 브라운은 사람들이 포착한 연관과 대립들이 그들의 환경이 어떤 식으로든 그들에게 제시해 준 것이라고 가정하는 경향이 항상 있었기 때문이다. 레비 스트로스는 이와 반대로 "이러한 대립과 상관관계, 배제와 포함, 양립 가능성과 양립 불가능성의 논리가 연관의 법칙들을 설명하는 것이지, 그 반대가 아니다"라고 주장했다.[8] 그럼에도 불구하고 그의 기본적인 방법은 영국 구조주의자들이 상당히 쉽게 받아들일 수 있는 것이었다. 그리고 레비 스트로스는 이 방법을 사용하여 가장 대담한 가설들을 정교화할 수 있었다.

여기서 한 예를 드는 것이 좋겠다. 레비 스트로스가 1962년에 영국에서 했던 강연의 주장을 요약해보기로 하자. 이 강연에서 그는 『토테미즘』과 『야생의 사고』에서 다루었던 것과 같은 문제를 거론했다. '곰과 이발사'(The bear and the barber)의 주제는, 오스트레일리아형의 토템적이고 동등한 외혼 씨족들과 인도 유형의 전문화된 서열적 내혼 카스트들이 서로 완전히 상관없는 사회조직 형태들이 아니라는 것이었다. 이들은 동일한 기본구조가 다르게 나타난 변형들로 이해되어야 한다는 것이다.

토템적 체계에는 서로 유사하고 대등한 씨족들이 있는데, 각 씨족은 특정의 자연종, 즉 그 씨족의 토템과 동일시될 수 있다. 이처럼 자연종들 사이에 상정된 관계들은 사회집단들 사이의 관계들에 대해 얘기하는 한 방식이 된다. 어떤 체계들에서는 한 씨족의 성원들이 토템종을 먹는 것을 삼감으로써 다른 씨족들의 성원들이 이 종을 보다 풍부하게 취할 수 있도록 해야 한다. 또 어떤 사회들에서는 한 씨족의 성원들이 토템종의 번식력을 책임지게 되어 있다. 이런 방식으로 토템적 금지와 의례들은 씨족들을 하나의 사회로 묶어주는 호혜적 교환의 일부가 될 수 있다. 그러나 씨족들 사이의 용역교환은 제한적이다. 주된 교환은 혼인에서 일어나는 여자교환이다.

카스트 체계에서는 여자들을 집단 내부에 보유하는 한편, 각 집단은 다른 집단들에게 전문적인 서비스를 제공한다. 그러나 토템적 집단들로 이루어진 체계에서는 자연물, 즉 여자들이 교환된다. 반면 카스트 체계에서는 문화적 산물이 교환된다. "다르게 표현하자면"이라고 하면서 레비 스트로스는 그 특유의 지나치게 철학적인 아리아 하나를 시작했다.

카스트 체계와 이른바 토템적 체계, 이 두 가지 모두는 자연적 차이점들과 문화적 차이점들 사이에 동형성(同形性)을 가정한다. 이 가정은 각 경우에서 대칭적으로 전도된 관계를 통해 입증된다. 카스트 체계에서는 문화적 모델에 따라 카스트를 정의하고 그들의 혼인교환을 자연적 모델에 따라 정의해야 한다. 토템적 집단들은 문화적 모델을 본떠서 혼인교환을 만들고, 토템적 집단들 자체는 자연적 모델에 따라 정의되어야 한다. 자연적으로는 동질적인 여자들이 문화적으로는 이질적이라고 주장되며, 반대로 자연적으로는 이질적인 자연의 종들이 문화적으로는 동질적이라고 주장된다. 왜냐하면 문화의 입장에서 보면 여자와 자연의 종들은 남자가 그들을 통제하고 증식하는 힘을 소유한다는 믿음이 있는 한 공통된 특성을 가지기 때문이다.[9)]

이러한 개념체계 전체의 토대가 되는 기본적인 대립은 자연과 문화 사이의 대립이다. 레비 스트로스가 최근에 "특정 현상의 등장 때문에 이런 선상의 구분이 20년 전에 상상했던 것보다 덜 실재적이지는 않다 하더라도 분명히 더 모호하고 간접적인 것이 되어버렸다"고 인정했음에도 불구하고,[10)] 이 가정은 그의 연구 대부분에 흐르고 있다. 그의 친족이론을 보면, 자연에서 문화로의 이동은 남자들로 하여금 자신들의 여자들을 교환하게 만든 근친상간 금기가 도입되면서 일어났다. 분류체계들과 신화에 관한 그의 저술들에서는 분류하고 대립시키고 연관시키는 행위 ── 이 중 근본적인 것은 자연과 문화 사이의 대립이다 ── 에 다양한 교환양식들이 내포되어 있는 것으로 그려져 있다. 사회체계 전체는 단일한 구조적 틀에 의거해 있고, 사회인류학자는 사회구조로부터 우주론을 분리할 수 없다.

영국의 학자들에게 미친 레비 스트로스의 창조적인 영향은 사고체계에 대한 연구의 부활에서 특히 두드러졌다. 레비 스트로스는 그들에게 문화적 하위체계들을 '부호들', 즉 언어와 같은 종류로 취급할 수 있는 의사소통 매체로 보도록 가르쳤다. 문장의 드러난 내용 뒤에는 문법적인 형식이 놓여 있는데, 이것이 모든 종류의 가능한 문장들을 발생시키고 본질적인 실재를 구성하는 구조이다. 이런 상징적 의사소통의 문법은 수리매/까마귀, 사제/이발사 등과 같은 일련의 이원적 대립들에 기초한다. 이 대립들이 다시 서로 관련지어져서 하나의 전체 체계를 형성한다.

레비 스트로스는 신화를 다룬 책들에서 이 주장을 심화시켰다. 신화의 줄거리는 단지 그 신화의 피상적인 내용일 뿐이다. 우리는 신화를 순차적인 일련의 진술들이라기보다는 하나의 단일한 진술로 취급하여 해독해야 한다. 진짜 메시지는 신화가 말하고자 하는 관계들의 체계에 담겨져 있으며 이 관계들은 대립된 쌍의 요소들─자연/문화, 날/익힌, 꿀/담배, 침묵/소음 등─로 쪼개어져야 한다. 신화는 이런 용어들을 사용하여 세상의 참을 수 없는 모순들과 문제들 일부─피할 수 없는 죽음이라는 문제나 모계적인 사회조직 형태들이 가지는 보다 구체적인 모순과 같은─를 최소한 이 수준에서는 해소해주는 논리적 모델을 제공하려 한다. 특정한 문제들 모두에 우리는 동일한 사고양식을 적용한다.

신화적 사고의 논리는 현대과학의 논리만큼 엄밀하며……차이는 지적 작용의 질에 있는 것이 아니라 지적 작용이 적용되는 사물의 본질에 있다……. 인간은 항상 똑같은 수준으로 잘 사고해왔다. 향상은 흔히 생각하듯이 인간 정신이 진보하여 이루어지는 것이 아니라, 한결같이 변함없는 인간의 정신적 능

력을 적용할 수 있는 새로운 영역을 발견하는 데서 이루어진다.[11]

레비 스트로스는 어떤 특정한 사회적 맥락에서 주민들이 무슨 생각을 하는가보다는, 일반적으로 인간들이 어떤 방식으로 생각하는가에 관심에 있었다.

1960년대 영국 신구조주의자들

리치는 구조주의를 실험한 영국 사회인류학자들 가운데 가장 열성적이고 독창적인 인물이었다. 그는 적용의 범위를 넓히고 어떤 면에서 이 방법을 합리화한 점에서 영국 사회인류학에 기여했다. 리치는 이원대립만 있는 것이 아니라 어떤 이항의 세트를 정의하기 위해서는 A도 B도 아닌 제3의 용어가 필요하다고 했다. 이 용어는 그것이 가진 이례적인 성질 때문에 금기로 둘러싸이게 될 것이다. 예를 들어 사람들은 친척·친구·이웃·이방인으로 분류될 수 있다. 동물들은 애완동물·가축·야생동물 등으로 분류될 수 있다. 이런 범주의 세트 사이에는 상동관계가 있을 수 있다. 게다가 너무 가까운 친척인 여자와 혼인할 수 없고, 또 너무 이질적인 여자와도 혼인해서는 안 되는 것과 마찬가지로, 애완동물을 먹지 않으며, 일반적으로 특별하고 고조된 상황에서만 사냥한 동물을 먹는다. 그러나 리치는 예외, 즉 이들 범주 중 어느 것에도 딱 맞아떨어지지 않는 동물에 특별한 관심을 기울였다. 예를 들어 토끼는 정확하게 애완동물도 아니고 가축도 아니며 야생동물도 아니다. 토끼는 어느 범주에도 딱 맞아떨어지지 않으므로 양면가치의 원천이며 어떤 맥락에서는 금기시될 가능성이 크다. 그리고 실제 토끼를 칭하는 다양한 관용어들은 커니(cunny, 여자의 성기와 관련된 비속한 표현—옮긴이), 버니(bunny, 엉덩이나 젊은 여자를 가리키는 속어—옮긴이) 등과 같이 곧 '외설적'인 것이 되어버린다. 그리고 토끼는(이렇게 불리든 저렇게 불리든) 다양한 종류의 부도덕하거나 우스꽝스러운 성적 행위의 상징이 된다.

매리 더글러스도 예외들에 대해 흥미를 가졌는데 그녀에게 이 예외들은 부정(不淨)과 위험의 원천이었다. 이 문제에 대한 그녀의 관심은 레비 스트로스보다 앞서는데 부분적으로는 옥스퍼드 대학의 스승인 프란츠 스타이너(Franz Steiner)로부터 온 것이었다. 금기에 대한 스타이너의 강의들은 그가 때 이르게 사망한 이후에 편집되어 출간되었다. 스타이너의 영향에도 불구하고 지각의 사회학(sociology of perception)에 대한 더글러스의 연구들에서 레비 스트로스의 구조적 방법이 미친 영향을 볼 수 있는데, 더글러스는 이 방법을 효과적으로 사용했다. 예를 들어 그녀는 분류체계에 잘 들어맞지 않는 동물들을 금기시하는 유대인의 동물 분류체계를 통해 레위기에 열거된 음식금제를 어떤 식으로 이해할 수 있는지를 보여주었다. 리치는 이 분석의 영향을 받았다.

이런 종류의 주장이 1960년대에 영국의 인류학 세미나에서 친숙한 것이 되자, 구호위병 몇몇은 이에 격분했다. 학술지들은 누에르인들이 쌍둥이는 새들이라고 말할 때 무슨 뜻으로 그런 말을 하는지와 같은 문제들, 즉 대부분의 영국 사회인류학자들이 30년 동안이나 무시했던 종류의 문제들에 대한 논쟁으로 가득 차 있었다. 새로운 구조주의는 특히 젊은 세대의 저서와 논문들에 영향을 미쳤다.

그러나 새로운 영국 구조주의자들 가운데 가장 확신에 차 있었던 이들의 연구에서도 특유의 어조가 있었고, 또한 이전의 연구, 즉 이를테면 에번스 프리처드의 일부 관심사나 심지어는 래드클리프 브라운의 연구와도 명확한 연속성이 있었다. 래드클리프 브라운은 토테미즘에 대한 구조적 분석에 앞서 내놓은 안다만의 의례에 대한 분석에서, 상징들을 '단어들'로서 그것들이 사용되는 맥락을 검토함으로써 정의해야 하는 것으로 취급했다. 빅터 터너 (Victor Turner)는 이 기법으로 은뎀부의 의례와 상징을 분석했다. 터너는 당시에 나온 레비 스트로스의 연구를 언급하지는 않았으나, 그 역시 상징체계 분석을 위해 궁극적으로 준언어학적인 (paralinguistic) 기법을 사용했다. 비록 '음성학'보다는 '의미론'에 그의 관심이 있었지만 말이다. 의례에 관한 래드클리프 브라운의 연구로부터 터너에 이르는 직계의 계보를 볼 수 있다. 그 계보는 터너가 중요한 발전 단계에 있을 때 그에게 영향을 미친 모니카 윌슨을 거쳐서 이어진다. 터너는 상징의 정서적인 공명(共鳴)과 사회적 내용, 이 두 가지 모두에 관심이 있었다. 그가 취한 이론적 접근방식은 프로이트, 래드클리프 브라운, 글럭먼에서 나온 요소들을 결합한 것이었다. 그러나 의례에 관한 터너의 저술은 의례의 기능을 진행중인 사회관계들의 발전·단절·회복이라는 측면에서 분석한 점에서 독특했으며, 이것은 지금까지 큰 영향력을 떨치고 있다.

매리 더글러스는 초기에 레비 스트로스의 주지주의적 편견, 즉 상징적 행동이 지닌 감정을 불러일으키는 힘을 고려하지 못한 점을 비판한 적이 있다. 이제 그녀는 터너의 예를 인용하면서 레비 스트로스의 패러다임을 보다 철저히 비평했다. 그녀의 반응을 보면 레비 스트로스와 영국 신구조주의자들이, 중요하다고 여기는 우선 순위에서 어떻게 다른지 잘 알 수 있다. 터너는 상징들의 심리적 내용을 강조한 반면 레비 스트로스는 상징의 내용이 자의적이라고 가정했다. 나아가 터너가 공들여 쓴 민족지와 은뎀부인의 삶에 대한 깊이 있는 통찰력은 레비 스트로스의 인간미 떨어지는 이해에 대비되어 호의적으로 평가되었다. 마지막으로 가장 중요한 점으로 터너는 "문화적 범주들이 어떻게 특정한 사회 구조를 지속시키는지를 보여주는 설득력 있는 예증"을 제공해주었다. 더글러스는 계속해서 "서로 맞물려 있는 사고 범주들의 체계를 분석하면서 이 용어들을 사용하여 사고하는 사람들의 사회 생활과 이 체계가 가지는 관계를 보여주지 못하는 분석은 다시는 허용되어서 안 된다"고 했다.[12]

리치는 영국 신구조주의자들과 레비 스트로스의 관심사 사이에 나타나는 궁극적인 차이를 상술했다.

현재 영국이나 미국에서 스스로를 사회인류학자라고 부르는 사람들 대부분은 자신들이 '기능주의자'라고 주장한다. 즉 대체로 말해서 그들은 말리노프스키의 스타일과 전통에 속하는 인류학자들이다. 대조적으로 레비 스트로스는 프레이저의 스타일은 아니지만 프레이저의 전통에 서 있는 사회인류학자이다. 그의 궁극적인 관심은 특정 사회나 특정 부류의 사회들의 조직에 대해서라기보다는 '인간 정신'에 대해 올바른 사실들을 정립하는 것이다. 이러한 차이는 근본적인 것이다.[13]

그러나 레비 스트로스의 방법들을 소화할 수 있는 자생적인 문화분석의 전통이 영국에 있었음에도 불구하고, 또 그의 주지주의적 시각에 대해서, 그리고 그가 특정 사회체계들의 복잡한 조직을 때로 다소 무심하게 취급한 데 대해서 아주 일반적으로 반발했음에도 불구하고, 그의 아이디어들이 미친 영향은 매우 컸다. 그의 영향을 분명하게 보여주는 연구는 영국이나 미국에서 이루어진 연구들의 일반적인 추세와는 아주 달랐기 때문에, 아드너(Ardener)는 이 '학파'의 가정들을 목록으로 만들어 기능주의자의 가정들에 대비시키고 그 산물을 '새로운 인류학'이라고 부를 수 있다고 생각할 정도였다.[14]

새로운 패러다임의 채택은 세계관을 거의 물리적인 의미에서 바꾸어 놓는다. 그리고 이 시험에서 레비 스트로스는 영국의 고참 인류학자 몇 명과 1960년대에 인류학계에 들어온 사람들 다수에게 새로운 패러다임을 제공했다. 레비 스트로스는 구조주의가 철학이나 이론이라기보다는 방법이라고 주장하지만, 그것은 방법 이상의 것이다. 이는 레비 스트로스가 특정한 부류의 문제들로도 관심을 돌려(또는 다시 돌려)놓았기 때문이다. 이로 인해 일부 영국 사회인류학자들 사이에, 사람들이 자신들의 세계에 질서를 부여하기 위해 언어적 범주들을 사용하는 방식과, 교환체계가 사회관계를 조직하는 방식에 대한 새로운 관심이 생겨났다.

제8장 끝과 시작

학문적 정체성의 위기

돌이켜보면 하나의 독특한 지적 움직임으로서 영국 사회인류학은 1920년대 초부터 1970년대 초까지 50년 동안만 지속되었음이 분명하다. 그 후로는 신 말리노프스키주의자들이 쓴 민족지들은 모범이 아닌 고전으로서 가르쳐지기 시작했고, 기능주의자들의 이론적 관심들은 점점 더 구식으로 여겨졌다. 전통이 갑자기 끝을 맞이한 것은 아니나 점차 소멸해갔고, 1980년대에 이르면 더 이상 신세대의 연구 프로젝트를 규정하지 못했다.

다양한 내적·외적 요인들이 전통의 토대를 침식했는데, 분명히 대영제국의 종말은 그 요인 가운데 한 가지였다. 먼저 탈식민화로 인해 일부 인류학자들은 자신들의 실험실을 잃을 위험에 처한 것이 아닌가 생각하게 되었다. 새로 독립한 국가들에서는 그곳 지성인들이 사회·문화 연구를 위한 그들 나름의 우선 순위를 정하기 시작했다. 식민주의와 협력했다는 비난을 받는 인류학자들을 의심쩍어하는 이들도 있었다. 게다가 이제는 다른 사회과학자들이 아프리카, 인도, 그밖의 예전 식민지에서 연구하기 위한 기금을 둘러싸고 경쟁하고 있었다. 이들은 자신들이 더 효과적인 방법과 더 강력한 이론을 가지고 있으므로 신생국가들이 당면한 실제 문제들을 분명히 더 잘 다룰 수 있다고 주장했다.

사회인류학자들은 이제 자신들의 학문적 대상의 본질 자체를 재고해야만 했다. 식민지 주민들은 대중의 마음에, 그리고 심지어는 전후의 일부 민족지들에서조차 느슨하게 '원시인'으로 정의되고 있었다. 물론 1970년대에 이르러서는 영국 인류학자 어느 누구도 '원시인'이나 '미개인'이라는 낡은 표현을 사용하지 않았다. 영국 인류학자들은 이론상으로는 이미 특별한 사회이론을 요구하는 원시사회와 원시종교라는 범주가 있다는 생각을 버렸다. 그러나 그들이 그때까지도 남아 있던 빅토리아기의 그러한 믿음에 반대하는 캠페인을 충분히 강하게 또는 자주 하지는 않았는지도 모른다. 인류학자들은 식민지 세계와 연관을 가짐으로써 식민지 주민들이 문명화되지 않았고 후진적이며, 따라서 중심국들의 국민들과는 아주 다르다는, 지적으로 방어할 수 없고 정치적으로 불미스러운 생각을 지속시키는 데 도움까지 주었는지도 모른다.

인류학자들은 이전에는 그러한 대중적 오해를 묵인함으로써 그들이 왜 그렇게 오랜 시간을 식민지에서 보내는지를 묻는 거북한 질문들을 피할 수 있었다. 이제는 그들이 정한 연구의 우선순위에 대해 보다 신중하게 방어할 필요가 생겼다. 인류학이 전통적으로 아프리카, 오세아니아, 인도의 농촌 주민들에게 초점을 맞춘 무슨 정당한 이유가 있었는가? 만약 그들이 우리와 다른, '원시적' 세계를 대표하는 사람들이 아니라면, 왜 그들이 민족지적 연구의 주제라는 특별 취급을 받았는가? 그리고 만약 사회인류학이 나름의 특별한 연구분야──특정한 유형의 사회와 문화──를 가지고 있지 않다면 보다 광범위한 사회과학적 담론에 무엇을 기여할 수 있는가?

이러한 질문들에 대해 가능한 대답 세 가지가 제안되었으나 어느 하나도 완전한 설득력을 가지지는 않았다. 첫 번째 제안은 민족의 범위가 확대되어야 한다는 것이다. 즉 서구의 인구집단들과 제도들에 대한 민족지적 연구가 이루어져야 한다는 것이다. 이것은 이미 유행하던 선택사항이었다. 제2차 세계대전 이후 영국 사회인류학자들은 웨일즈, 그리스, 스페인, 그리고 이탈리아의 지역사회들에 대해 풍부한 내용의 민족지적 보고서를 썼다. 사회학자들은 도시의 지역사회, 공장, 심지어는 과학실험실에 대해서도 그들이 '민족지'라고 부른 것을 실험해보았다. 그러나 이런 발전이 아무리 바람직했을지라도 사회인류학이 독특한 자료수집 방법에 대한 의문스러운 판권(版權)만을 지참금으로 가지고 와서 사회학과 합병할 것이 아닌 한, 그런 발전이 인류학 전체를 위한 새로운 프로그램을 의미한다고 할 수는 없었다.

두 번째—그리고 모순적인—대답은 사회인류학자들이 이국적인 사회들을 연구하기 위해 특별한 기술을 발전시켰다는 것이다. 인류학에는 다른 문화들을 연구하기 위해 특별히 가다듬은 방법들이 있고, 이국적인 관행들을 해석하는 데 쓸 수 있는 지혜가 축적되어 있다는 것이다. 요컨대 사회인류학은 나름의 고유한 연구대상을 지닌 특화된 학문분야라는 것이다. 그러나 이 대상은 '원시인들'이 아니라 이제 집합적으로 타자라고 불리기 시작한 집단들, 즉 비서구인들이었다.

그러나 이 주장은 비록 존경할 만한 것이기는 해도 더 이상 일반적으로 받아들여지지는 않았다. 한 가지 불만은 연구의 대상이 되는 사람들을 이국적인 존재라고 하면 그들을 폄하하고 심지어는 모욕하는 것이 된다는 것이다. 또한 두 가지 내재적인 어려움도 있었다. 우선 더 많은 인류학자들이 이제 자기 사회에서 연구하고 있었다. 유럽 학자들이 유럽에서 현지연구를 하고 있었을 뿐만 아니라 인도·인도네시아·브라질·멕시코와 같은 나라에서 사회인류학 학교들이 성장 중이었고, 이런 나라의 학자들 또한 '자국에서' 민족지적 연구를 하고 있었다.[1] 분명히 사회인류학을 더 이상 타자를 연구하는 특화된 학문으로 정의할 수 없게 되어버린 것이다.

또 다른 어려움은 인류학자들이 더 이상 먼 나라의 사람들을 독점적으로 연구하는 권리를 누리지 못한다는 점이다. 세계 곳곳에서 지역연구들이 번성하고 있었다. 민족지학자들은 어디를 가든 역사학자와 정치학자, 또 그 지역 학자들을 포함하는 기타 전문가들과 자신들의 연구대상을 나누어가져야 했다. 비서구 사회들과 문화전통들에 대한 논쟁은 점점 더 학제적이 되었다. 한때는 영국의 민족지학자가 '츠와나족'이나 '피지인'들에 대한 유일한 권위자였을는지 몰라도 이제는 여러 학문분야에서 나온 국제적인 전문가 집단들이 있었다. 이들은 종종 새로 설립된 지역 대학들의 후원을 받으며 보츠와나, 피지 등에 대한 전문지식을 쌓아가고 있었다.

세 번째 대답은 사회인류학이 사회과학의 비교학 분과라는 것이다. 여기서 사회인류학의 역할은 사회과학이론을 여러 상황에 적용함으로써 검증하는 것이다. 래드클리프 브라운은 "사회학이론은 체계적인 비교에 기초를 두어야 하고, 또 그것을 통해 끊임없이 검증되어야 한다"고 선언했다.[2] 그리고 인류학자들이 아니면 누가 이러한 검증을 하겠는가? 어쩌면 인류학자들이 어느 정도 자신들 나름의 이론까지도 기여할지 모르는 일이었다. 어찌되었건 인류학자들은 친족·토테미즘·마술에 대해 이해했고, 구조주의나 연망분석 또는 문화이론은 인류학적 영감에서 나온 것으로 볼 수 있었다.

그러나 불행히도 인류학자들은 모든 이론적 문제에서 서로 다투었다. 심기를 더욱 불편하게 하는 것은 몇몇 영향력 있는 인류학자들이 제대로 된 비교연구 프로젝트가 가능하다는 희망을 버렸다는 사실이다. 가장 야심적이었던 연구 프로그램들의 평판이 추락했다. 리치는 래드클리프 브라운의 자신만만한 귀납주의를 총체적으로 비난했다. "래드클리프 브라운의 추종자들은 인류학적 나비 수집가들이다"라는 리치의 모욕적인 언급은 대학 학부생들의 리포트에 닳아빠질 정도로 되풀이되었다. 그리고 사회구조들이 나비만큼 실재하는 것이라 하더라도, "나비들을 유형과 이 유형에 따라 정리하는 것은 동어반복이다. 그것은 이미 당신이 알고 있는 것을 약간 다른 식으로 거듭 단언하는 것일 뿐"이라는 것이다.[3]

그러나 영국 인류학자들은 레비 스트로스의 접근이 요구했던 연역적인 방식에 대해서도 똑같이 미심쩍어했다. 구조주의자들이 약속한 것은 심층의 무의식적 수준에서만이라도 문화적 산물들에 내재하는 인간 정신의 일반적인 특징들이 궁극적으로는 밝혀질 것이라는 것이다. 구조주의에 가장 공감하는 영국 인류학자인 에드먼드 리치조차도 이런 거창한 야심에 대해서는 회의적이었다. 자신이 본질적으로는 무엇보다도 특정 사회가 어떻게 작동하는지에 대해 관심이 있는 말리노프스키주의자로 남아 있다고 했다.

잭 구디는 G. P. 머독이 예일 대학에서 비교론적 가설들을 통계적으로 검증하는 데 사용하려고 만든 Human Relations Area File(전 세계의 민족지 자료를 비교문화연구를 위해 주제별로 정리·집대성한 것―옮긴이)에서 표본 추출한 사회들을 대상으로 실험해보았다. 그러나 머독의 방법은 광범위한 비판을 불러일으켰고, 구디의 본보기를 기꺼이 따를 사람은 거의 없었다. 일부 주도적인 사회인류학자들은 사실상 비교와 일반화를 포기했고, 예를 들어 에번스 프리처드와 샤페라는 둘 다 무슨 생각에서인지 보다 야심적인 사회인류학 프로그램들에 등을 돌리고 자신들을 민족지학자로 규정하기를 선호했다. 그러나 1951년에 헉슬리 강연에서 "체계적인 비교연구 없이는 인류학은 역사기술학과 민족지가 되어버리고 말 것이다"[4]라고 한 래드클리프 브라운의 경고는 늘 그들을 따라다니며 괴롭혔다.

제도적 기반의 위축

1960년대에는 또한 영국 인류학자들 대부분의 일상적인 일터인 영국의 대학들이 역사적으로 새로운 국면을 맞이했다. 영국의 대학 부문은 급격히 팽창했고, 다수의 대학들이 새로이 개교했는데 이중 많은 대학들이 사회과학에 특권적인 지위를 부여했다. 경제학은 영국을 더 부유하게 만들 것이고 사회학은 사회를 더 나은 곳으로 만들 것이라는 생각에서였다(한때는 학계의 의붓자식이었던 사회학이 아주 인기 있는 학부 과목이 되었다). 그러나 사회인류학은 이제 적실성 ─ 당시의 핵심어 ─을 결여한 듯 보였고, 인류학 교육은 별로 늘어나지 않았다.

그리고 자신감이 저하되어 있고 전망이 불투명했던 바로 이 민감한 순간에, 인류학계에는 충격적인 인구학적 전환이 일어나기 시작했다. 말리노프스키의 세미나는 1920년대와 1930년대에 번성했다. 세미나의 주도적인 성원들이 1945년과 1950년 사이에 이전부터 있었거나 이 시기에 새로 만들어진 인류학 교수직에 임용되어서 20년 동안 영국 사회인류학을 이끌었다. 이들은 1968년과 1972년 사이에 퇴직할 연령에 다다랐다. 인류학계는 은퇴기념논문집이라는 포틀래치(potlatch, 북아메리카 북서해안의 원주민 집단에서 행하는 과도한 잔치─옮긴이)로 그들의 퇴직을 경축했다. 몇몇 대가들은 옛 동료들과 제자들로 이루어진 경쟁적인 파벌들이 논문을 모아 만든, 세 권 내지 심지어는 네 권씩이나 되는 은퇴기념논문집을 증정받았다. 동아프리카의 통과의례에 대해 인류학자들만 아는 농담들이 나왔으나, 이것은 의례적인 근위병 교체가 아니었다. 은퇴하는 원로들은 엄청난 영예를 누렸지만 후계자들에게는, 즉 그들의 자리에 새로 임명된 남자들(그리고 나중에는 진 라 폰테인Jean La Fontaine이라는 한 여성)에게는 축소된 유산을 남겼다.

처음의 폭발적인 팽창 이후, 대학 부문은 성장을 멈추었다. 1970년대에는 전망이 점점 더 어두워졌다. 왕립인류학회는 베드포드 광장에 있던 고급 사교클럽 같은 본부를 포기해야만 했고, 도서관을 인류박물관(Museum of Mankind)에 맡기게 되었다. 연구기금과 장학금은 더 줄어들었다. 사회과학연구평의회의 사회인류학 위원회는 위축되었다. 인류학계의 주도적인 인물 일부는 유망한 젊은 학자들과 마찬가지로 1960년대와 1970년대에 해외의 직장을 선택했다. 짐을 싸서 떠난 사람들 중에는 빅터 터너, 매리 더글러스, 필립 걸리버(Phillip Gulliver), F. G. 베일리, 스탠리 탐바이어(Stanley Tambiah), 존 미들턴(John Middleton), 로빈 폭스(Robin Fox), 탈랄 아사드(Talal Asad) 등이 있었다. 이런 이주가 미친 영향은 클 수밖에 없었다. 영국에서 사회인류학은 200명 미만의 전문가들로 이루어진 작은 분야였기 때문이다. 그렇다고 이런 이탈로 생긴 공백을 보충할 수도 없었다. 1980년대에는 임용이 동결되었고 대학 행정부들은 조기 퇴직을 장려했다. 인류학의 부활, 심지어는 재생산조차도 의심스러워 보였다.

후진양성의 기회를 박탈당한 새 교수단은 전혀 효과적인 지휘를 하지 못했다. 또한 어쩌면 약간의 겸양이나 야심의 부재 탓도 있었는지 모른다. 퇴직한 원로들이 1970년대에도 계속 지적 논쟁을 지배했고, 영국 내에서는 케임브리지의 잭 구디와 옥스퍼드의 로드니 니덤(Rodney Needham)만이 새로운 추종자들을 찾아냈다. 제국의 종말, 제도적 전환, 기회의 쇠퇴 등을 고려해 볼 때,

이론적 논쟁이 침체되고 지적 정체성의 위기를 겪은 것은 별로 놀랄 만한 일도 아니다.

학문적 정당성에 대한 비판

새 교수단을 더욱 근심스럽게 만든 것은 인류학의 정당성 자체가 갑자기 공격받게 된 점이다. 식민주의 사회과학에 대한 강력한 비판은 프란츠 파농(Frantz Fanon)과 나중에는 에드워드 사이드(Edward Said)가 공식화했는데, 이것은 제3세계 지식인들에게 많이 채택되었다. 식민지 민족들을 대상으로 취급하고, 허위적이고 신비화시키는 차이점들을 만들어내는 데 헌신하는 '오리엔탈리즘'이 식민주의 학문의 특징이라고 정의되었다. 인류학자도 그런 학문을 하는 사람들이었다. 베트남 전쟁은 이러한 비판에 큰 추진력을 가했고, 마르크스주의 사회변동 이론들로 전환하도록 자극했다. 종속이론이 라틴 아메리카의 저자들에 의해 발전되었으며, 이들은 지금 제3세계라고 불리는 곳에서 일어나고 있는 사회적·문화적 과정들이 궁극적으로 세계 자본주의에 의해 형성된다고 주장했다.

또 하나의 보다 지속적인 비판의 물결은 페미니스트 이론에서 나왔다. 가장 단순한 수준에서, 사회인류학자들은 이제 그들이 연구한 인구집단의 반을 무시했거나, 여성들이 무엇을 하는지에 대해서 남성들의 말만을 받아들였다는 비난을 받았다. 페미니스트 저자들은 여러 인간 문화에서 나타나는 여성의 역할의 다양한 종류와 양상들에 관심을 불러일으켰고, 미국 인류학 내에서는 페미니스트들이 젠더(gender)에 기반한 지위를 결정하는 요인들을 체계적으로 연구하기 시작했다. 영국에서는 에드윈 아드너(Edwin Ardener)가, 권력이 없는 자들 가운데 민족지학자의 무관심으로 인해 목소리를 잃어버린 것은 여성들이라고 주장했다. 영국 인류학자들 중에서는 셜리 아드너(Shirley Ardener), 매릴린 스트래선(Marilyn Strathern), 헨리에타 무어(Henrietta Moore)가 젠더에 대한 비교연구와 여성들이 가진 사회적·문화적 조망에 대하여 새로운 관심을 발전시켰다. 페미니스트 인류학은 대서양이라는 분계선을 넘나드는 독특한 담론의 장을 정립시켰다. 그리고 이보다 더 인상적인 것은 페미니스트 인류학이 훨씬 더 넘기 어려운 학문 사이의 장벽을 무너뜨렸다는 점이다. 그러나 사회인류학 내에서 페미니스트 인류학은 인류학이 지배와 착취를 묵인했다는 견해를 형성하는 데 도움을 주었다.[5]

이론적 위기

사회인류학은 무엇보다도 참신한 이론 프로젝트를 필요로 했다. 가장 심각한 도전은 이론의 위기였다. 영국 사회인류학을 이끌어왔던 신 뒤르켐적인 사회이론은 이제 점점 더 초라해 보였다. 래드클리프 브라운의 영감을 받은 유형론적 연구들은 사회나 사회제도들을 대상으로 하는 건실한 비교문화적 범주들을 생산하지 못했다. 구조주의적 친족이론은 심한 비판을 받았으며,

레비 스트로스의 신화와 사고체계 탐구를 따르는 사람도 있었지만, 영국인들은 구조적 방법이 —— 레비 스트로스가 믿는 것과는 달리 —— 인간 정신의 기본구조들을 드러내주리라고는 생각지 않았다.

예전의 이론들을 지탱하던 가정들 자체가 이제 더 이상 유지될 수 없었다. 기능주의적 모델과 구조주의적 모델은 한 사회의 내적인 작동에 관심을 두고 있었다. 그것들은 문화적 경계선을 휩쓰는 국가적 정치조류, 노동의 이주, 종교운동 등과 같은 보다 광범위한 사회적 세력들을 쉽게 설명할 수 없었다. 아마도 이런 이유 때문에 기능주의적 민족지들이 식민 상황의 현실을 자주 묵살했는지도 모른다. 그러나 민족지학자는 어느 한 마을 안에서 작업하고 있었을지라도, 그 마을 주민들은 대개 자신들이 더 큰 세계에 살고 있다는 것을 잘 알고 있었다.

의심할 바 없이 이런 선상에서 이루어지는 비판은 너무 지나쳤다. 글럭먼과 맨체스터 학자들은 그들이 연구하는 지역사회를 보다 넓은 식민지적 맥락에 놓으려고 애를 썼다. 구조적 방법론을 따른 민족지학자들은 관념적으로 경계지어진 사회들의 경계선을 넘어 바라보려고 노력했다. 리치의 『버마 고지의 정치체계』(1954)는 한 큰 지역 내의 다양한 문화적·정치적 체제를 비교했는데, 리치는 이 체제들이 다중심적이고 역동적인 하나의 단일체계를 형성하는 것으로 그렸다. 루이 뒤몽(Louis Dumont)의 『호모 히에라키쿠스』(*Homo Hierarchicus*, 1970)는 인도 전체를 연구대상으로 했다. 레비 스트로스의 『신화학』(*Mythologiques*)은 신화의 변형 양상을 남미 전역과 심지어는 북미까지도 추적했다.

그러나 앞에서 언급되었던 비난에는 진실의 요소도 있었다. 기능주의적 모델과 구조주의적 모델은 사회와 문화는 일치하며, 사회 사이나 문화 사이에 경계가 실재한다고 가정하는 경향이 있었다. 게다가 이 모델들은 사회변동을 해석하는 데는 서툴기로 악명이 높았다. 여기서도 다시 한 번 고전적인 사회인류학이 반(反)역사적이라는 비난은 너무 지나친 것이었을 수도 있다. 에번스 프리처드는 역사적 민족지로 옮겨갈 것을 주창했다. 잰 반시나(그는 런던 대학 유니버시티 칼리지에서 대릴 포드에게서 사회인류학 훈련을 받았다)는 민족지적 연구와 구전(口傳)을 결합시키고 문헌자료를 이용한 새로운 역사적 아프리카 인류학을 개척했다. 점점 더 많은 민족지학자들이 역사적 시각을 받아들이게 되면서 아날학파(Annales school) 사회문화사학자들의 글을 읽기 시작했다. 이 아날 사학자들은 신 뒤르켐파 학자들로서 사회인류학에 식견이 있었고 관심도 컸다. 그래도 역시 이러한 역사적 연구들은 인류학의 고전적인 접근방법들과 불편한 관계에 있었다.

1960년대에 마르크스주의자들은 식민지 인류학이라는 불명예스러운 역할과 변동을 다루지 못한 점, 그리고 보다 넓은 사회적·경제적 과정들을 고려하지 못한 점을 특별히 비판의 표적으로 삼았다. 마르크스주의적 인류학 학파는 파리에서 모리스 고들리에(Maurice Godelier), 클로드 메이야수(Claude Meillassoux), 에마뉴엘 테레이(Emanuel Terray)의 지도 아래 등장해서 영국 사회인류학에 영향을 미쳤다. 탈랄 아사드는 특정 민족지와 식민지 정책 요구사항 사이의 관계를 보려고 한 식민지 인류학 연구서를 편집했다(『인류학과 식민지적 조우』*Anthropology and the Colonial Encounter*, 1973). 에릭 울프(Eric Wolf)는 『유럽과 역사 없는 민족들』(*Europe and the Peoples Without History*, 1982)을 통해 민족지들을 제국주의에 대한 일반적인 논쟁틀 안에서 어떻게 자리매김할 수 있는지를 보여주었다.

사회구성체(사회를 지칭하는 새로운 말)를 생산양식에 따라 분류하는 유형론이 제안되었다. 이러한 유형론은 스코틀랜드 계몽기와 관련된 관념적인 세계사 학자들이 상정했던 것을 섬뜩하게 상기시키는 단계들을 제안했다. 유서 깊은 엥겔스(Engels)의 주장을 새삼스레 들춰냈고, 마르크스의 민족학적 비망록들이 번역되어 출간되었다. 이제는 아시아적 생산양식을 대학 신입생들에게 해설하는 것이 상례가 되었고, 고학년 수준에서는 별로 알려지지 않은 소련에서 나온 마르크스에 대한 주석들을 참조했다. 종족체계들은 연장자들이 여성들과 젊은 남성들을 착취하는 초기의 계급구조들로서 재분석되었다. 친족체계들이 사회구성체의 하부구조의 일부인지 구조의 일부인지, 상부구조의 일부인지에 대한 치열한 논란이 오갔다.[6]

일부 영국 학자들은 이러한 새로운 아이디어들로 전향했다. 런던 대학 유니버시티 칼리지에서는 마르크스주의 하물숭배가 학생들을 휩쓸고 지나갔고, 교직원 일부도 이에 휘말렸으며, 혁신적인 학술지인 『인류학 비평』(*Critique of Anthropology*)이 발간되었다. 그러나 이 모든 소동의 결과로 나온 것은 별로 없었다. 마르크스주의적 접근방법들은 프랑스와 영국에서 아주 빨리 호소력을 잃었으며, 1970년대 후반에 와서는 일반적으로 버림받았다. 물론 다수의 인류학자들은 "의미관계와 권력관계, 상징과 이념, 지배와 결정"[7] 사이의 관계에 계속 관심이 있었다(이런 관심들은 영국의 마르크스주의 인류학자들 가운데 가장 창조적이고 흥미로운 이가 된 모리스 블로크Maurice Bloch가 한 연구의 특징이다). 그러나 이러한 마르크스주의 움직임이 낳은 주된 결과는 오랜 정통이론들의 쇠퇴를 재촉한 것이다. 고전적인 기능주의적 연구사업은 이제 회복할 가망이 없을 정도로 손상을 입었다.

다른 가능성들이 검토되기 시작했다. 사회과학 전반과 역사기술학에서 다수의 움직임이 1950년대에 시작하여 1960년대에 아주 일반적이 되었는데, 이들은 자연과학을 본뜬 객관화하고 외재적인, '행동주의적' 설명 도식들에 대하여 의문을 제기했다. 대신 그들은 보다 현상학적이고 해석적이며 인문학적인 접근방식들을 옹호했다. 이러한 지향은 때로 간단히 표현하여 기능에서 의미로의 전환이라고 언급되었다. 비트겐슈타인 계열 옥스퍼드 철학자인 피터 윈치(Peter Winch)가 출간했던 『사회과학이라는 아이디어』(The Idea of a Social Science, 1958)는 큰 영향력을 떨쳤던 저서로서, 전통적인 사회과학 프로젝트들을 거부하고 해석학적인 탐구를 선택하는 철학적 근거를 제공했다. 에번스 프리처드는 1950년대에 래드클리프 브라운의 실증주의적 사회학에 반발하고, 자신이 도덕적 체계들이라고 명명한 것에 대한 해석적 연구를 옹호했다. 프랑스인 학자인 루이 뒤몽은 몇 년 동안 옥스퍼드에서 가르쳤고 한 세대의 인도학 학자들에게 영향을 미쳤는데, 그는 사회분석에서 가치들을 우선적으로 다루었다. 레비 스트로스는 이미 사회인류학자들의 관심을 그가 때로 ─ 마르크스주의자들에 경의를 표하여 ─ 상부구조의 과학이라고 부른 것으로 돌렸다. 그러나 해석적 인류학이 가장 강력하게 정립된 곳은 미국이었기 때문에, 다수의 젊은 영국 학자들이 그들의 눈길을 대서양 너머로 돌리기 시작했다.

미국 문화인류학과 '문화' 개념

미국 문화인류학은 1920년대 이래 영국 사회인류학과 점점 더 멀어졌다. 영국 사회인류학은 사회과학의 한 전통이었고, 뒤르켐 학파로부터 상당부분 지적인 영감을 받았다. 영국 사회인류학에서 독특한 개념은 사회구조였다. 미국 문화인류학을 창립한 아버지는 프란츠 보아스(Franz Boas)였는데 그는 베를린에서 미국으로 이주해서 1899년에 뉴욕의 컬럼비아 대학의 교수로 임용되었다. 그는 독일에서 발전했던 반진화주의적이고 역사학적이며 지리학적인 민족학을 가지고 왔다. 그와 그의 제자들은 영국 학파들의 관심을 점유했던 사회학적 쟁점들에 대개 별 관심이 없었다. 그들에게 특유한 개념은 문화였다.

보아스 학파에게 '문화'는 처음에는 '전통'과 같은 뜻으로 받아들여졌다. 즉, 어떤 특정 민족에게서 특징적으로 보이는 가치·관습·제도였다. 그것은 차용물들, 독립적인 발명들, 여기저기서 가져온 조각들로 이루어진 우연적인 성장물이었다. 이러한 우연적인 역사적 축적의 결과로서 각 인구집단은 그 나름의 문화를 보유했다. 그러나 문화가 단순히 역사적 접촉들과 우연한 혁신들의 산물인 것만은 아니었다. 즉, 그것은 하나의 구분되는 역사적 행위자로서 작용하기도 했다. 문화에 의해 이웃 집단들은 서로 구별되었으며 각 문화는 혁신하고 수용하며 상호작용하는 고유한 전략들을 가지고 있었다.

보아스의 뛰어난 학생들 중 몇몇 ─ 특히 앨프리드 크로버(Alfred Kroeber), 위대한 언어학자 에드워드 사피어(Edward Sapir), 그리고 컬럼비아에서 보아스의 조수였던 루스 베네딕트(Ruth Benedict) ─ 은 각 문화는 아무리 그 근원이 다양하더라도 패턴과 내적인 질서를 지닌다고 주장하는 경향이 있었다. 문화는 각기 가치들의 고유한 배치양상을 발전시켰는데 민족지학자는 그 문화의 예술과 신화를 통해 이것을 직관적으로 파악해야 했다. 게다가 문화는 세계를 경험하는 독특한 양식들을 부과했다. 보아스의 학생들 가운데 한 무리는 문화와 인성이 유사한 방식으로 조직되어 있으며, 각 문화는 또한 적절한 인성 유형들을 길러낸다고 주장했다. 클룩혼, 크로버, 그리고 사피어는 정신분석이론을 가지고 실험했고 문화 패턴들과 개인 사이의 관계에 초점을 맞추기 시작했다.

영국 사회인류학자들은 일반적으로 문화 개념에 대해 비판적이었다. 말리노프스키가 자신이 문화라고 부른 것에 대한 이론을 발전시켰던 것은 사실이나, 그가 실제로 의미한 바는 모든 사회에는 인간의 동일한 기본적 욕구들을 만족시키는 제도들이 있다는 것이다. 그는 전통적으로 문화라는 표제 아래 취급되었던 것들, 즉 종교·신화·민속우주론 등에는 관심이 없었다. 그는 문화적 변이에 대해서는 할 말이 별로 없었다. 래드클리프 브라운 측에서는 문화는 경험적으로 실재하는 것이 아니라는 이유로 반대했다. 인간의 행위를 그것이 이루어지는 생활환경에서 관찰할 수 있고, "직접 관찰을 해보면 이런 인간들이 복잡한 사회관계 연망에 의해 서로 연결되어 있다는 것이 드러난다"고 했다. 이 사회관계의 연망을 그는 '사회구조'로 불렀다. 대조적으로 문화는 직접 관찰할 수 있는 것이 아니었다. "그 단어는 어떤 구체적인 실체가 아닌 추상물을 나타내며, 그것도 통상적으로 사용되는 바에 따르면 막연한 추상물을 나타내기 때문이다".[8] 그는——뒤르켐과 마찬가지로——종교는 사회구조를 반영하는 것이라고 보았다. 의례들은 사회적 결속을 유지시키며 상징들은 사회적 역할들과 제도들을 나타낸다.

에번스 프리처드는 미국 인류학자들이 "파편화되고 붕괴된 (미국) 인디언 사회들"을 연구하고 있었기 때문에, 사회적 과정들에 대해서보다는 문화——전통이라는 의미에서——에 대해 논하기를 선호했고, 또 "우리 영국에서와는 달리 원주민 언어를 사용하는 장기간의 집중 현지조사의 전통이 없기 때문에, 사회관계에 대한 연구보다는 관습이나 문화에 대한 연구를 선호하는 경향이 있다"[9]고 시사했다.

　요컨대 대부분의 영국 인류학자들에게 '문화'는 실제로 일어나는 사회생활과는 거리가 멀지도 모르는 다소 추상적인, 형식적인 전통을 의미하거나, 뒤르켐의 집합표상 분석에서처럼 사회관계를 반영할 뿐인 어떤 이념의 상징들, 도그마들과 동일시되었다. 예를 들어 리치에 따르면 "문화는 사회적 상황에 형식, 즉 '의상'을 제공한다. 나에게 문화적 상황이란 주어진 요인으로서 역사의 산물이자 우연적 결과이다. ……그러나 상황의 구조는 대체로 상황의 문화적 형식으로부터 독립적이다. 동일한 종류의 구조적 관계가 많은 상이한 문화들에 존재할 수 있고 따라서 상응하는 다양한 방식들로 상징될 수 있다."[10]

　어느 정도는 영국 사회인류학자들과 미국 문화인류학자들 사이의 경쟁관계 때문에 문화과학에 대한 대망과 사회구조과학에 대한 대망 사이의 이러한 대비가 강화되었다. 래드클리프 브라운이 1930년대에 시카고에 머물면서 이 대립을 첨예화시켰던 것은 분명하다. 그러나 20세기 중반에 미국 문화인류학자들이 문화의 이론적 중요성에 대해 보다 집요한 주장들을 하기 시작하면서 이 차이점들은 더욱 커졌다.

　1950년대에 미국의 지도적 인류학자들은 하버드 대학 사회관계학과의 탤컷 파슨스가 주도한 사회과학의 학제적 프로젝트에 매력을 느끼게 되었다. 파슨스는 미국 사회과학에서 지배적인 행동주의에 반대하고, 막스 베버의 보다 현상학적인 사회이론을 도입했다. 그는 또한 인간행위 연구에 대한 종합적인 접근방법을 발전시켰는데, 이 접근방법에서는 (그가 생각한 바에 따라) 여러 다른 존재론적 수준들을 구별했다. 생물학적·심리학적·문화적·사회적 수준들이 구분되어야 했던 것이다. 각 수준은 특정한 학문분야에 배당되었는데, 문화는 인류학자들에게 맡겨졌다(파슨스 자신이 결국에는 대종합을 이룰 것이었다).

파슨스 프로젝트는 당시 특히 미국에서 엄청난 영향력을 발휘했으며, 문화를 주제로 삼고 사회구조(사회학자들의 영역)를 무시하는 특화된 인류학의 발전을 촉진시켰다. 나아가 문화에 대한 보다 특화되고 협소한 정의들이 발전하도록 자극했다. 앨프리드 크로버와, 파슨스와 긴밀한 연관을 가졌던 인류학자인 클라이드 클룩혼(Clyde Kluckhohn)은 1952년에 긴 리뷰 하나를 발표했는데, 여기서 그들은 문화에 대한 정의 164개를 열거한 후, 문화를 "상징들을 통해 획득되고 전수되는 명시적·암시적 패턴으로서, 행위에서 관찰할 수 있고 그런 행위를 하기 위한 지침이 되는 것"의 세트로 볼 것을 강조하는 정의에 안착했다. 이것은 현저하게 유심론적인 견해였다. "문화의 본질적인 핵심은 전통적인······ 관념들과 특히 그에 따르는 가치들로 이루어진다"[11]는 것이다. 파슨스-클룩혼 학파 출신인 클리퍼드 기어츠(Clifford Geertz)는 이러한 관념론적 문화관에 대한 정의 중에서 가장 영향력이 큰 것을 발전시켰다. 그는 문화를 "사람이 자신의 경험에 의미를 부여하기 위해 사용하는 상징들의 체계"로 보았다.[12]

그러므로 1960년대와 1970년대에 뚜렷한 모습을 갖춘 미국 문화인류학의 문화개념은 본질적으로 인지적인 성격을 지니고 있었다. 즉 그것은 상징들로 표현되는 관념들과 가치들에 관련되는 것이었다. 문화와 인성 연구가 후퇴하고, 대신 개인·자아·신체의 문화적 구성을 다루는 연구들이 선호되었는데 여기서 개인·자아·신체는 텍스트로 취급되었다(이 모든 단어들이 전문학술용어가 되었다). 사회이론의 행위자인 개인은 작가미상의 문화에 의해 구성된 상징적 표상으로서, 자기 것이라고 할 수 있는 정신과 신체가 없는 영적 존재가 되어버렸다.

언어학적 모델들의 영향으로 문화적 상징들과 사고의 범주들을 연구하는 데 형식적인 접근방법들을 사용하려 했으나, 실제 '신민족지'(new ethnography) 실험은 친족용어와 민족과학 분야들에 국한되었다.[13] 기어츠는 형식 모델의 사용을 반대했다. 그의 '중층기술' 프로그램, 즉 비형식적이고 해석적인 민족지 프로그램이 더 많은 지지를 얻었고, 문화인류학자들뿐만 아니라 역사학자들, 철학자들, 그리고 문예학도들에게까지도 영향을 미쳤다. 문화인류학은 해석학을 하는 것이라고 기어츠는 주장했다. 문화적 행위는 텍스트 모델에 의거하여 이해되어야 한다는 것이다. "민족지학을 하는 것은…… 관례화된 소리철자들 대신에 공유된 행위의 일시적인 예들로 씌어진…… 원고를 읽으려고 (원고에 "대한 해석 하나를 구성한다"는 의미에서) 하는 것과 같다."[14] 민족지학자는 이 텍스트를 구성하고 읽고 해석했으나, 결정적으로 중요한 행위는 읽는 법을 구성하는 것, 즉 해석하는 작업이었다.

"막스 베버와 마찬가지로 인간은 자신이 짠 의미의 망(網)에 걸려 있는 동물이라고 믿기 때문에, 나는 문화를 이런 망들로 보며, 따라서 문화의 분석은 법칙을 찾으려는 실험과학이 아니라 의미를 찾는 해석과학이라고 본다. 이것이 내가 추구하는 설명이다."[15]

보아스식 문화인류학 전통은 늘 변화하는 여러 가지 움직임이었으나 항상 상대주의적이었기 때문에, 다른 사람들은 우리와 다르게 세상을 본다고 주장하며 다른 사람들의 가치를 서구적 용어로 판단하기를 주저했다. 그것은 또한 현저히 관념론적인 어조를 띠고 있었다. 인류학 고유의 연구대상은 신앙·가치·개념체계·담론이었다. 이것들은 그 자체로 이해되어야 하며 사회구조와 같은 보다 근본적인 실체라고 추정되는 것의 기능이나 표현으로 환원되어서는 안 되는 것이었다. 그리고 인류학의 목표는 인문학적인 것이었다. 즉 과학적 설명이라는 실증주의적 야심보다는 감상과 이해가 목표였다. 인류학은 비교사회학인 양 해서는 안되었다.

멀리 유럽에서도 이러한 주장들의 추종자들이 있었지만 유럽의 사회인류학은 문학이론에서 온 영향들이 문화인류학의 담론에 침투하여 완전히 새로운 전문어와 다양한 새 이론가들이 등장하기 시작했던 때인 1980년대에 와서야 진정으로 이런 주장들과 화해했다. '포스트모더니스트' 유행이라고 불리는 것이 발전했다. 미국 인류학에서 포스트모더니스트 움직임은 본질적으로 보아스식 프로그램을, 더 구체적으로는 기어츠의 프로젝트를 급진적으로 발전시킨 것이다. 기어츠는 인류학자는 텍스트를 읽는 것과 쓰는 것 두 가지 모두를 한다고 주장했다. 기어츠에 따르면 인류학자는 "사회적 담론을 '새겨넣는다.' 그는 그것을 써 내려간다. …… '민족지 서술가가 하는 일은 무엇인가?'—그는 쓴다."[16] 극도로 영향력을 떨친 포스트모더니스트 논집인『문화저술』(*Writing Culture*, 1986)에[17] 기고한 이들은—기어츠의 영향을 많이 받고 그에게 직접적으로 반응해서—이 저술작업은 권위적 해석이 아니며 또 저술작업이 새겨넣는 척하는 문화적 텍스트와도 종류가 다르다고 주장했다. 그보다는 저술작업 자체가 또 다른 문화적 텍스트라는 것이다. 원주민과 마찬가지로, 그 저자도 자신이 구성한 의미의 망에 갇힌 채 달아날 수 없다. 따라서 포스트모더니스트들은 혼란에 빠진 민족지학자들 자신에게로 관심을 돌렸다. 민족지 서술가들은 더 이상 순진하게 객관성을 추구하면서 타자들을 평화롭게 바라볼 수 없었다. 그들도 문화적 행위자로서 문화적으로 특수한 의미의 망에 사로잡혀 있었고, 자신들의 민족지들을 문화적으로 특정한 독자층에 맞게 만들어냈다.

어떠한 문화적 사건이나 사회적 과정에 대해서도 단 하나의 진실된 객관적인 설명이란 있을 수 없었다. 포스트모더니스트들은 목소리들의 불협화음이라는 이미지를 선호해서, 서로에 대해 논평하고, 그들 자신이 말하듯이 다소 신비롭게 풍자했다. 민족지적 대상은 다면적이어서 어느 한 가지 시각으로는 단지 부분적으로 순간적으로만 얼핏 볼 수 있을 뿐 분석될 수는 없는 것이다. 전통적인 민족지에서 볼 수 있는 객관성에 대한 단언은 실제로는 지적인 권위뿐만 아니라 정치적 권위에 대한 권리주장을 조장하는 과시행위였다. 민족지학자의 수사(修辭)적인 언행은 속임수로서 설득력을 행사해본 것이었다. 반면 포스트모더니스트 민족지 서술가는 성찰적이어야 했다. 즉 자신이 하는 일에 대해 비판적으로 의식하고 민족지 저술의 문제성에 대해 알고 있어야 했다. 민족지적 표현에 대한 실험이 장려되었다. 영화와 사진, 박물관 전시가 책, 논문과 겨루었으며, 자서전·일기·대화가 문화적 관행들에 대한 질서정연한 개관보다 선호되었다.

　일부 포스트모더니스트 인류학자는 또한 에드워드 사이드의 『오리엔탈리즘』(Orientalism, 1978)의 출간에 뒤이은 서구 인류학에 대한 비판에 의거했다. 기성 인류학은 제국주의의 하인이었다. 식민지 시대 이후의 상대주의적인 인류학은 식민지 학문의 가면을 벗겨야 했고, 타자들을 대변한다는 기만적인 권위를 주장하지 않도록 주의해야 했다. 포스트모더니스트 민족지학자들은 주민들의 다양한 견해들이 세상에 알려지도록 해야 했다. 그리고 그중 어느 하나를 선택해야 한다면 피압박자들의 침묵당한 목소리에 우선권을 주어야 했다.[18]

　논쟁은 점점 더 추상적이 되어서 종종 낭만적이고 모호한 용어들로 서술되었다. 그러나 이 모든 고도의 이론은 궁극적으로 사회이론의 가능성 자체를 반대하는 방향으로 가고 있었다. 거대이론, 야심적인 거시적 역사서술들은 과학자들이 세상을 이해하고 개선시키겠다고 약속했던 시대로부터 살아남은 모더니스트 공룡이었다. 이론들은 위장된 이데올로기들에 불과하며 그것들의 시대는 이미 지나가버렸다. 히틀러-스탈린 조약시 영국 외무성 대변인은 모든 이념들이 과거사가 되어버렸다고 선언했다. 이는 아마도 시기상조였을지 모르나 분명히 예언적이었다. 이제 국지적이고 문화적으로 특수하며 일시적이고 부분적인 진실들만이 존재하는 새로운 시대가 도래했던 것이다.

세상 자체가 변했다는 견해도 있었다. 정확히 언제 어떻게 이 변화가 일어났는지, 그리고 실제로 무슨 일이 일어났는지에 대해서는 논쟁이 많았지만 말이다. 우리는 더 이상 제국의 중심지가 폐쇄된 지역사회들의 장래를 계획하는 세계, 즉 경계지어진 사회들과 문화들로 이루어진 모더니스트의 세계에 살고 있지 않았다. 세계는 이제 다중심적이다. 하지만 모든 문화들도 마찬가지로 이제 다원적이고 상호 침투적이다. 이런 포스트모던한 시대에는 아프리카의 촌락민들이 마을 공동 TV로 월드컵을 관람한다. 런던과 파리는 이민자들의 도시이며 이들 이민자 다수는 예전의 식민지 세계 출신으로서 농촌의 친척들을 부양하기 위해 고국에 송금을 한다. 그리고 전쟁을 피해 한 세대 전에 캘리포니아로 도피한 베트남 농민들은 이제 자기들의 자녀를 버클리 대학에 보내고 하와이에서 원주민 무용수들의 접대를 받으며 휴가를 즐긴다. 지구문화는 — 아직 — 없었지만 그들의 차이점 때문에 주요 관심거리가 되는 고립된 전통 지역사회들도 존재하지 않는다.[19]

일부 영국 사회인류학자는 이런 새로운 움직임들에 흥미를 가지게 되었다(매릴린 스트래선이 아마도 당시 미국에서 진행되던 논쟁에 가장 깊이 관여한 사람일 것이다).[20] 그러나 이 문화주의적·관념론적 담론은 영국인들이 중요하게 여긴 것을 너무 많이 배제하는 것 같았다. 즉 정치는 단순히 수사(修辭)가 되어버렸고 민족정체성은 이념적 구성물에 불과했다. 종교는 신앙과 의례의 체계였으나, 교회·성직자 위계제도·신도는 없는 것 같았다. 경제학은 자연과 생산, 그리고 재생산의 개념에 관한 것이었으나, 토지법·노동·예산 또는 손익계산 등과 같은 일상적인 요소는 제외되었다. 대부분의 영국 사회인류학자들은 사회제도 연구·사회과정 연구·사회사 연구, 심지어 어쩌면 사회구조연구까지 포기해야 한다는 것을 꺼리고 있었다.

맥락 또한 아주 달랐다. 다문화주의에 관한 미국인의 논쟁은 영국이나 그밖의 유럽 지역에서는 신속한 반향을 얻지 못했다. 미국에서는 정체성 정치가 꽃을 피웠고, 문화는 정체성을 주장하는 근거가 되었다. 미국 내의 민족적 차이들이 찬양되었다. 그러나 유럽에서는 정체성 정치의 성적이 나빴고, 여전히 잠재적으로 위험해 보였다. 유럽 통합을 향한 움직임과 소비에트 제국의 붕괴로 이 문제들은 아주 다른 양상을 보이고 있었다.

진화주의 인류학

그러나 미국 문화인류학이 완전히 획일적인 것은 아니다. 또 다른 전통이 빅토리아기 인류학에서부터 지속되어 내려왔다. 그것은 다윈 이론의 틀 안에서 종으로서의 인간의 역사를 기록하고 설명하고자 하는 진화주의였다. 20세기 초에 인류학과들은 이 대사업을 위해서 사회 또는 문화인류학자들, 체질인류학자들, 고고학자들을 불러모았으며, 미국에서는 심지어 언어학자들까지 동원했다. 영국에서는 이러한 협력이 케임브리지, 더럼, 런던 대학 유니버시티 칼리지, 이 세 곳의 인류학과와 아직 다양한 인류학을 그 산하에 두고 있던 왕립인류학회에서만 20세기 내내 유지되었다. 그러나 세기 중반에 이르면 이곳에서조차 동거는 순전히 형식적인 것에 불과했다. 사회인류학자들이 인간 진화에 대한 연구에서 손을 떼버렸기 때문이다. 그들은 바로 옆의 인류학 동료 학자보다는 사회학자들, 역사학자들과 더 공통점이 많았다. 『맨』은 사회인류학 논문과 함께 고고학과 체질인류학 논문도 실었지만, 사회인류학자들은 그런 분야 인류학자들의 기고문을 읽지 않고 그냥 지나쳤다. 제2차 세계대전 직후에 설립된 사회인류학자 협회(Association of Social Anthropologists)는 사회인류학자들만 받아들였다.

미국에서도 인류학 분과들 사이에서 분열이 커지고 있었다. 그러나 대부분의 문화인류학자들이 여타 인류학자들과 거리를 두었음에도 불구하고, 어떤 이들은 진화주의 인류학에 계속 전념했다. 20세기 중반에 레슬리 화이트(Leslie White)와 줄리언 스튜어드(Julian Steward)는 오래된 단선적 진보 모델들을 버리고 생태적 요인들에 대한 신선하고 활기에 넘치는 관심을 도입하면서 진화이론을 일신했다. 1960년대에 마르크스주의 이론에 동조하는 젊은 학자들이 이 프로그램을 채택했는데, 그 가운데 에릭 울프와 마셜 살린즈(Marshall Sahlins)가 두드러진다. 이런 관심들을 성공적으로 대중화한 마빈 해리스(Marvin Harris)는 예전에 레슬리 화이트가 그랬던 것처럼 보아스적 전통에 서 있는 문화상대주의자들이나 사회인류학에 반대하는 논쟁에 참여했다.[21] 1970년대에는 사회생물학이 문화진화를 설명하기 위해서 신다윈주의 선택이론을 도입하면서 또 다른 선상에서 문화상대주의자들을 공격했다(그리고 그에 대한 맹렬한 역공을 도발했다).[22]

영국에서는 지도적 학자 몇 명이 사회진화나 거시사에 관심을 가지게 되었다. 잭 구디는 유럽·아시아·아프리카의 친족체계들의 발전에 대한 광범위한 연구들을 저술했다.[23] 구디의 뒤를 이어 케임브리지에서 사회인류학 교수로 임명된 어니스트 겔너는 사회적·지적 일반 진화에 대한 야심적인 모델을 발표했다.[24] 다음 세대에서는 팀 잉골드(Tim Ingold)가 더욱 체계적으로 진화론적 논쟁들 전 범위를 다루었다.[25] 그러나 사회진화론은 여전히 소수의 관심사로만 남아 있었다.

1970년대와 1980년대에 일어난 또 다른 밀진은 단편적이고 실용적인 것으로 옥스퍼드, 더럼, 런던 대학 유니버시티 칼리지, 그리고 브루넬(Brunel)에서 인문과학이라고 불리는 분야에 과정들이 설립된 것이다. 여기서 사회인류학 학생들은 인류학과 함께 인간생물학과 심리학도 교육받았다. 그러나 이러한 학부 프로그램들이 인기 있고 성공적이기는 하지만 아직 새로운 연구 프로젝트들을 낳지는 못했다. 사회인류학자로서 생물학자와 협동하는 이는 별로 없었다. 아주 작은 집단 하나가 새로운 인지심리학 — 역시 미국에서 급속히 발전하고 있던 학제적 분야 — 의 적용 가능성을 검토하기 시작했다. 프랑스인 학자 단 스페르베르(Dan Sperber)는 인지심리학에서 나온 모델들이 문화과정을 이해하는 데 신선한 전망을 제시한다고 주장했고, 이 도전을 영국의 모리스 블로크와 크리스티나 토렌(Christina Toren)이 받아들였다.

영국 인류학자들이 가장 상례적으로 생물학적·심리학적 이론들과 문제들을 사용하는 분야는 의료인류학이다. 의료인류학은 새로운 학제적 응용분야이다. 의료인류학에서 중심적인 질문은 다양한 사회적·문화적 환경에서 병을 이해하고 경험하고 치료하는 방식들에 관한 것이다. 이러한 질문들은 지적으로도 상당히 흥미롭지만 공중보건에도 실용적인 중요성이 있다. 이 분야는 인류학적 논쟁거리가 가장 풍부한 영역 중 하나로 밝혀지고 있는데, 그 이유 가운데 하나는 이 분야가 다양한 학문 분야의 시각들에 개방되어 있다는 점이다.

세계적인 사회인류학의 가능성

1980년대에 영국 사회인류학자들은 약간 혼란스러워하면서도 새로운 관심을 가지고 미국의 문화인류학을 읽고 있었다. 그러나 1980년대 말에 이르러서는 더 가까운 곳에서 이루어진 발전이 그들의 관심을 끌었다. 사회인류학은 레비 스트로스와 뒤몽이 영국인들로 하여금 파리에서 이루어진 발전에 다시 한 번 주의를 기울이지 않을 수 없도록 만들기까지는 다소 섬나라적인 편협성이 있는 영국적 분야였다. 그러나 영국에서 사회인류학이 때로는 고단한 재적응 과정을 거치고 있는 동안, 사회인류학이라는 학문은 서유럽에 퍼지기 시작했다.

스칸디나비아 국가들에서는 1950년대와 1960년대에 사회인류학이 성립되었다. 프레드리크 바스(Fredrik Barth)의 고무적인 지도력 아래 사회인류학의 새로운 중심지들이 영국 학자들과 긴밀한 연계를 가지고 발전했다. 이상주의적인 스칸디나비아 젊은이들은 제3세계의 문제들에 끌렸고, 사회인류학자들은 스웨덴·노르웨이·덴마크가 착수한 대규모 해외개발 프로그램들에서 활약했다.

독일어 사용 국가들과 네덜란드에서는 급진적인 1960년대에 사회과학 가운데 사회학이 가장 인기 있는 학부과목이었으나, 1970년대에는 근대성에 대한 낭만적인 거부에 힘입어 비서구 세계에 대한 관심이 커지고 있었다. 그 결과 인류학과는 느닷없이 몰려든 학생들에게 둘러싸였다. 한 독일 민족학자기 표현했듯이, 인류학은 사회과학의 녹색당이 되었다.

네덜란드에는 자생적으로 사회인류학 전통이 강했고, 라이덴대학(Leiden University)은 구조주의 이론의 한 중심지였다. 그러나 기성의 독일과 오스트리아의 민족학 전통은 침체되어 있었고, 그 지도자 일부에게는 나치의 인종과학에 협력했다는 치명적인 약점이 있었다. 전후 한 세대 동안 독일 인류학자들은 이론적인 논쟁을 회피했다. 그럼에도 불구하고 민족지적 현지조사의 전통이 다시 살아났고, 1970년대에는 새로운 세대의 학자들이 프랑스와 영국 사회인류학의 이론적 모델들에 관심을 가지기 시작했다.

그밖의 곳, 특히 남유럽에서는 종종 파리·영국·미국에서 훈련받은 학자들에 의해 1970년대와 1980년대에 사회인류학과들이 새로이 설립되었다. 그러다가 1989년에 소비에트 제국이 무너지자 이전의 동구권 국가들의 민족학과들은 서유럽에서 인류학의 모델들을 찾게 되었다. 그때까지는 모스크바가 국제적 민족지 연구의 중심지였으나 이론적 논쟁은 정통 마르크스주의의 범위 내에 국한되어 있었다. 동유럽 국가들에서 주된 연구초점은 자국(自國)이었다. 학자들은 농민 전통에 집중하는 전통적인 민족주의적 태도를 공유하는 경향이 있었고, 그들이 낸 연구는 이론적 내용이나 비교연구 범위에서 미미했다. 장벽이 무너지자 동유럽의 민족학자들은 놀랄 만한, 정말로 고무적인 열성을 가지고 서구 인류학을 읽기 시작했다.

1989년에 유럽 사회인류학자협회(European Association of Social Anthropologists, 이하 EASA)가 새로이 형성되었는데, 사회인류학 분야에서 처음 생긴 유럽학자협회였다. 1990년 여름에 포르투갈의 코임브라(Coimbra)에서 열린 첫 EASA 학회는 하나의 기폭제였다. 유럽의 사회인류학자 공동체라고 할 수 있는 것이 한데 모인 것이다. 학회들이 열렸고 연구서 시리즈가 발간되었으며, 새로운 학술잡지인 『사회인류학』(*Social Anthropology*)이 창간되었다. 중요한 학생-교직원 교환 프로그램 하나가 브뤼셀의 후원으로 조직되었다.[26] 사회인류학은 갑자기 이전에는 생각할 수 없었던 규모의 제도적인 기반을 갖추었다.

새로운 유럽 사회인류학자 사회는 개개 학자들이 소속된 국가들의 전통보다 더 중요해지고 있고, 이러한 전 유럽적 사회인류학 사회가 새로운 세대의 학자들을 만들어내는 지적 기반이 되고 있다. 그들은 말리노프스키적 현지조사에 대한 고전적인 헌신을 공유하지만, 다양한 사회학적·역사적 담론들에 의거하고 있다. 그들은 또한 이민사회와 민족정체성, 그리고 유럽적·국가적·지방적 이해관계들 사이의 관계와 같은 유럽 특유의 관심사들과 씨름하고 있다. 동유럽이 주요한 새로운 민족지적 연구지역이지만, 유럽의 젊은 학자들은 또한 유럽을 벗어난 사회들에서 현지조사를 하는 유럽적 전통을 부활시키고 있기도 하다. 그들은 매우 높은 수준의 언어능력과 역사적 지식을 갖추고 연구를 수행한다. 그들은 어디를 여행하든 그곳에서 같은 민족지 지역에 관심을 가진 다양한 학문분야의 전문가들 사이에서 일어나는 세련된 토론과 논쟁들에 끌려 들어가게 된다(이론적인 논쟁들이 표류하는 듯 보이는 가운데서도 학문은 진전을 이룰 수 있다. 실제로 이론에 대한 하물숭배는 종종 학문적 연구에서 벗어나 딴 곳으로 관심을 돌리게 한다). 이 새 세대의 이론적 관심은 절충적이고 학제적이다. 정설이란 없다. 그들은 미국의 인류학 학술지들을 읽지만 부르디외(Bourdieu), 푸코(Foucault), 기든스(Giddens), 하버마스(Habermas)와 같은 현대 유럽의 사회이론가들을, 또 문화사, 사회사 학자들의 예를 특히 잘 수용하기도 한다.

1990년대에는 또한 영국의 대학들에서 급격한 제도적인 성장이 있었다. 한 세대만에 처음으로 우수한 젊은 학자들이 인류학으로 영입되고 있다. 영국 사회인류학은 유럽의 이러한 환경에서 스스로를 재발견하고 있다. 이제 도전할 과제는 최신의 지적 논쟁에 참여하는 다중심적이고 진정으로 세계적인 사회인류학을 성립시키는 것이다. 이러한 새로운 인류학에 종사하는 사람들은 사회과학에서 새로운 모델들을 끌어와서 그것들을 자신들의 연구대상들의 경험과 모델들에 직면시킬 것이다.

부록: 영국 사회인류학사에 대한 저작들

빅토리아기 인류학

• 1966년에 버로우(J. W. Burrow)는 『진화와 사회: 빅토리아기 사회이론에 대한 연구』(*Evolution and Society: A Study in Victorian Social Theory*, Cambridge: Cambridge University Press)라는 제목의 책을 출간했다. 이 책은 19세기 후반기 영국 사회인류학의 발생에 대한 최초의 현대적 설명으로서 선구적인 인류학자들의 사상을 빅토리아기의 사회이론이라는 맥락에 놓았다.

• 스토킹(George W. Stocking)의 『빅토리아기 인류학』(*Victorian Anthropology*, New York: Free Press, 1987)은 같은 시기를 다루면서, 다윈이 새 학문(인류학―옮긴이)에 어느 정도 영감을 주었는가라는 질문에 대해서 버로우에 이의를 제기하고, 인류학자들의 사상을 당시의 보다 일반적인 문화적 발전과 연결짓는다.

• 내가 쓴 책인 『원시사회의 발명: 환상의 변형』(*The Invention of Primitive Society: Transformations of an Illusion*, London: Routledge, 1998)은 원시사회라는 관념을 1860년대부터 현재까지 추적하고 있다.

20세기 초 인류학

• 랭엄(Ian Langham)의 『영국 사회인류학의 건설: W. H. R. 리버

스와 그의 케임브리지 제자들, 1898~1931년의 친족연구의 발전』(*The Building of British Social Anthropology: W. H. R. Rivers and his Cambridge Disciples in the Development of Kinship Studies, 1898-1931*, Dordrecht, Holland: Reidel, 1981)은 리버스와 해든이 설립한 '케임브리지 학파'에 대한 설명이다.

• 어리(J. Urry)의 『사회인류학 이전: 영국 인류학사에 대한 소론들』(*Before Social Anthropology: Essays on the History of British Anthropology*, Chur, Switzerland: Harwood Academic Publishers, 1992)은 20세기 초에 인류학을 제도화한 제1세대 전문학자들에 대해 보다 광범한 관심을 보인다.

• 에드워드기 사회인류학에 대한 또다른 유용한 자료는 슬로보딘(Richard Slobodin)이 쓴 『W. H. R. 리버스』(*W. H. R. Rivers*, New York: Columbia University Press, 1978)이다.

현대 영국 사회인류학

• 나의 본서 제1판이 나온 이후, 현대 영국 사회인류학사의 여러 측면을 다루는 많은 출판물이 나왔다. 조지 스토킹은 현지조사 전통의 발전에 대한 중요한 논문인 「민족지학자의 마술: 타일러에서 말리노프스키에 이르는 영국 인류학의 현지조사」(The ethnographer's magic: fieldwork in British anthropology from Tylor to Malinowski)를 써서 자신이 엮은 『관찰자를 관찰하다: 민족지적 현지조사에 대한 논문들, 인류학사 제1권』(*Observers Observed: Essays on Ethnographic Fieldwork, History of Anthropology vol.1*, Madison, Wis.: University of Wisconsin Press, 1983) 70~120쪽에 실었다. 또 같은 시리즈의 제3권인(역시 스토킹이 편집했음) 『말리노프스키, 리버스, 베네딕트와 그밖의 사람들』(*Malinowski, Rivers, Benedict and Others*)을 보라.

• 요즘은 많은 사람이 말리노프스키 연구를 하고 있고 중요한 전기 하나도 저술되고 있는 중이다. 우선은 우리에게 로이 엘렌(Roy Ellen) 등이 편집한 『두 세계 사이의 말리노프스키』(*Malinowski Between Two*

Worlds, Cambridge: Cambridge University Press, 1988)와 손턴(Robert J. Thornton)과 스칼닉(Peter Skalnik)이 편집한 『브로니슬라프 말리노프스키의 초기 저작들』(*The Early Writings of Bronislaw Malinowski*, Cambridge: Cambridge University Press, 1993)이 있다. 손턴과 스칼닉의 책에는 길고 유익한 서론이 있다.

• 탈랄 아사드는 급진적인 논문들을 모아 『인류학과 식민지적 조우』 (*Anthropology and the Colonial Encounter*, London: Ithaca Press, 1973)를 편집했다. 이 책은 일부 구세대 학자들로 하여금 『인류학 광장』 특별호 (*Anthropological Forum*, 1977, 제4권 2호)에 『영국 식민지에서의 인류학 연구: 개인적인 보고들』(*Anthropological Research in British Colonies: Some Personal Accounts*)이라는 제목의 다소 방어적인 회고록을 펴내도록 도발했다.

• 쿠클릭(Henrika Kuklick)의 『내부의 미개인들: 영국 인류학의 사회사, 1885~1945』(*The Savage Within: The Social History of British Anthropology, 1885~1945*, Cambridge: Cambridge University Press, 1992)는 사회사의 여러 측면, 특히 식민지적 맥락의 이해에 도움이 된다.

• 잭 구디의 『값비싼 순간: 영국과 아프리카에서의 사회인류학의 발전, 1918~1970』(*The Expensive Moment: The Rise of Social Anthropology in Britain and Africa, 1918~1970*, Cambridge: Cambridge University Press, 1995)은 이데올로기적 논쟁과 제도화에 대한 설명을 회고록과 전기적인 개요의 형식으로 기술했다.

• 빈센트(Joan Vincent)의 『인류학과 정치』(*Anthropology and Politics*, Tucson, Ariz.: University of Arizona Press, 1990)는 정치인류학에 대한 일반사이지만 현대 영국 인류학의 공헌을 아주 상세하게 다루고 있다.

• 워브너(Richard Werbner)는 「남부-중앙아프리카의 맨체스터 학파」(The Manchester School in south-central Africa)라는 귀중한 논문을 1984년 『인류학연간개괄』(*Annual Review of Anthropology*) 제13권 157~185쪽에 발표했다.

• 사회인류학과 심리학의 관계에 대해서는 『역사 과학의 역사』

(*History of the History Sciences*) 제3권 397~413쪽에 실린 나의 논문인 「심리학과 인류학: 영국의 경험」(Psychology and anthropology: The British experience)을 참고하기 바란다.

• 『기능주의의 역사: 영국 사회인류학에 대한 소론들』(*Functionalism Historicized: Essays on British Social Anthropology*, 조지 스토킹이 편집한 『인류학사』 제2권, Madison, Wis.: University of Wisconsin Press, 1984)에는 몇 가지 중요한 논문들, 특히 래드클리프 브라운에 대한 스토킹의 논문들이 들어 있다.

• 『인류학사』 제2권에는 영국 사회인류학에 대한 힐다 쿠퍼의 회고록도 실려 있다. 다른 몇 개의 귀중한 회고록들이 『인류학연간개괄』에 실렸는데, 레이먼드 퍼스(1975, 제4권, 1~25쪽), 메이어 포티스(1978, 제7권, 1~30쪽), 에드먼드 리치(1984, 제13권, 1~23쪽) 등이 썼다.

• 『국제사회과학지』(*International Social Science Journal*, 1973) 제25권 129~148쪽에 실린 스리비나스(M. N. Srivinas)의 「한 인도 사회인류학자의 여정」(Itineraries of an Indian social anthropologist)을 보라.

• 『오늘의 인류학』(Current Anthropology)에는 에드먼드 리치(1986, 제27권, 375~382쪽), 레이먼드 퍼스(1988, 제29권, 327~341쪽), 어니스트 겔너(1991, 제32권, 63~72쪽)와의 인터뷰가 실려 있다.

• 『미국 민족학자』(*American Ethnologist*)에는 아이작 샤페라와의 인터뷰(1988, 제15권, 554~565쪽)가 실려 있다.

주(註)

제1장 말리노프스키

1) B. Malinowski, *The Sexual Life of Savages*, 3rd edn. London, 1932, xxix쪽.

2) E. R. Leach, "The epistemological background to Malinowski's empiricism", in R. Firth (ed.), *Man and Culture*, London, 1957, 120쪽.

3) 같은 책, 124쪽.

4) A. R. Radcliffe-Brown, "Historical note on British social anthropology", *American Anthropologist*, vol. 54, 1952, 276쪽.

5) *Man*, 1906에 실린 보고서, 57쪽.

6) B. Malinowski, *Argonauts of the Western Pacific*, London, 1922, 515~516쪽.

7) A. R. Radcliffe-Brown, "A Further note on Ambrym", *Man*, 1929, 53쪽.

8) W. H. Rivers, "Report on anthropological research outside America", *The Present Condition and Future Needs of the Science of Anthropology*, W. H. Rivers, A. E. Jenks와 S. G. Morley가 발표, Washington, 1913, 6쪽.

9) R. R. Marett, *The Diffusion of Culture*, the Frazer lecture in social anthropology, Cambridge, 1927, 4쪽.

10) Henri A. Junod, *The Life of a South African Tribe*, Neuchatel,

Switzerland, 1912, 5~6쪽.

11) E. Sidney Hartland, "Notes on some South African tribes", *Man*, 1907, 49~50쪽.

12) A. M. Hocart, review in *Man*, 1915, 89쪽.

13) W. H. Rivers, "Report", 7쪽.

14) 같은 책, 11쪽.

15) R. R. Marett, *The Diffusion of Culture*, 33쪽.

16) 말리노프스키의 배경을 이해하는 데 나는 콘스탄틴 시먼스-시모노레비츠(Konstantin Symmons-Symonolewicz)가 1958년과 1959년 그리고 1960년에 *Polish Review*에 낸 말리노프스키에 대한 3편의 논문과, 팔루크(A. Paluch)가 쓴 "The Polish background to Malinowski's work", *Man*, 1981, 276~285쪽의 도움을 받았다. 또 카롤 에스트라이허(Karol Estreicher), "Zakopane-leur amour", *Polish Perspectives*, Warsaw, June 1971을 보라. 또한 스칼닉(Peter Skalnik)의 지도에도 감사를 표한다.

17) E. R. Leach, "The epistemological background"; A. Paluch, "The Polish background"를 참조하라.

18) 이것과 다음에 나오는 인용문들은 1916년에 런던에서 나온 분트의 영역판 *Elements of Folk Psychology*의 서론에서 따온 것이다.

19) 말리노프스키의 *The Family among the Australian Aborigines*, 1963(미국에서 나온 보급판)에 실린 J. A. Barnes가 쓴 서문.

20) Review in *Man*, 1914, 32쪽.

21) R. R. Marett, *Professor Bronislaw Malinowski: An account of the memorial meeting held in London on July 13, 1942*, London, 1943, 7쪽.

22) B. Malinowski, *A Diary in the Strict Sense of the Term*, London, 1967, 158~159쪽.

23) 같은 책, 167쪽.

24) B. Malinowski, *Argonauts of the Western Pacific*, 13쪽. 다음 단락에 나오는 인용문들은 같은 책, 같은 장(서론)의 17, 24, 25쪽.

25) Wilson D. Wallis, "Anthropology in England early in the present century", *American Anthropologist*, 1957, 790쪽에 인용된 매럿(R. R. Marett)의 메모.

26) Michael Young (ed.), *The Ethnography of Malinowski*, London, 1979.

27) M. F. Ashley Montagu, "Bronislaw Malinowski", *Isis*, Harvard, 1942, 146~147쪽.

28) Raymond Firth, "Malinowski as scientist and as man", in R. Firth (ed.), *Man and Culture*, London, 1957, 9쪽에서 인용.

29) E. R. Leach, "The epistemological background", 124쪽.

30) M. Fortes, "Malinowski and the study of kinship", *Man and Culture*, R. Firth (ed.), London, 1957, 157쪽.

31) B. Malinowski, *Argonauts of the Western Pacific*, 10쪽.

32) 루시 메이어(Lucy Mair) 교수와의 사적인 통신.

33) *The Autobiography of Bertrand Russell*, vol. 2, London, 1968, 195~196쪽.

34) 말리노프스키 부고, *Journal of American Folklore*, 1943, 208쪽.

35) R. Lowie, *The History of Ethnological Theory*, London, 1937, 241쪽.

36) R. Firth, "Malinowski as scientist and as man", 10쪽에 인용되어 있음.

37) B. Malinowski, *Crime and Custom in Savage Society*, London, 1926, 30쪽.

38) A. Lang, *Anthropological Essays Presented to Edward Burnett Tylor*의 서문, Oxford, 1907, 13쪽.

39) B. Malinowski, *Magic, Science and Religion and other essays*, Chicago, 1948, 15쪽. 다음 인용문은 70쪽.

40) B. Malinowski, *Myth in Primitive Psychology*, London, 1926, 97쪽.

41) B. Malinowski, "The impasse on kinship", *Man*, 1930, 19~29쪽.

42) 제3장을 보라.

43) M. Fortes, "Malinowski and the study of kinship".

44) Malinowski의 *The Sexual Life of Savages* 제3판의 특별 서문, xx쪽.

45) A. R. Radcliffe-Brown, review in *Man*, 1914, 32쪽.

46) B. Malinowski, *Magic, Science and Religion*, 202쪽.

47) Malinowski의 *The Sexual Life of Savages* 제3판의 특별 서문, xxxv쪽.

48) B. Malinowski, *Methods of Study of Culture Contact in Africa*, International African Institute, Memorandum XV, London, 1938, viii쪽.

49) 같은 책, xxii쪽.

50) A. R. Radcliffe-Brown, *Structure and Function in Primitive Society*, London, 1952, 202쪽.

51) B. Malinowski, *Methods of Study of Culture Contact in Africa*, xii쪽.

52) B. Malinowski, *Coral Gardens and their Magic*, London, 1935, 479~481쪽.

53) R. R. Marett, *The Diffusion of Culture*, Cambridge, 1927, 4쪽.

54) Ernest Gellner, *Cause and Meaning in the Social Sciences*, London, 1973, 98쪽.

55) Review in *Man*, 1930, 56쪽.

56) E. R. Leach, "Introduction", Malinowski의 *Coral Gardens and Their Magic* 제2판, London, 1966.

57) E. Gellner, *Cause and Meaning*, 91쪽.

58) Raymond Firth (ed.), *Man and Culture*.

59) B. Malinowski, *A Diary in the Strict Sense of the Term*, 119쪽.

제2장 래드클리프 브라운

1) A. R. Radcliffe-Brown, *Structure and Function in Primitive Society*, London, 1952, 188~189쪽.

2) 래드클리프 브라운의 생애 초기에 대한 정보는 1956년에 퍼스가 영국학사원(British Academy) 『회보』(*Proceedings*)에 쓴 부고에 크게 의존했다.

3) *The Autobiography of Bertrand Russell*, vol. 1, London, 1967, 74쪽.

4) Siegfried Sassoon, *Sherston's Progress*, London, 1936에 리버스에 대한 아주 탁월한 묘사가 있다.

5) R. R. Marett, *A Jerseyman at Oxford*, London, 1941, 161쪽.

6) R. Firth, *Proceedings* of the British Academy, 1956; M. Fortes, "Radcliffe-Brown's contribution to the study of social organization", *British Journal of Sociology*, 1955를 보라.

7) R. Firth, *Proceedings*, 301쪽에 나오는 인용문.

8) E. L. Grant Watson, *But to What Purpose: The Autobiography of a Contemporary*, London, 1946. 이것과 다음에 나오는 인용문들은 84~85쪽에서 나온다.

9) A. R. Radcliffe-Brown, *The Andaman Islanders*, Cambridge, 1922, 72쪽.

10) 같은 책, 22쪽.

11) 같은 책, 82쪽.

12) 같은 책, 230쪽.

13) 같은 책, 233~234쪽.

14) 같은 책, 235쪽.

15) 같은 책, 243쪽.

16) Grant Watson, *But to What Purpose*, 109쪽.

17) A. P. Elkin, *Oceania*에 실린 부고, 1956, 247쪽.

18) J. A. Barnes, *Inquest on the Murngin*, Royal Anthropological Institute Occasional Paper, London, 1967, 24쪽.

19) A. R. Radcliffe-Brown, "Some problems of Bantu sociology", *Bantu Studies*, 1922, 38 쪽.

20) R. Firth, *Proceedings*, 302쪽.

21) A. R. Radcliffe-Brown, *A Natural Science of Society*, Chicago, 1957, 83쪽.

22) C. Lévi-Strauss, "La Sociologie française", *La Sociologie au XXe siècle*, vol. II, G. Gurvitch and W. Moore (eds), Paris, 1947, 531쪽.

23) A. R. Radcliffe-Brown, *A Natural Science of Society*, 45, 55쪽.

24) Sol Tax *et al.* (eds), *An Appraisal of Anthropology Today*, Chicago, 1953, 109쪽.

25) A. R. Radcliffe-Brown, *A Natural Science of Society*, 58쪽.

26) 같은 책, 71쪽.

27) 같은 책, 106쪽.

28) 같은 책, 102쪽.

29) A. R. Radcliffe-Brown, *Structure and Function in Primitive Society*, 43~44쪽.

30) 같은 책, 124쪽.

31) 같은 책, 131쪽.

32) A. R. Radcliffe-Brown, "The comparative method in social anthropology", 1952, reprinted posthumously in M. N. Srinivas (ed.), *Method in Social Anthropology*, Chicago, 1958, 117~118쪽.

33) C. Lévi-Strauss, *Totemism*, London, 1962, 특히 83~92쪽.

34) A. R. Radcliffe-Brown, "The study of kinship systems", *Journal of the Royal Anthropological Institute*, 1941, 63~64쪽 (*Structure and Function in Primitive Society*에 다시 실림).

35) Henri A. Junod, *The Life of a South African Tribe*, Neuchatel, Switzerland, 1912, 227~228쪽.

36) E. E. Evans-Pritchard, "The study of kinship in primitive societies", *Man*, 1929.

37) A. R. Radcliffe-Brown, *Structure and Function in Primitive Society*, 92쪽.

38) 같은 책, 95쪽.

39) A. R. Radcliffe-Brown, "A note on functional anthropology", *Man*, 1946, 38쪽.

40) 같은 책, 39~40쪽.

41) A. R. Radcliffe-Brown, "Functionalism: a protest", *American Anthropologist*, 1949, 321쪽.

42) 위의 보아스의 글과 이 논평은 Fred Eggan의 "One hundred years

of ethnology and social anthropology", in J. O. Brew (ed.), *One Hundred Years of Anthropology*, Cambridge, Mass., 1968, 136~137쪽 에 있다.

제3장 1930년대와 1940년대: 기능에서 구조로

1) Hortense Powdermaker, *Stranger and Friend*, London, 1966, 42~43쪽.
2) 같은 책, 36쪽.
3) S. F. Nadel, *The Theory of Social Structure*, London, 1957에 실려 있 는 나델에 대한 포티스의 회상록.
4) Hortense Powdermaker, "Further reflections on Lesu and Malinowski's diary", *Oceania*, 1970, 347쪽.
5) R. Firth, "History of modern social anthropology", 1962년 뉴욕에서 열린 인류학사에 관한 학회에서 발표한 등사본 초고, 11쪽. 이 논문 의 인용을 허락해 준 퍼스 교수에게 감사를 드린다.
6) G. Bateson, *Naven*, Cambridge, 1936; 2nd edn. Stanford, 1958, ix쪽.
7) 같은 책, 27쪽.
8) 같은 책, 1쪽.
9) 같은 책, 281쪽.
10) 같은 책, 262, 281쪽.
11) 같은 책, 278~279쪽.
12) E. E. Evans-Pritchard, *Witchcraft, Oracles and Magic among the Azande*, Oxford, 1937, 4쪽.
13) R. F. Fortune, *Sorcerers of Dobu*, London, 1932, 150쪽.
14) 같은 책, 135쪽.
15) E. E. Evans-Pritchard, *Social Anthropology*, London, 1951, 99~ 100쪽.
16) E. E. Evans-Pritchard, *Witchcraft, Oracles and Magic*, 106쪽.
17) 같은 책, 73쪽.

18) 같은 책, 114쪽.

19) 같은 책, 270쪽.

20) 같은 책, 387쪽.

21) 같은 책, 405쪽.

22) 같은 책, 544쪽.

23) 같은 책, 337쪽.

24) 같은 책, 540~541쪽.

25) 같은 책, 2~3쪽.

26) 같은 책, 439쪽.

27) E. E. Evans-Pritchard, *Social Anthropology*, 96쪽.

28) E. E. Evans-Pritchard, "Anthropology and the social sciences", in J. E. Dugdale (ed.), *Further Papers on the Social Sciences*, London, 1937, 72~73쪽.

29) E. E. Evans-Pritchard, Preface to John Middleton and David Tait (eds), *Tribes without Rulers*, London, 1958, x~xi쪽.

30) E. E. Evans-Pritchard, *The Nuer*, Oxford, 1940, 85쪽.

31) 같은 책, 110쪽.

32) 같은 책, 136쪽.

33) 같은 책, 148쪽.

34) 같은 책, 159쪽.

35) 같은 책, 212쪽.

36) 같은 책, 236쪽.

37) 같은 책, 248쪽.

38) 같은 책, 241쪽.

39) E. E. Evans-Pritchard, *Nuer Religion*, Oxford, 1956, ix쪽.

40) E. E. Evans-Pritchard, "The Nuer: tribe and clan", part 3, *Sudan Notes and Records*, 1935, 86~87쪽.

41) E. E. Evans-Pritchard, *The Nuer*, 212쪽.

42) E. E. Evans-Pritchard, "The Nuer: tribe and clan", part 1, *Sudan Notes and Records*, 1933, 28쪽.

43) E. E. Evans-Pritchard, *The Nuer*, 195쪽.

44) 같은 책, 203쪽.

45) M. Fortes, *Kinship and the Social Order*, London, 1969, 49쪽.

46) 같은 책, 72쪽.

47) M. Fortes, "Time and social structure: an Ashanti case study", in M. Fortes (ed.), *Social Structure*, Oxford, 1949, 56쪽.

제4장 인류학과 식민주의

1) Johan Galtung, "Scientific colonialism", *Transition*, vol. 30, 1967.

2) C. Lévi-Strauss, *The Scope of Anthropology*, 1967, 51~52쪽(1960년에 프랑스어로 처음 출간됨).

3) A. Hingston Quiggin, *Haddon: The Head Hunter*, London, 1942, 136쪽.

4) 프레이저의 취임강연은 *Psyche's Task*, London, 1913에 다시 실렸다. 인용문은 161쪽.

5) *Man*, 1909, 85~87쪽.

6) *Man*, 1914, 67쪽.

7) *Man*, 1921, 93쪽.

8) *Man*, 1921, 173쪽.

9) E. E. Evans-Pritchard, "Applied anthropology", *Africa*, 1946, 97쪽.

10) John Sharp, "The roots and development of *Volkehunde* in South Africa", *Journal of Southern African Studies*, 1981, 16~36쪽을 보라.

11) H. G. Barnett, *Anthropology in Administration*, Evanston, Ill., 1956, 7쪽.

12) "A five-year plan of research", *Africa*, 1932, 1쪽.

13) 같은 책, 3쪽.

14) W. M. Hailey, *An African Survey*, London, 1938(인용문은 1950년 판, 51쪽).

15) 같은 책, 59~60쪽.

16) H. J. Braunholtz, "Anthropology in theory and practice", *Journal of the Royal Anthropological Institute*, 1943, 8쪽.

17) G. G. Brown과 A. B. Hutt, *Anthropology in Action*, London, 1935.

18) Godfrey와 Monica Wilson, *The Analysis of Social Change*, Cambridge, 1945.

19) A. I. Richards, "Practical anthropology in the lifetime of the International African Institute", *Africa*, 1944, 295쪽.

20) H. G. Barnett, *Anthropology in Administration*, 49쪽.

21) Joyce Cary, *An American Visitor*, London, 1952.

22) A. I. Richards, "Practical anthropology", 293~294쪽.

23) M. Fortes, "An anthropologist's point of view", in Rita Hinden (ed.), *Fabian Colonial Essays*, London, 1945, 223쪽.

24) Jacques Maquet, "Objectivity in anthropology", *Current Anthropology*, 1964, 50쪽.

제5장 카리스마에서 일상사로

1) R. R. Marett, *A Jerseyman at Oxford*, London, 1941, 169쪽.

2) *Research in Social Anthropology*, Social Science Research Council, London, 1968을 보라. 이 수치 가운데 많은 부분은 ASA의 간사인 K. Barbett 박사의 도움으로 얻었다.

3) E. Ardener와 S. Ardener, "A directory study of social anthropologists", *British Journal of sociology*, 1965, 300~302쪽.

4) E. E. Evans-Pritchard, "Anthropology and the social sciences", in J. E. Dugdale (ed.), *Further Papers on the Social Sciences*, London, 1937, 73쪽.

5) E. E. Evans-Pritchard, *Essays in Social Anthropology,* London, 1962에 다시 실림. 인용문은 26쪽.

6) E. E. Evans-Pritchard, Letter in *Man*, 1970, 704쪽.

7) Godfrey Lienhardt, "E-P: a personal view", *Man*, 1974, 299~304쪽.

인용문은 301쪽에서 따옴.

8) S. F. Nadel, *The Theory of Social Structure*, London, 1957, 158쪽.

9) R. Firth, *Elements of Social Organization*, London, 1951, 36쪽.

10) G. P. Murdock, "British social anthropology", *American Anthropologist*, 1951, 466~467쪽.

제6장 리치와 글럭먼

1) B. Malinowski, *Crime and Custom in Savage Society*, London, 1926, 123쪽.

2) E. R. Leach, 1964년에 재판된 *Political Systems of Highland Burma*, London의 introductory note, ix쪽.

3) E. R. Leach, *Lévi-Strauss*, London, 1970, 9쪽.

4) M. Gluckman, "The kingdom of the Zulu of South Africa", in M. Fortes와 E. E. Evans-Pritchard (eds), *African Political Systems*, London, 1940.

5) M. Gluckman, *Analysis of a Social Situation in Modern Zululand*, Rhodes-Livingstone paper no. 28, 1958 (*Bantu Studies*로부터 다시 실림).

6) Elizabeth Colson과 Max Gluckman (eds), *Seven Tribes of British Central Africa*, Manchester, 1951.

7) M. Gluckman, *Order and Rebellion in Tribal Africa*, London, 1963, 18쪽.

8) E. E. Evans-Pritchard, "The divine kingship of the Shilluk of the Nilotic Sudan" (1948 Frazer Lecture), *Essays in Social Anthropology*, London, 1962에 다시 실림. 인용문은 83쪽.

9) D. F. Pocock, *Social Anthropology*, London, 1961, 77~82쪽.

10) M. Gluckman, *Order and Rebellion in Tribal Africa*, 20쪽.

11) 같은 책, 28쪽.

12) M. Gluckman, "Seven-year research plan of the Rhodes-Livingstone

Institute······", *Human Problems in British Central Africa*, 1945, 9쪽.

13) V. W. Turner, *Schism and Continuity in an African Society*, Manchester, 1957, xix쪽.

14) 같은 책, 129쪽.

15) E. R. Leach, *Social and Economic Organisation of the Rowanduz Kurds*, London, 1940, 9쪽.

16) 같은 책, 62쪽.

17) 같은 책, 9쪽.

18) E. R. Leach, *Political Systems of Highland Burma*, London, 1954, 9쪽.

19) 같은 책, 16쪽.

20) 같은 책, 203쪽.

21) 같은 책, 204쪽.

22) 같은 책, 87쪽.

23) 같은 책, 263쪽.

24) 같은 책, 228쪽.

25) 같은 책, xii쪽.

26) 같은 책, 97쪽.

27) E. R. Leach, *Pul Eliya*, Cambridge, 1961, 298쪽.

28) 같은 책, 298~299쪽.

29) 같은 책, 7쪽.

30) 같은 책, 300~301쪽.

31) 같은 책, 130쪽.

32) M. Fortes, *Kinship and Social Order*, London, 1969, 221~228쪽.

33) E. R. Leach, "Jinghpaw kinship terminology", *Journal of the Royal Anthropological Institute*, 1945; *Rethinking Anthropology*, London, 1961에 다시 실림. 인용문은 30~31쪽.

34) E. R. Leach, *Rethinking Anthropology*, London, 1961, 2쪽.

제7장 레비 스트로스와 영국 신구조주의

1) C. Lévi-Strauss, *Structural Anthropology*, New York and London, 1963, 21쪽.

2) E. R. Leach, "Introduction" to Leach (ed.), *The Structural Study of Myth and Totemism*, London, 1967, xv쪽.

3) C. Lévi-Strauss, "The future of kinship studies", *Proceedings of the Royal Anthropological Institute for 1965*, 18쪽.

4) David Schneider, "Some muddles in the models: or, how the system really works", in M. Banton (ed.), *The Relevance of Models for Social Anthropology*, London, 1965, 69쪽.

5) E. R. Leach, "Bridewealth and marriage stability", *Man*, 1957, Rethinking Anthropology, 1961에 다시 실림. 인용문은 122쪽.

6) M. Fortes, "Descent, filiation and affinity: a rejoinder to Dr. Leach", *Man*, 1959, 209쪽.

7) '구조주의자' 특별호인 *Yale French Studies*(36~37호, 1966)의 41~65쪽의 번역문에서 인용했다.

8) C. Lévi-Strauss, *Totemism*, London, 1962, 90쪽.

9) C. Lévi-Strauss, "The bear and the barber", *Journal of the Royal Anthropological Institute*, 1963, 9쪽.

10) *The Elementary Structures of Kinship*의 영어판(1969)의 서론, xxix쪽.

11) C. Lévi-Strauss, *Structural Anthropology*, 230쪽.

12) Mary Douglas, "The healing rite", *Man*, 1970, 303쪽.

13) E. R. Leach, *Lévi-Strauss*, London, 1970, 7~8쪽.

14) E. Ardener, "The new anthropology and its critics", *Man*, 1971.

제8장 끝과 시작

1) Anthony Jackson (ed.), *Anthropology at Home*, London, 1987을 보라.

2) A. R. Radcliffe-Brown, "The comparative method in social anthropol-

ogy", *Journal of the Royal Anthropological Institute*, 1951, 16쪽.

3) E. R. Leach, *Rethinking Anthropology*, London, 1961, 2쪽과 5쪽.

4) A. R. Radcliffe-Brown, "The comparative method", 16쪽.

5) Henrietta Moore, *Feminism and Anthropology*, Cambridge, 1988; Shirley Ardener (ed.), *Defining Females*, Oxford, 1993; Carol MacCormack과 Marilyn Strathern (eds), *Nature, Culture and Gender*, Cambridge, 1980.

6) Maurice Bloch, *Marxism and Anthropology*, Oxford, 1983을 보라.

7) Marc Augé, *The Anthropological Circle*, Cambridge, 1982, 67쪽. 이 책은 1970년대의 프랑스 사회인류학에 대해 내부자 입장에서 흥미롭게 설명한다.

8) A. R. Radcliffe-Brown, "On social structure", *Journal of the Royal anthropological Institute*, 1940, vol. 70, 2쪽.

9) E. E. Evans-Pritchard, *Social Anthropology*, London, 1951, 17~18쪽.

10) E. R. Leach, *Political Systems of Highland Burma*, London, 1954, 16~17쪽.

11) A. L. Kroeber와 Clyde Kluckhohn, *Culture: A Critical Review of Concepts and Definitions*, Cambridge, Mass., 1952, 181쪽.

12) Clifford Geertz, *Interpretation of Cultures*, New York, 1973, 250쪽.

13) 역사적 개관을 보려면 Roy D'Andrade, *The Development of Cognitive Anthropology*, Cambridge, 1995를 보라.

14) Clifford Geertz, *The Interpretation of Cultures*, 10쪽.

15) 같은 책, 5쪽.

16) 같은 책, 19쪽.

17) J. Clifford와 G. Marcus (eds), *Writing Culture*, Berkeley, Calif., 1986. 이 논문집은 미국 인류학의 포스트모더니즘 운동의 교재로서 가장 영향력이 큰 책이다.

18) 예를 들어 G. Marcus와 M. Fischer, *Anthropology as Cultural Critique*, Chicago, 1986와 Renato Rosaldo, *Culture and Truth*, Boston, Mass., 1989를 보라.

19) James Clifford, *The Predicament of Culture: Twentieth-Century Ethnography, Literature, and Art*, Cambridge, Mass., 1988을 보라.

20) 예를 들어 Marilyn Strathern, *After Nature: English Kinship in the Late Twentieth Century*, Cambridge, 1992를 보라.

21) Marvin Harris, *The Rise of Anthropological Theory*, New York, 1968.

22) 예를 들어 Marshall Sahlins, *The Use and Abuse of Biology*, Ann Arbor, Mich., 1976을 보라.

23) Jack Goody, *Production and Reproduction: A Comparative Study of the Domestic Domain*, Cambridge, 1976.

24) Ernest Gellner, *Plough, Sword and Book: The Structure of Human History*, London, 1988.

25) Tim Ingold, *Evolution and Social Life*, Cambridge, 1986.

26) EASA의 연구서 시리즈 중 첫 번째인 『사회의 개념화』(*Conceptualizing Society*, 1992, Adam Kuper 엮음)는 유럽의 지도적인 사회인류학자들이 이론에 대해 쓴 일반적 진술들을 포함하고 있다.

찾아보기

ㄱ

가족 71, 73~75

갈등 287~291, 293, 296, 298, 299

갈등이론 286

개괄조사 35, 36, 179

겔너, 어니스트 86, 88, 387

결연론 342~344

경제인류학 278

계급체계 108

계보적 방법 102

계산적인 인간 161, 268, 308

고들리에, 모리스 372

공시적 분석 38

교대세대 129

교차사촌혼 335

교환 88, 331, 341~343

　~이론 328

구디, 잭 256, 264, 278, 366, 387

구조 162, 200

　~기능주의 126

　~언어학 329

　~적 분석 309, 320

　~적 시간 186

구조주의 97, 201, 254, 259, 260,
268, 307, 320, 329

　~ 언어학파 347

　~ 인류학 347

구체의 논리 72, 345

국가 없는 사회 181, 183

국제아프리카연구소 153, 179

굼라오 309, 311~313

굼사 309, 311~313

규범 306, 307, 320

그라네 117

근친상간 금기 332, 350

글럭먼, 막스 154, 164, 233, 250,
252, 257, 276, 277, 284~288,
290~294, 300, 304, 306, 323,
354

　『현대 줄룰란드의 한 사회상황에
대한 분석』 287, 289

기능주의 29, 30, 86, 87, 155, 156,
201, 231, 237~239, 254

　~ 인류학 20, 158

~혁명 25, 39, 41
~자 143, 356
~적 분석 38
~적 환상 217
기든스 391
기어츠 379, 380, 381

ㄴ

나델 154, 251, 265~267
『검은 비잔티움』 272
『사회구조론』 266
『사회인류학의 기초』 266, 267
내혼 반족 129
농담 131, 136, 139
농담관계 135, 138~140
누에르인 164, 184, 186~189, 197, 354
누이교환 334
니덤, 로드니 336, 339, 340, 368
니아키우사족 225

ㄷ

다문화주의 385
다우티 162
단순친족체계 332, 337
대립 130, 346, 347, 350
~개념 131
~원리 291
대영사회인류학자협회(ASA) 246~249, 252
대칭적 교환 334
더글러스, 매리 329, 353, 355

동아프리카사회연구소 233, 247
뒤르켐, 에밀 32, 38, 43, 45, 53, 63, 88, 96, 97, 114~118, 122, 124, 127, 142, 183, 328, 331, 377, 378
『사회의 노동분업』 118
『자살론』 118, 315
『종교생활의 기초형태』 96, 118, 333
뒤몽 292, 332, 371, 375
『호모 히에라키쿠스』 371
드라이버그, 잭 152

ㄹ

라멧족 340
라잉, R. D. 164
라첼 30
래드클리프 브라운 19, 20, 33, 77, 82, 89, 93, 94, 97, 101~114, 118~129, 133~135, 137, 138, 140~144, 146, 147, 153, 160, 162, 178, 239, 252, 258~260, 262, 263, 377
「오스트레일리아 부족들의 사회조직」 107, 111
『사회에 대한 자연과학』 120
『아프리카의 친족과 혼인체계』 198, 200, 269, 277
『원시사회의 구조와 기능』 120
랭, 앤드루 72
러셀, 버트런드 64, 95
블룸즈버리 95

런던 정경대학 25, 40, 44, 57, 60, 89, 97, 145, 151, 178, 250, 254, 305

레비 브륄 60, 72, 117, 215

레비 스트로스 97, 118, 121, 131, 259, 260, 283, 284, 320~322, 327~341, 344~352, 355, 356

　『날것과 익힌 것』 344

　『벌거벗은 인간』 330

　『신화학』 371

　『야생의 사고』 330, 345, 348

　『친족의 기본구조』 330, 332, 336

　『토테미즘』 345, 348

로위 66, 153, 254

로즈 리빙스턴연구소 214, 219, 226, 233, 240, 247, 294, 297

록펠러 재단 215

루가드, F. D. 180

루오족 180, 193

루이스, I. M. 264

뤽 드 외슈 20

리드, 마거릿 215, 218

리버스, W. H. R 19, 31, 33, 35~37, 50, 53, 76, 93, 95~97, 102, 132

리처즈, 오드리 75, 81, 152, 153, 159, 200, 227, 229, 232, 233, 253, 256, 279

　『북로디지아의 토지, 노동 그리고 식이』 157, 158

리치, 에드먼드 87, 252, 272, 273, 276, 279, 284, 285, 305~ 324, 336, 352, 353, 365, 366, 378

　「징파우 친족용어」 320

　『로완두즈 쿠르드족의 사회경제 조직』 305

　『버마 고지의 정치체계』 276, 308, 315, 316, 335, 371

　『풀 엘리야』 314~316, 319, 320

린하르트, 고드프리 263, 276

　『신성과 경험: 딩카족의 종교』 276

□

마르크스주의 79, 80, 238, 373, 374, 386

　~적 인류학 372

마술 166~169, 171, 176, 274~276

　~ 고발 275

마윅 258, 275

마이어스 31, 95

마이크스, 조지 47

마일루 연구 46, 47

마케 234, 236

만, E. H 103

말리노프스키 19, 20, 25, 29, 38~40, 42~47, 50, 52~62, 64, 66, 69~89, 93, 101, 102, 109, 112, 118, 137, 142~147, 151~ 158, 161, 162, 174~176, 319, 327, 377

　「발로마」 52, 105

　『미개사회의 범죄와 풍습』 68

　『미개인의 성생활』 38, 70, 76, 158

『산호정원과 그들의 주술』 39, 84
『서태평양의 항해자들』 29, 39, 63
『오스트레일리아 원주민의 가족』 44
『원시종교와 사회구조의 형태』 44
말리노프스키의 세미나 151, 153, 253, 367
매럿 31, 37, 45, 85, 97, 177
매튜즈 240
맥두걸 79, 88
『맨』 18, 34, 44, 386
맨체스터 학파 257~259, 297, 304, 318
머독 269~271, 277, 278, 327
메어, 루시 18, 224
메이야수, 클로드 372
메이어, 아드리안 255
모건 114, 133, 183
모계사회 74, 75
모리스, 데즈먼드 31
모스 88, 94, 117, 118, 331, 342
몬터규, 애슐리 59
무른긴족 160
무어, 헨리에타 370
문화 57, 69, 78, 124, 144, 375~379
　~과학 124, 143, 378
　~변동 80, 84, 146, 214, 223, 306
　~상대주의자 387
　~와 인성이론 161
　~이론 365
　~적 구조 162
　~적 규범 306

~적 상징 319
~진화 387
미개인 68, 239
미국 문화인류학 21, 112, 145, 269, 375, 379, 385
미드, 마거릿 146, 161, 164, 176
미들턴 274, 275
　『룹가라 종교』 276
　『동아프리카의 마술과 요술』 275
미첼 233, 298, 302~304
　『야오족의 마을』 273
　『칼렐라 춤』 295
민속심리학 42
민족지 32, 85, 86, 238, 363, 366
민족지학 25, 27
민족학 27, 57, 141

ㅂ

바간다족 81
바넷, H. G. 228
바로체족 296
바스 324, 389
반족 129, 131, 140
법인류학 278, 296
베네딕트, 루스 146, 376
베다족 33
베두인족 197
베버 115, 291
베이츠, 데이지 105
베이트슨 160~165, 176, 267, 291
　『네이븐』 160~162, 164
베일리 255, 324

벰바인(족) 81, 159, 179, 304

보아스 37, 112, 145, 146, 329, 375, 376, 381

보완적 친족체계 342, 343

복합친족체계 332, 337

부르디외 391

부샤 240

부시먼 182, 332

분류체계 350, 353

분열생성 164, 291

분절적 대립 287, 288

분절적 정치체계 179

분절적인 종족체계 182, 183, 275, 310

분절화 189, 273

분트 42, 43

뷔허 42

브라운, 고든 224

브라운홀츠 222

블로크, 모리스 374, 388

블룸즈버리 95

비교사회학 89, 141

비교연구 365, 366

비머(쿠퍼), 힐다 81, 154, 240, 272

『아프리카의 귀족』 272

비트겐슈타인 374

비트바테르스란트 대학 154, 286

ㅅ

사고체계 350

사누시족 179, 264

사르트르 330

사우설 233, 273, 279

사이드, 에드워드 369, 376, 383

『오리엔탈리즘』 383

사회구조 120~123, 141, 266, 268, 269, 293, 309, 314, 365, 377

사회극 295, 300

사회변동 125

사회인류학 19, 27, 57, 93, 140, 141, 177, 180, 254, 261, 363, 364, 370, 387~389

사회적 사실 115, 122, 144

사회적 상황 접근법 295

사회진화론 387

사회체계 266

사회통제 180, 278

『사회학연보』 117, 259

『연보』학파 94, 141, 202, 255, 328, 346

사회학적 구조주의 146

사회형태론 118, 122

살린즈, 마련 387

상징 124, 309, 354, 355

샤페라 17, 82, 113, 146, 152~ 154, 159, 212, 225, 250, 278

『츠와나의 법과 관습에 대한 편람』 147

『한 아프리카 부족의 혼인생활』 157

샨 308

샨드 79, 142

세와족 275

세지윅 95
셀리그먼 33, 36, 40, 44, 46, 59, 62, 102, 179, 209, 211, 215
소가족 273
숨바족 340
쉴룩족 291
슈나이더, 데이비드 339, 340
스미스, 로버트슨 197
스미스, 엘리엇 28, 31, 69, 110,
스미스, M. G. 273
　『잣자우의 정부』 274
스키너, 퀜틴 20
스타이너, 프란츠 353
스타인메츠 115
스태너 113
스테닝 279
스튜어드, 줄리언 386
스트래선, 매릴린 370, 384
스트레이치, 리튼 95
스페르베르 388
스펜서 38, 114, 125
시카고 대학 111, 112, 119, 177
식민정책 214
식민주의 205, 361
식민지 발전복지법 219
식민지 인류학 372
식민지 행정관 236, 237
식민지사회과학연구평의회(CSSRC)
　222, 234, 245, 247
신구조주의자 283, 324
신말리노프스키파 266
신민족지 380

신탁 167, 169, 171~173
신할라족 316
신화 330, 345, 350, 351
　~논리 331
　~적 사고 351
씨족 191, 192, 196

ㅇ

아날학파 372
아누악족 291
아드너, 에드윈 248, 249, 356
아드리, 로버트 31
아란다 유형의 체계 108
아렌즈버그 238
아사드, 탈랄 373
아샨티족 220
아잔데인 166, 168
아프리카 인류학 236
안다만 연구 101, 103, 107, 127
안다만 제도 96, 102, 128, 132
알루르족 273
알바슈 117
야오족 275
야콥슨 329, 347
얄먼 340
에건 112, 146
에번스 프리처드 60, 113, 138, 152, 153, 167, 168, 170~191, 193~195, 197, 199, 201, 202, 250, 252, 260~265, 291~294, 377
　『누에르족』 176, 183~185, 193~

197, 199, 258, 342
『누에르족의 친족과 혼인』 194, 198
『수단 문서와 기록』 194, 195
『아잔데족: 역사와 정치제도』 265
『아잔데족의 마술, 신탁 그리고 주술』 160, 165, 167, 177, 327
『아프리카의 정치체계』 122, 155, 178, 181~183, 198, 258, 289
『아누악족의 정치체계』 178
에이도스 165
에토스 162
엘킨 111
엡스타인, A. L. 258, 298, 302~304
엡스타인, T. S. 258
엥겔스 373
역사기술학 261, 264, 366
연망모델 267
영, 마이클 55
영국 사회인류학 20, 25, 93, 119, 145, 198, 201, 235, 238, 245, 247, 269, 271, 279, 352, 361, 375
영국 사회인류학자 238, 239, 270
영국 신구조주의자 355
영국 인류학 31, 32, 62, 112, 146, 205, 212, 258, 266
영국과학진흥협회 34, 45, 109, 143, 207
영토에 기반한 정체 194
영토적 분절체계 192
영토집단 191

오그던, C. K. 151
오리엔탈리즘 369
『오세아니아』 111
오이디푸스 콤플렉스 74
옥스퍼드 구조주의자 285, 291, 294, 301, 315, 323
옥스퍼드 대학 27, 112, 177
옥스퍼드 정통파 연구 272, 274
왓슨, E. L. 98~100, 105, 107
왓슨, W 297, 298
왕립인류학회 31, 114, 207, 222, 245, 252, 386
외혼 반족 129, 334
외혼 종족 344
요술 166, 170, 171
우선적 체계 339, 340
울프, 에릭 373, 387
워너, 로이드 112, 160
『검은 문명』 160
워슬리 240
원시문화 26, 28, 40
원시문화과학 57
원시사회 88, 116, 183, 232, 362
원시심성 60
원시적 논리 328
원시적 분류 328
원시정신 346
원시종교 44, 362
웨스터마크 27, 31, 43, 59, 62, 115
웨지우드, 카밀라 152
위베르 117
원치, 피터 374

윌리스, 로이 18
윌슨, 고드프리 224~226
윌슨, 모니카 225, 253, 354
유기적 평형이론 283
유럽 사회인류학자협회 390
은고니국 272
은뎀부 299, 301, 324, 354
　~의 의례 324
　~족 298
응용연구 80, 223, 226, 227
응용인류학 110, 216, 223, 226, 234, 247
의례 124, 126, 309, 316, 355
의료인류학 388
의식관습 104
의식적인 울기 105
이상적 규범 317, 319
이아트물 문화 164
인류지리학 30
인류학 교육 254
인류학과 식민주의 239
인류학자의 모델 314
인종분리정책 212
일반화된 교환 331, 337
잉골드, 팀 387

ㅈ
잔데인 167~175
적응으로서의 문화이론 161
적절한 예증 기법 295
전파주의 28~32, 69, 82, 236
접합 124, 125

정치체계 177, 180~183
종교 71, 72, 128, 274~276
종속이론 369
종족 133, 182, 191, 192, 196, 197, 272~275, 310, 311
종족용어 191
주민들의 모델 314
주술 70~73, 167, 170~172, 174, 175
줄룰란드 287, 288, 293, 295
중층기술 380
쥬노, H. A. 34, 135, 137
지각의 사회학 353
지멜 115, 291
지정적 체계 339, 340
진화 114
　~론자 29, 30
　~주의 30, 32, 38, 236
　~주의 인류학 386
집단성 의식 105
집중조사 36
집합의식 43, 116, 124
집합표상 316, 378
징파우 친족용어 321

ㅊ
참여관찰 41, 145, 156, 241
체스터턴 195
촘스키 338
출계 194, 195, 342
　~론 257, 277, 342, 343
친족 74, 75, 77, 316, 319

~연구 277
~용어 77, 132~135, 277
~이론 198, 199, 317, 350
~체계 76, 108, 132~135, 177, 182, 199, 317, 331, 332

ㅋ

카리에라 유형의 체계 108
카스트 체계 349
카친 272, 308~310, 312
카퍼벨트 302
캐리, 조이스 229
케냐타 240
케인스 95, 268
케임브리지 대학 95, 97, 277, 279
케임브리지 학파 256
코리, 한스 225
콜슨 233, 253, 290
쿠르드족 305, 306
크로버, 앨프리드 254, 376, 379
크로포트킨 97
크리혜, F. J 155, 253, 272
클라크, 이디스 152
클룩혼, 클라이드 66, 379

ㅌ

타일러 26, 57, 73
탈렌시 180, 183, 199
~의 혼인법 218
태평양학연구소 251
터너 298~301, 324, 354, 355
『한 아프리카 사회의 분열과 연속』

275, 298
테레이, 에마뉴엘 372
토다족 33
토러스 해협 탐험 33, 95
토렌, 크리스티나 388
토테미즘 45, 127, 128, 140, 330, 347, 354
토템적 체계 348, 349
톨벗 211
톰슨, 다르시 95
통가족 135, 137
통계적 방법 296
통계적인 규범 315, 317
트로브리안드 제도 25, 41, 47, 58, 84
트로브리안드인 68, 71, 77, 87, 89

ㅍ

파농, 프란츠 369
파레토 312
파슨스, 탤컷 151, 256, 266, 378
파우더메이커, 호텐스 152, 156
파콕 292
퍼스, 레이먼드 60, 89, 111, 114, 147, 152, 153, 157, 158, 161, 250, 254, 259, 262, 265, 305
『사회조직의 요소들』 267, 268
『우리는 티코피아인』 147, 157, 158
페리 31
페미니스트 이론 369
페미니스트 인류학 370
포드 246, 250, 254

『아프리카의 친족과 혼인체계』
198, 200, 269, 277
포스트모더니스트 381, 382, 383
포춘 166
『도부의 요술사들』 157, 166
포티스, 메이어 75, 82, 113, 146,
153, 178, 183, 198, 218, 231,
250, 256, 258, 271, 301, 319,
342
『아프리카의 정치체계』 122, 155,
178, 181~183, 198, 258, 289
『탈렌시족의 친족망』 198, 199
폰 퓌러 하이멘도르프 251, 254
폴러스 232, 273
푸룸족 340
푸코 391
프랑켄버그 258
프레이저 27, 31, 40, 41, 73, 115,
206, 356
『황금가지』 41, 42
프로이트 74, 88, 140, 291, 354

ㅎ

하물숭배 240, 373
하버마스 391
하와이형 체계 134
하이다족 129
하틀랜드 29, 34

한정 교환 331, 334
해든 97, 109, 160, 205
해리스, 마빈 387
해리슨, 제인 97
해석학 374, 380
허스코비츠 237
헤르츠 117
헤일리 232
헬먼, 엘렌 154
현지조사 25, 33, 37, 41, 55, 85,
179, 259
호그빈 113, 147
『폴리네시아의 법과 질서』 147
호커트 35
호프스트라 153, 154
호혜성 331~334, 337, 342
혼인교환 335, 341, 349
혼인규칙 132
혼인체계 107, 108, 132
혼합제설문화 82
화이트, W. 238
화이트, 레슬리 386, 387
화이트헤드 95
확대된 사례연구 257, 285, 295,
318
휜레, A. W. 154, 286
효용주의 이론 87
흐팔랑 312, 313

지은이 **애덤 쿠퍼** Adam Kuper

요하네스버그 비트바테르스란트 대학을 졸업한 후 케임브리지 대학에서
박사학위를 받았다. 보츠와나와 우간다 등지에서 현지조사를 수행했으며,
우간다의 마케레레 대학과 런던 대학 유니버시티 칼리지에서 강의했고,
네덜란드의 라이덴 대학 아프리카인류학 교수를 지냈다. 1985년
이후 지금까지 영국 브루넬 대학 인류학 교수로 있으며, 1989년에
유럽사회인류학자협회의 창립을 주도한 인물 가운데 한 사람으로서
국제적인 명성을 얻고 있다. 1973년에 영국 사회인류학에 관한『인류학과
인류학자들』(*Anthropology and Anthropologists*) 초판을 펴낸 이후 인류학
지성사에 대해 지속적으로 연구하고 있으며, 최근에는 인류학의 문화
개념에 대한 연구를 수행하고 있다. 주요 저서로는 한길사에서 번역·출간된
『네안데르탈인 지하철 타다』(*The Chosen Primate: Human Nature and
Cultural Diversity*, 1994)를 비롯해『문화: 인류학자들의 설명』(*Culture: The
Anthropologists' Account*, 1999) 등이 있다.

옮긴이 **박자영** 朴姿映

서울대학교 인류학과를 졸업하고 동 대학교 대학원에서 석사학위를 받았다.
뉴욕주립대학에서 인류학 박사과정을 수료하고 필리핀 남부 이슬람교도
지역에서 현지조사를 수행했다. 옮긴 책으로는 마거릿 미드의『사모아의
청소년』이 있다.

옮긴이 **박순영** 朴淳英

서울대학교 인류학과를 졸업하고 뉴욕주립대학에서 인류학 박사학위를
받았다. 현재 서울대학교 인류학과 명예교수다. 옮긴 책으로는 제인 구달의
『희망의 이유』와『제인구달: 침팬지와 함께한 나의 인생』이 있다.